教育部人文社会科学研究"'三权分置'下耕地经营权流转风险的村庄复合治理研究"（17YJA840017）项目资助

姚伟 著

耕地经营权流转风险的村庄复合治理研究

中国社会科学出版社

图书在版编目（CIP）数据

耕地经营权流转风险的村庄复合治理研究 / 姚伟著 . —北京：中国社会科学出版社，2021.5
ISBN 978 - 7 - 5203 - 8501 - 5

Ⅰ.①耕… Ⅱ.①姚… Ⅲ.①耕地—土地流转—风险管理—研究—中国 Ⅳ.①F321.1

中国版本图书馆 CIP 数据核字（2021）第 091289 号

出 版 人	赵剑英
责任编辑	伊 岚
责任校对	张爱华
责任印制	张雪娇

出　　版	中国社会科学出版社
社　　址	北京鼓楼西大街甲 158 号
邮　　编	100720
网　　址	http：//www.csspw.cn
发 行 部	010 - 84083685
门 市 部	010 - 84029450
经　　销	新华书店及其他书店

印　　刷	北京君升印刷有限公司
装　　订	廊坊市广阳区广增装订厂
版　　次	2021 年 5 月第 1 版
印　　次	2021 年 5 月第 1 次印刷

开　　本	710×1000　1/16
印　　张	17
插　　页	2
字　　数	286 千字
定　　价	99.00 元

凡购买中国社会科学出版社图书，如有质量问题请与本社营销中心联系调换
电话：010 - 84083683
版权所有　侵权必究

目　录

第一章　研究问题与文献回顾 ………………………………………（1）
　　一　问题的缘起 …………………………………………………（1）
　　二　基本概念与研究范围界定 …………………………………（9）
　　三　文献回顾 ……………………………………………………（18）
　　四　研究框架与资料方法 ………………………………………（45）

第二章　耕地经营权流转的历程与现状 ……………………………（48）
　　一　耕地经营权流转的出现与逐渐展开 ………………………（48）
　　二　耕地经营权流转的空间分布 ………………………………（57）
　　三　耕地经营权流转主要模式 …………………………………（66）
　　四　耕地经营权流转的主要类型 ………………………………（73）
　　五　耕地经营权流转主体 ………………………………………（78）
　　六　耕地经营权流转用途 ………………………………………（86）
　　七　耕地经营权流转的成就 ……………………………………（87）

第三章　耕地经营权流转纠纷与矛盾冲突 …………………………（92）
　　一　耕地确权纠纷 ………………………………………………（92）
　　二　经营权流转过程中的纠纷 …………………………………（96）
　　三　耕地确权与经营权流转纠纷的化解状况 …………………（100）
　　四　耕地经营权流转矛盾冲突 …………………………………（101）
　　五　耕地经营权流转相关群体事件 ……………………………（114）

第四章　耕地经营权流转风险现状描述 ……………………………（123）
　　一　利益相关者个体风险 ………………………………………（123）

二　整体风险 …………………………………………………（134）
　　三　个体风险与整体风险相互影响态势 ………………………（142）

第五章　耕地经营权流转风险原因分析 ……………………………（144）
　　一　耕地制度矛盾或缺陷 …………………………………………（144）
　　二　基层治理体制机制不健全 ……………………………………（149）
　　三　社会组织不发达和参与治理程度偏低 ………………………（156）
　　四　农业金融保险系统不完善 ……………………………………（157）
　　五　资本逻辑过度渗入 ……………………………………………（160）

第六章　耕地经营权流转风险的村庄复合治理：观念与制度 ………（163）
　　一　确立系列正确观念 ……………………………………………（163）
　　二　厘清耕地三权权能 ……………………………………………（177）
　　三　完善经营权流转相关制度体系 ………………………………（187）
　　四　完善相关外围制度 ……………………………………………（196）

第七章　耕地经营权流转风险的村庄复合治理：多元主体培育 ……（200）
　　一　加强村级党组织及治理能力建设 ……………………………（200）
　　二　加强村民自治组织建设 ………………………………………（204）
　　三　促进规模经营主体参与村庄治理 ……………………………（206）
　　四　培育农业专业服务主体 ………………………………………（211）
　　五　培育村庄合法社会团体 ………………………………………（214）

第八章　耕地经营权流转风险的村庄复合治理：机制建构 …………（217）
　　一　复合治理：概念与理论 ………………………………………（217）
　　二　复合治理实践案例 ……………………………………………（236）
　　三　耕地经营权流转风险的村庄复合治理机制建构 ……………（242）

主要参考文献 ………………………………………………………（261）

后　记 ………………………………………………………………（265）

第一章

研究问题与文献回顾

一 问题的缘起

（一）耕地所有制：从原始共有到私有再到集体所有

耕地制度涉及耕地的所有权和整个产权结构安排。在原始社会中后期，人类利用天然河滩或通过烧荒等来开垦耕地。氏族一般实行耕地共有制，未产生耕地归属和所有权意识。摩尔根（Lewis Morgan）认为，在"开化时期"的晚期，耕地制度发生了巨大变化。此时氏族部落组织日益衰落，耕地共同体所有制随之衰落，开始出现国家所有制与个人所有制，共有耕地大多化为个人所有，出现大土地所有者，其规模可达150英亩，国家逐渐对耕地进行登记和管理，并出现抵押耕地的现象。人类在进入开化阶段后，耕地逐渐为个人所有，并形成了耕地个人私有的财产观念。[①]在奴隶和封建社会，耕地名义上属于君主个人私产，但实际为各类私人所有。我国自1840年进入半殖民地半封建社会后，耕地制度无本质变化，但集中程度提高。自耕农日益丧失所有权，沦为贫农和佃农。民国时期，孙中山的"三民主义"并未实现，耕地反而日益向官僚、军阀和大地主集中。

在新中国成立前的土地革命时期，共产党在革命根据地通过土地革命，暴力剥夺地主富农耕地，按"耕者有其田"的理想目标将耕地平均分配给农民耕种，推行耕地个人小私有制。抗日战争时期，党在边区实行减租减息政策。解放战争时期又没收地主多余耕地平均分配给农民，回归耕

---

① ［美］路易斯·亨利·摩尔根：《古代社会》，杨东纯等译，商务印书馆1971年版，第952页。

地小私有制度。从1949年到1952年，全国通过土改平均分配实行耕地个人小私有制，绝大部分耕地为农民私人所有。获得耕地的农民释放出空前积极性，农业生产和国民经济迅速恢复。

不过，党和国家主要领导人站在历史高度，发现农民个人小私有制生产规模小，不利于农业生产力发展、社会主义制度的巩固和社会主义工业化，且农民之间很快出现分化，与马克思主义和革命历史逻辑相抵牾。因此，在个人小私有制仅仅实行三年左右时间后，[①] 1952年底全国开始建立农业互助合作社，其特征是耕地属于农民个人私有并分散经营，但农民实行劳动互助。1953年又开始大量建立农业初级合作社，其特征是改变分散经营，耕地交给合作社进行集中生产经营，产品由合作社统一分配，农民被组织进更高层次的联合生产。1955年下半年开始，初级合作社迅速向高级合作社转变，其特征是取消入社分红制，耕地由个人小私有制迅速变成合作社集体所有制。耕地集体所有制从此确立。

（二）耕地产权结构：从复杂到简单再到复杂

传统中国尽管耕地属私人所有，但产权结构复杂，特别是租佃制度、经营权和收益权制度安排都比较复杂。大地主往往拥有所有权和占有权，却不会直接参与农业生产经营，而是把耕地租给佃农；有的地主甚至居住在城镇成为"不在地主"，委托专业收租人收租。佃农只要完成交租交税，就可长期拥有租佃权，地主无正当理由不得随意剥夺，甚至地主出卖耕地时也不会影响佃农的租佃权，从而形成田面权与田底权之分。一些佃农将租来的耕地再次转租，形成"二地主"与"二佃户"之分。一些地主会自己耕作自己最肥沃的那部分耕地，而把其余耕地出租。自耕农在自有耕地不足以满足生存时也会租入地主耕地，从而形成一些中间性阶层类型。传统中国还存在各种数量较小的"公田"，为地方共同体共有。公田往往出租给佃农耕作，所得租金用于共同体公共支出，包括修路架桥、村学及鳏寡孤独者救济等。此外，还存在村庄级别、宗族级别和家族级别的祖产田，租金用于祭祀与节日支出。相对于同一时期的其他国家来说，中国封建社会耕地产权制度结构安排相对复杂。

始于1958年的"大跃进"运动将高级社合并为人民公社，实行大规模、高度集中的集体劳动以及分配平均主义，基层政权和集体经济组织

[①] 《毛泽东选集》第4卷，人民出版社1991年版，第1430页。

合为一体，农工商业全归政府直接经营管理。1962年后实行人民公社、生产大队、生产队"三级所有、队为基础"的耕地所有、经营与收入分配制度，恢复了自留地和家庭副业，但生产队仍政社合一、集中经营、工分计酬。这是一种相对简单的产权制度安排。集体共有、集体生产、平均分配的产权结构，既使农民无恒产无恒心，也使生产过程监督十分困难，导致大量机会主义行为，劳动者积极性低下，生产力日益下降，亩均产出日益减少。

1978年改革开放后确立家庭联产承包责任制，其产权结构相对复杂。所有权与承包经营权分离，所有权归村组集体，农民与集体签订承包合同获得承包经营权后自主经营。集体与承包户相结合实行双层经营，种子、化肥等环节由集体通过合作社或农技站统一购买。在一些地方耕地分为口粮田与责任田，前者由农民自主经营，后者由集体耕种或规模经营者经营。不过，在全国范围家庭联产承包责任制是最主要的形式。

（三）家庭联产承包责任制：制度红利与边际效用递减

家庭联产承包责任制属于农民的一种自发选择，具有演化生成制度的共同特征。其始于安徽省凤阳县小岗村农民的创造，做法主要是坚持耕地集体所有制，同时按人口平均把耕地分给农民家庭，实行以家庭为单位的承包经营，承包户向国家交纳"公粮"和向集体交纳提留后，剩下粮食全归自己。党中央在1982年发布了《全国农村工作会议纪要》（第一个"一号文件"），肯定小岗做法，正式确立有统有分、统分结合、双层经营的集体所有家庭联产承包责任制。其主要内容是将耕地产权分为所有权和承包经营权，所有权归村组集体，承包经营权按户平均发包给农户自主经营，农民愿意采取哪种经营形式都有其自主权；[①] 集体负责监督承包合同的履行，建设公共设施。到1983年，全国基本完成家庭联产承包责任制改革。1986年的《土地管理法》又明确规定农村集体主要是指村集体，如果村集体已分成数个组则是指组集体。农村耕地归农村集体所有，主要是指归村、组集体所有。

从生产组织管理角度看，相对于人民公社的队生产体制，家庭联产承包责任制解决了劳动过程监督困难和分配非正义问题，也符合传统小农思维方式和耕作理想，因此在短期内极大地促进了农民生产积极性，提高了

---

① 《邓小平文选》第1卷，人民出版社1989年版，第214页。

农业生产效率。改革后尽管大型机械普遍退出农业生产，但水稻杂交技术等现代农业生产技术得到村组推广，一些农作物优良品种通过农民自己逐渐扩散。加上农民精耕细作，"雕刻土地"，亩产量普遍大大提高。集体公共产品提供在退步，但农民普遍重视对承包耕地的维护改良。"经济发展比较快的是一九八四年至一九八八年。这五年，首先是农村改革带来许多新的变化，农作物大幅度增产，农民收入大幅度增加，乡镇企业异军突起。广大农民购买力增加了，不仅盖了大批新房子，而且自行车、缝纫机、收音机、手表'四大件'和一些高档消费品进入普通农民家庭。"[1] 改革后农业生产力得到了提高，农民物质生活水平得到改善。

但不可否认的是，1980—1990 年，广大农民生活水平仍较低下，生存状态改善不大。一般农民家庭一日三餐主要以素食粗粮为主，每人一年只能做一次新衣，无论大病小病往往依靠赤脚医生，子女较多的家庭负担沉重。商品经济不发达，农民出售农副产品并换取食盐和煤油等生活必需品。家庭联产承包责任制虽使农民"一夜跨过温饱线"，但"三十年也难过富裕坎"，不能使农民过上富足的生活。

随着时间的推移，家庭联产承包责任制的内在缺陷开始显露。其一是耕地的小规模、分散化、细碎化增加了家庭经营成本。家庭承包改革为了公平，按耕地肥力与距离平均分配耕地，不仅使农业经营规模不断下降和碎片化，也使耕作"转场"成本高。1988 年全国户均承包耕地面积为 9.2 亩，但户均拥有 9 块耕地。[2] 其二是由于经营规模小，农户无力投入资金改进技术，阻碍了农业机械化，增加了农民体力劳动强度。为了摆脱之，参军、考学、进城、经商等成为大量农村青年选择。对许多农民来说，乡愁的浪漫是离开之后才有的情愫，缺少的是离开的机会。越来越原始的人力耕种方式与农业现代化趋势背道而驰。其三是使农民市场权力弱化。小规模家庭分散经营具有自给自足的保障性质，一般不会根据市场需要而生产，也很少关注市场需求信息。信息闭塞导致农民不了解产品市场行情，抵抗市场风险能力低下，没有任何谈判权力，在工农业产品价格剪刀差面前毫无反制能力，产品利润多被中间商赚走，更无法面对全球市场竞争。其四是刺激男性生育偏好，加剧性别失衡。小规模分散经营需要男性作为

---

[1] 《邓小平文选》第 3 卷，人民出版社 1993 年版，第 376 页。
[2] 国务院发展研究中心联络室：《土地规模经营论》，农业出版社 1990 年版，第 76 页。

主要劳动力，农民生育男孩偏好越来越强，导致性别比例失衡日益严重。其五是削弱集体经济。改革过程中很多地方操作过于简单，大型农机被贱卖甚至被拆分。集体积累被分光，经济实力弱化，农田水利等公共基础设施日益老化失修。其六是农村行政组织与集体经济组织"政经合一"状态没有改变，[1] 基层政权组织与自治组织日益"厂商化"，农民日益难以参与村庄和乡镇集体企业决策管理，贪污腐败现象日益增多，集体企业收益利润很难为村民成员共享。

家庭联产承包责任制的制度红利在较短时间内就消失了。以家庭承包为基础的统分结合的双层经营体制看似稳妥，其实蕴藏着极大风险。其导致的是一种小农社会，农民无法"脱农入工"。[2] 其只是短暂激发了农业生产力，边际效用很快显著递减，农业很快又进入了新的徘徊期。[3] 城乡差距日益拉大，农民收入年增长率日益下降。在全球大环境特别是新自由主义模式日益盛行的背景下，我国政府公共财政支出大幅压缩，农业财政补贴不增反降，农业生产资料价格不断上涨，农民就医、子女上学、建房等费用直线上升，生活负担日益增加。乡镇企业和集体经济增值收益分红越来越少，农民无法再"离土不离乡"就近就业。集体提留逐年增加，农民负担日益沉重。农村矛盾急剧恶化，农民抗税群体事件不断出现。[4] 三农日益陷入"农民真苦、农村真穷、农业真危险"的状态。

而自1980年代中后期开始，东部沿海地区出口加工产业迅速发展，形成巨大劳动力市场需求。在多种因素的"推""拉"作用下，农村劳动力纷纷外出务工，甚至大量村组干部都外出务工，一些村庄基层公共事务开始停摆。这一时期农村劳动力转移就业增速达8.71%，超过同期城镇化率4.28%一倍多。在农业生产效益低下，税费负担日益严重而外出机会增加的情况下，一些农户希望退出耕地承包权，但当时村集体担心的是无人种地而不准退出；在无法退出耕地承包的情况下，一些农户开始外逃式务

---

[1] 马举魁：《关于家庭联产承包责任制与农村土地制度改革的思考》，《理论导刊》2004年第8期。
[2] 陈驰：《一个基层干部对中国土地问题的思考》，新浪网，http://blog.sina.com.cn/s/blog_a27f09450102wlvk.html，2015年10月14日。
[3] 杜建辉：《驻村录》，河南大学出版社2009年版，第1页。
[4] 江宜航：《农民弃种拉响粮食安全警钟，撂荒耕地或达近3000万亩》，《经济技术协作信息》2011年第14期。

工，承包地闲置和抛荒现象日益增多，有的地方高达30%的承包户选择弃耕，面积高达23.7%。[1]

自2006年起中国取消农业税，城市和工业开始反哺农村农业，国家日益加大农业补贴以及对农民医疗、上学、居住、养老等方面的社会福利与保障投入，农民生存状况得到改善。但农业衰败和农村空心化趋势仍在继续，家庭联产承包责任制面临深层结构的挑战。[2]

(四) 耕地流转兴起与政治风险的规避

早在1984年，中央的"一号文件"就已明确提倡耕地向种田能手集中，鼓励耕地"转包"。[3]但耕地流转最初同样是农民自发的选择。一部分农村适龄劳动力因各种原因留在了农村，弃耕与抛荒为他们提供了机会。他们开始自发流转邻里耕地，以期改变过密化耕作方式并获得更多利用自然力创造的财富。外出务工农民担心耕地长期抛荒承包权被集体收回，也往往愿意把承包地托付给他们耕种，并由后者代替完成公粮和费税义务，于是耕地自发流转慢慢增多。2006年"一号文件"进一步鼓励耕地流转，提出发展多种形式规模经营。外来工商资本或农村本地精英在市场利润和政府补贴作用下，开始有意识流转耕地用于种植经济作物。乡镇政府和集体经济组织也逐渐参与进来，加快了耕地流转。由乡镇政府、村集体组织和土地整治公司主导的耕地流转规模逐渐变大，通过整治耕地得以连片然后大面积流转给规模经营者。一些地方农民户口迁入城市定居而退出的耕地承包权被集体收回后，不再调整给农户而由集体作为主体进行流转。2008—2014年，耕地流转面积年均增长率达24.4%，全国家庭承包耕地面积流转比例逐渐达到30.4%，京津、环黄渤海、长江中下游等经济相对发达地区以及东北等传统优势农业区，耕地流转走在全国前列。[4]

但这一时期人们对耕地流转客体一度存在模糊的甚至不正确的认识。有的把耕地流转视为承包经营权流转甚至所有权流转，有的认为实质是买

---

[1] 杨涛、王雅鹏：《农村耕地抛荒与土地流转问题的理论探析》，《调研世界》2003年第2期。

[2] 李永萍：《土地抛荒的发生逻辑与破解之道》，《经济学家》2018年第10期。

[3] 中共中央文献研究室编：《新时期经济体制改革文献选编》（上），中央文献出版社1988年版，第317—326页。

[4] 王桂民：《中国耕地流转时空特征及影响因素分析》，《农业工程学报》2017年第1期。

地卖地。如果任由耕地的实际私有化和大规模集中，社会可能陷入两极分化，导致深刻危机、引发社会动荡，重演历史悲剧；① 国家将面临较大政治风险，执政党将面临严重执政风险，社会发展将面临方向性风险，社会主义制度将面临合法性风险。② 因此，党和国家对耕地私有化高度警惕，在促进耕地流转的同时，始终坚持较为稳健的耕地流转政策，特别是始终坚持耕地集体所有制，绝不突破耕地集体所有的政治红线，有效规避了严重的政治风险。

（五）三权分置与耕地经营权流转：成就与风险的显露

但是，面对耕地闲置抛荒现实、口粮安全挑战以及全球市场严酷竞争，我国必须抓住难得机遇和空间，实现经营权流转和适度规模化经营。这就需要耕地产权结构创新，为此党中央开始总结各地经验，2013年7月提出要厘清耕地所有权、承包权、经营权之间关系。2014年一号文件指出要不断探索承包经营权主体与经营权主体的分离以及集体所有权的有效实现形式，开始提出做实所有权、稳定承包权和放活经营权的三权分置重大改革思想。2014年提出要在稳定农村耕地承包关系长期不变并坚持最严格的耕地保护制度的前提下，赋予农民对所承包的耕地的占有、使用、收益、流转和抵押担保权能，特别是肯定了经营权可以抵押贷款融资用于农业规模经营。2016年《关于完善农村土地所有权承包权经营权分置办法的意见》正式确立耕地所有权归农民集体所有、承包权归原承包户所有、经营权归实际经营主体所有的三权分置的产权结构安排。党的十八届五中全会和十九大报告又提出要完善三权分置办法，明确三权各自权能并对三权平等保护。至此，耕地三权分置最终得以确立，我国农村耕地制度实现了又一次重大创新。

三权分置是改革后我国耕地制度的又一次重大创新。首先，其坚持耕地的集体所有，强调做实集体所有权，以有效避免重大政治风险。尽管集体所有在实践中可能出现集体成员主体地位虚置，集体领导行为异化并违反成员意愿出售或流转耕地从而侵犯成员承包经营权等问题，但从整体上能够防止耕地私有化，有利于农业现代化。其次，其强调稳定耕地承包

---

① 中国社会科学院经济研究所现代经济史组编：《中国土地改革史资料选编》，国防大学出版社1988年版，第1页。

② 刘国臻、刘东汶：《论农村土地私有化的巨大政治风险》，《政治学研究》2006年第3期。

权。承包权是村民基于集体身份的成员物权,事关其生存而不得随意剥夺。承包耕地经营权是否流转必须尊重承包权人的意愿,村集体和政府不得强迫命令,承包权人才是流出决策主体。[1] 承包权人只要不放弃承包权,流转的都只能是经营权。稳定承包权符合广大农户既想流出经营权又想保有耕地承包权的意愿。再次,其强调促进经营权流转,以缓解耕地抛荒弃耕和促进适度规模化经营。规模经营主体合法流入耕地经营权,其相应权利得到法律的保护。

此后,耕地经营权流转迅速增多,很多地方政府把其作为系统性工程来主动推进。首先是对耕地确权登记颁证。至2016年全国完成确权面积8.5亿亩,占家庭承包耕地的68%。[2] 2018年底,这项工作已经基本完成。各种经营权流转平台纷纷出现,新型规模经营主体数量迅速增多,2016年已超过398万个,[3] 耕地经营权再流转、抵押贷款现象也逐渐增多。短短几年时间,我国农业生产经营已经发生了翻天覆地的巨变,取得了难以置信的成就。粮食主产区大规模机械化联合收割场面十分壮观,整个农业生产过程日益机械化、专业化、智能化,粮食、水果、蔬菜连年丰收,创造了巨大的物质财富,人民物质生活水平显著提高。

不过,由于三权分置产权结构安排的复杂性、涉及利益主体的多元性、价值目标的多重性、所涉因素的系统性与多层次性,在实践过程也出现了各种纠纷矛盾、冲突,面临诸多风险。耕地经营权流转内含公平与效率、自由与强制、开放与封闭、市场配置与行政干预、本地适当规模经营与外来工商资本超大规模经营等多重内在矛盾,以及国家政策价值目标、新型经营主体工具理性、传统农户生存理性、官员科层合法性之间的多重冲突。与之相关的风险则包括承包户事实上一定时间内失去耕地经营权的风险、经营者面临的经营风险和市场风险、整个农业产业面临的耕地非粮化非农化风险等。如果这些矛盾、冲突和风险得不到及时有效的化解,就会逐渐积累、相互叠加而形成恶性循环,导致系统性风险,进而影响社会稳定。

---

[1] 丁文:《论土地承包权与土地承包经营权的分离》,《中国法学》2015年第3期。
[2] 张红宇:《落实"三权分置"引导多种形式适度规模经营健康发展》,《农民日报》2016年12月27日第7版。
[3] 李佳:《农业部:全国承包耕地流转比例已超过三分之一》,《甘肃农业》2017年第1期。

党中央和国务院一再强调"三个相适应",即农业适度规模经营发展要与城镇化进程和农村劳动力转移规模相适应,要与农业科技进步和生产手段改进程度相适应,要与农业社会化服务水平提高相适应。但是,目前很多地方的耕地经营权流转和规模化经营并不符合"三个相适应"的要求,也导致了各种利益纠纷、矛盾和冲突以及系列风险。如何在促进耕地经营权流转和规模化经营的同时,进一步完善产权结构中各大产权的权能,建立合理的流转价格确定和增值收益分配机制,保障耕地、粮食的品质与总量安全,预防、缓解和消除相关的系列可能风险,已成为当下我国必须面临的重大理论与实践问题。

二 基本概念与研究范围界定

耕地经营权流转风险及其村庄复合治理涉及一系列概念,包括耕地、耕地流转、风险及耕地经营权流转风险、治理与村庄复合治理等。明确概念是展开研究的基础,也在一定程度上确定了主要研究范围。

(一)耕地

耕地(cultivated land 或 cropland)是农地的主要构成部分,通过开垦得来并用于耕种农作物。严格说来,只有用于农作物种植的土地才叫耕地。农作物主要包括水稻、小麦、玉米等粮食作物,还包括油料作物、蔬菜瓜果作物、饲料类作物。因此耕地主要是狭义上的农业用地,与之相对应的是林牧副渔业用地。在我国用于种植主要粮食作物以满足人口口粮的农田称为基本农田,中共十七届三中全会提出划定永久性基本农田并指出不得改变其用途,目前划定了15.5亿亩。[①] 当耕地用于经济饲料果类种植、林牧渔业、休闲观光园艺业等时,被称为耕地非粮化;当耕地用于交通、房屋建设、城市化建设时,被称为耕地非农化。本书主要关注中国农耕区域内耕地的经营权流转问题以及所涉及的经济、社会、政治、文化与生态问题等。今天已经出现大规模、高产量的无土栽培技术,但耕地仍是农业生产最重要的要素。

目前我国已经开垦的耕地面积约为23亿亩,待开发可耕地面积已经不足7000万亩。从地形上看我国耕地主要分布在平原、盆地、丘陵等地区,

---

① 对于耕地面积,通用的单位是"公顷",但对于中国一般农户而言,公顷作为度量单位似乎过大,故本书统一采用"亩"作为度量单位。

从省区来看主要分布在黑吉辽冀鲁赣湘渝川豫鄂苏皖13省区。这些耕地被划分为15个等级，1级耕地质量最好而15级耕地质量最差，以7—13级的中低级为主；耕地质量总体呈从南到北、从西到东逐渐下降趋势。① 耕地安全不仅包括已耕地规模或面积相对稳定、质量保持或提高，还包括可耕地储量的相对稳定。

耕地是人们赖以生存的基本资源，也是物质生产与经济活动的重要生产资料。是否拥有耕地是划分农村社会阶层阶级的重要指标之一。耕地的所有权、占有权、使用权、经营权和收益分配权等产权结构安排状况，更具有重要的政治与社会意涵。我国耕地的政治性体现在集体所有制上，耕地所有权归村组集体。耕地的社会性体现在承包权是一种身份权，村组集体成员身份拥有者都有资格平均拥有自己那份耕地承包权，在养老保障和失业保险还没有覆盖到的农村，耕地承包经营权仍具有社会保障功能和失业"解毒剂"功能。随着社会保障保险制度的健全和完善，耕地的社会保障和身份象征功能在日益弱化。②

（二）耕地流转

耕地流转即耕地经营权的流转，与土地流转、耕地调整等概念存在区别。土地流转包括城市土地流转和农村土地流转。城市土地所有权归国家，商品住宅用地和工商业经营用地使用权有40年、50年和70年之分，到期后可入市场再流转。农村土地流转包括农用地与非农用地流转，非农用地所有权流转类似于城市土地流转，但农用地特别是耕地所有权属于集体，往往需要通过合法征用转变用途之后才能流转。

耕地承包权流转实际上是一个不够严谨的概念，一些村组把耕地分为口粮田与责任田，责任田可发包或出租给本村或外来规模经营者经营，这种责任田的承包权与经营权往往会同时流转。对于一般村组成员家庭而言，其耕地承包权并不存在流转问题，只是存在调整问题。对村组成员家庭耕地承包权的收回和重新分配，应称为调整而非流转，因为承包权并不存在流转过程，并非这家种了那家种，只要人口不变动承包权就不会

---

① 程锋、王洪波、郧文聚：《中国耕地质量等级调查与评定》，《中国土地科学》2014年第2期。

② 邓大才：《中国农村产权变迁与经验——来自国家治理视角下的启示》，《中国社会科学》2017年第1期。

流转。

在 2016 年以前，相关法律法规和政策文件以及学术界通常未把"耕地流转"与"农村土地流转"相区别，未把耕地承包权与经营权及其流转相区别。随着三权分置办法的出台，耕地流转主要是指耕地经营权流转。很多研究农地流转的文献其实主要关注的是耕地经营权流转。为了减少混淆，有学者建议将耕地经营权改称耕地耕作权。[①] 但笔者认为，耕地流转的确实是经营权而不是简单耕作权。耕作权概念过于狭窄，现代农业经营不仅要把耕地耕作好，还要考虑技术、良种、销售、管理监督等环节。所以耕地"经营权流转"概念更为适当。

至于耕地调换概念，可适用于耕地的所有权、承包权和经营权。只要符合条件，其并不会影响所有权、承包权、经营权的实际占有，只是其空间分布位置发生暂时改变。不过其并非完全没有问题，外部经济和社会条件的改变，可能导致一些矛盾和纠纷。特别是调换后，当其中一方的耕地出现了重大收益或损毁时，另一方可能反悔。如果无明文合理约定，置换不受法律保护，那么利益纠纷甚至会演变为剧烈的冲突。

（三）风险及耕地经营权流转风险

风险是个人或群体在未来遇到损害的可能性，但这种损害是否发生具有某种不确定性。风险在时间维度上具有未来指向，即所谓风险概率和风险预期，是将来可能发生的损害；在结果维度上有消极指向，风险带来的是损害而非收益，风险投资获得的收益实际上不是风险本身带来的收益，而是成功避开风险的收益。所以风险概念体现的是一种损害性关系状态。

根据产生的原因，风险可以分为自然风险与人为风险。自然风险完全是由自然原因引发的，但在今天，很多自然风险其实都是人类行为导致的结果，因此实际上属于人为风险。耕地流转过程中的风险，有很多也是自然原因导致的，比如自然灾害可能影响经营者的绩效，使其亏损，从而无法维持而破产，导致租金的拖欠，进而影响其他相关个体的收益。有很多是人为原因导致的，例如经营者改变经营内容导致非粮化，影响整个国家的粮食安全。

从风险所造成的损害后果来看，风险可以分为人身风险、经济风险、政治风险、社会风险、文化风险等。人身风险是身体健康以及生命可能受

---

① 钱明星：《我国物权法的调整范围、内容特点及物权体系》，《中外法学》1997 年第 2 期。

到的伤害,包括有毒食品、空气污染、饮水污染、药品问题以及自然灾害、经济活动、政治行为、社会行为等对健康和生命造成的可能损害。经济风险是对个体、群体或组织的动产与不动产等物质财富造成的可能损害。政治风险是对个人、群体或者组织的政治权力、权威或地位所造成的可能损害。社会风险是对个人或群体的社会地位声望、交往关系、家庭组织、情感等造成的可能损害。文化风险则是指各种思想、价值观念的交汇碰撞以及时空转变对个人与群体造成的意义混乱、迷茫和文化震荡,或某种文化模式的削弱或消失。相应地,耕地流转风险也包括这些类型。耕地流转可能导致部分个体失去耕地经营权而导致收入财产损失和生存风险,流入方污染耕地可能导致人身损害;自然原因、市场原因和社会矛盾冲突、政策制度变动等,对规模经营者可能造成经济风险。如果国家政策倾向于经营者,流出耕地经营权者从自主承包经营者转变为农场工人,就会产生不满情绪,导致部分人觉得承受了更多的政治地位风险。承包经营权人因为经营权流出,不得不离开家庭成员,可能导致夫妻情感问题或亲子关系问题,从而遭受社会风险;不得不迁移到他处居住,可能破坏其既有社会支持网,使其面临更加不确定性的社会风险。耕地流转也可能对一些农民产生文化冲击,使其生活与行为模式受到破坏,导致文化风险。

  从风险影响的范围看,风险可以分为个体风险与整体风险。只影响为数较少的构成个体者,属于个体风险,否则为整体风险。强调个体风险者往往着眼于个体的利益与价值需求,认为只有个体安全才有整体安全。强调整体风险者则往往着眼于整个群体或社会的有序运转和发展。现实生活中确实存在有利于个体安全却可能造成整体风险的情况,也存在因为强调整体安全而忽视个体风险的情况。从长期看,如果仅仅强调整体安全而忽视个体安全,那么个体可能采取行动而导致整体面临另一种风险特别是政治风险。而如果过于强调个体安全而忽视整体安全,在特定的历史时期又可能导致整体在面临外在风险时无法有力反制,最终又导致个体不安全。因此,个体安全与整体安全之间的平衡和良性互动最为重要,在考虑风险时应把二者有机结合起来。[①] 耕地流转的风险也存在个体风险与整体风险之分。如果强调个体安全,那么可能坚持传统的小规模分散家庭承包经营,但这又可能造成每个农户难以面对国际竞争风险;而强调为了应对这

[①] 夏玉珍、卜清平:《风险理论方法论的回顾与思考》,《学习与实践》2016 年第 7 期。

种国际竞争风险而主张规模经营，又可能对部分农民家庭带来失地风险等。为此，我们必须在经验实践中平衡耕地经营权流转的个体与整体风险。

如果不能有效的解决或降低风险，各种风险之间就会相互转化、叠加，并累积为系统性风险。耕地经营权流转过程中产生的各种风险，在一定条件下也可能相互转化。例如，当个人的基本生存面临风险时，就可能采取各种非法甚至暴力行动，从而对他人造成经济风险、政治风险、社会风险等。相关农民个人的政治地位下降、社会人际交往网络崩溃、支撑性的文化价值观念和信仰追求突然变得毫无价值与个人身体机能的衰退之间，可能存在相互影响并形成恶性循环。社会大系统由各个层次子系统构成，子系统又由各种要素构成。每个子系统和要素都可能面临各种风险。这些风险如果存在连锁反应，最终会相互恶化而演化成系统风险。系统是相对环境而存在的，要想使系统减少风险，除了处理好各子系统之间关系外，还应处理好系统与环境之间的关系，为系统寻求一个相对安全的环境。耕地流转涉及社会各个子系统及其要素，它们有各自相对独立的风险，但各自风险也会对其他子系统的风险造成影响。只有实现相关子系统及其要素之间的风险均衡，才能最终实现整个系统的安全。

对于风险现象，存在不同学科视角的看法或解释。自然科学往往把风险看成客观现象，认为通过科技进步可以有效缓解风险。这种风险科技观认为风险由物理事实决定，独立于个人与集体主观感知而存在，是纯粹客观概率事件；可以采取自然科学方式认识、测量、评估、管理和治理，只要坚持科学理性决策、判断，就可减少风险；虽然科技可能导致风险，但可用新的科技来应对这种风险，如果新科技导致新的风险，就用更新的科技来解决，风险不断升级而科技不断进步。如果坚持这种风险视角来分析耕地经营权流转的风险，可能忽视很多风险问题，特别是农民风险感问题和社会心理情绪调节问题等。耕地经营权流转和规模经营肯定离不开科技的助力，但科技应主要用来降低劳动强度、提高生产力和增加经营产出，拓展更多的利益空间，让农民获得更多收益，而不是用来替代劳动力。

关于风险的文化人类学视角认为，风险是文化现象，不能独立于主体经验认知，是特定群体主观价值观的社会建构，风险的形成、确定、评估和治理都涉及价值判断、道德信念等；某种现象是否风险与价值系统有关，在等级文化、平等文化、宿命文化与个人文化等不同模式下，人们具有不同的风险感。这种视角认为风险并无客观评价的标准,[①] 一种行为或现象是否构成风险会因时因地、因民族、因文化的不同而异;此行为在此民族中可能是风险行为,但在彼民族中则可能不被视为风险行为。耕地流转会导致农村生产生活方式巨变,可能对传统农业文化产生冲击。但对城市来说,这似乎并不是什么风险问题。进步的文化人类学主张双重理解,必须理解农民自身的生活世界和意义,尊重农民自己的文化价值观念以及生活生产方式。

关于风险的经济学视角认为,风险是一种成本,要想获取利益就必须敢于面对风险,在风险投资行为中,风险越大收益也可能越大。按照这种视角,耕地流转风险是相关行动者为获得更大经济收益而进行的冒险,如果流转成功可以获得更多的收益并促进社会经济的发展;而如何看待各种相关者可能面临的风险、如何分配这些风险、由谁来承担多少风险,都要根据是否有利于总经济收益增加来确定。这种视角还认为,对于某些个体或群体所承担的风险可通过经济补偿来解决。但是,其客观结果可能是风险向贫穷者和低收入者聚集,造成贫穷低收入者为了近期利益而不顾将来风险。按照这种视角,即使耕地流转是强制性的,只要给予被强制流转者更高流转费,就可补偿其经营权流转后面临的各种风险。这种用金钱来补偿耕地经营权流出方的做法,会导致风险向经营权流出方聚集,传统承包户可能在近期获得一些利益,却不得不面临长期风险。

还有一种激进的风险统治论,认为风险只不过是支配阶层实施权力、谋求利益的理由或借口。统治者往往会把威胁其统治的行为和现象视为风险,而否认被支配阶层所认为的风险是风险,或者支配阶层只在为获得被支配阶层的支持时才重视被支配阶层的风险。尽管不能把耕地流转过程中涉及的相关阶层说成是支配与被支配的关系,但也不可忽视有时某些利益群体或集团凭借话语优势而夸大自己的风险,遮蔽他人的风险。这要求在治理耕地流转风险时,不仅要看到某一类经济主体风险,还要考虑所有相关利益主体的风险。

风险具有历史性或时代性,人们对安全的追求不能超越特定历史阶段,不能超越生产力发展水平。绝对安全是不可能的,关键在于安全水平要与既有生产力水平相符,还在于完善各种制度,尽量减少风险的产生和

---

① 伍麟:《风险概念的哲学理路》,《哲学动态》2011 年第 7 期。

存在，做到风险的相对公平分布或分配。当生产力达到一定水平之后，当物质生活水平提高到一定程度后，就必须更加强调其他安全需要。因此物质生存得到满足，其他安全问题并非就自然缓解，相反人们的风险感可能会增加。耕地经营权流转实际上是在人们生活水平相对提高、可以在一定程度上不完全依赖土地而生存的情况下发生的，因此对耕地流转风险治理不能仅停留在经济风险和人身风险上，还应重视相关的生态、社会和文化风险。

对于耕地经营权流转风险，本书主要强调耕地流转过程中的相关环节、行为、主体、现象导致的不确定性和可能的损害后果，主要围绕耕地经营权流转现象加以研究。重点研究耕地确权、流转地租或收益、流入方经营管理过程、经营权再流转、经营权抵押贷款等相关环节的风险，同时也会讨论与耕地流转相关的政府补贴、公共产品等分配问题导致的不确定性风险。

乌尔里希·贝克（Ulrich Baker）的风险社会理论认为，人类已进入高风险社会，面临众多不可逆风险。他所说的风险主要是指高技术风险、生态破坏和环境污染风险。他认为，人们不仅要面临经济的不平等，更要面临风险的不平等；财富是向上累积而风险是向下累积，导致富人承担的风险少而穷人承担的风险多；更严重的是，某些群体为了获取私利会生产风险而转嫁风险损害，造成风险分配不公进而引起风险矛盾和加剧风险冲突。我们可以从其理论中得到一些启示，特别是在耕地经营权流转风险治理过程中，要防止谋取私利、生产风险、转嫁损害的行为。传统的社会冲突理论很少提及风险冲突，而更强调物质利益冲突。基于风险分配不公的风险冲突与传统冲突具有相似之处，但更容易受风险感的影响，更可能引起非直接相关性利益冲突。甚至是较小的、个别性风险冲突，也会引起更多非利益直接相关性的民众的关注，风险共感者更容易聚集起来导致群体事件。因此，耕地流转过程必须重视风险相对公平的分担或分配，注重对非直接相关利益者的调节，以减少风险冲突和群体事件。

（四）治理与村庄复合治理

治理是各种利益主体之间依据正式和非正式制度进行持续互动的过程。现代治理概念与传统治理、统治、管理、新公共管理等概念都有所不同。传统治理概念主要是指发挥个人才能使天下、国家、辖区、治下、家庭等得以有序运行，其中并无民主理念。统治是统治者从上到下的单向权力强制实施过程，具有谋取特定集团利益而牺牲其他阶级阶层和群体利益的特征，其内容主要不是公共事务而是维护统治阶层的权力与利益。管理特别是公共管理活动处理的是公共事务，强调强制权力的单一主体性和民众被动接受性。新公共管理概念更强调民主参与以及政府要及时响应公众需要，把政府视为企业，认为政府的功能就是服务，应如企业那样向公众提供高质量公共产品与服务，但政府行动逻辑绝不能如企业那样以最少投入获取最大产出，必须考虑和重视某些事物的非经济价值。现代治理概念的独特特征，在于主张在执政党的引领下、在政府的推动支持下，公众个人与群体、经济组织和社会组织就各种公共事务进行多主体平等参与、共同协商并兼顾各方价值主张和实现目标整合。现代治理的发展趋势就是相关的行动者依据自己的行动逻辑，把各种正式制度与非正式制度，政府资源、市场资源与社会资源共同整合而形成的一种复合性的治理机制、动态的组织结构和合作治理平台，并最终通过治理实现多重目标追求，包括同时实现市场主体的利益、公众个人与群体的公共利益和个人利益，以及国家主导的宏观整体价值或利益目标。现代治理并非一个可以脱离特定历史文化国家背景的完全理想和抽象的概念，在我国，国家治理能力和治理体系的现代化都要坚持发挥党的领导核心作用。

传统意义上的村庄主要是指以自然村和熟人社会关系为基础的、相对集中居住的农村空间单元。费孝通认为村庄是一个共同体，其特征就是农户聚居区，与其他同类聚居区隔开相当一段的距离。[①] 社会学常常使用的"乡村"和村庄概念，如"乡村研究""乡村建设""都市里的村庄""浙江村"等，强调的是一种与城市相对应的社会空间及其族群性、社会性、乡情性、非正式性、地方知识性，属于一种内部视角的概念。村庄是人口相对集中的、具有一定自组织性的，多重纵横关系的共同体。传统中国社会的村庄，内部存在权力和地位的分层，包括豪强、士绅、商人、神汉神婆、先生、庄客、乡民等。其组织化主要是一种民众自组织，甚至包括自治武装，但又与国家和政府存在相互依赖的关系。在今天的中国，随着耕地的流转、土地的整治，农村民众正在日益改变分散居住的习惯，而形成居住更加集中的社区共同体。这样的社区共同体除了人口相对集中之外，其他公共服务、社会文化活动、政府与非政府组织机构都相对集中，具有

---

① 费孝通：《江村经济——中国农民的生活》，商务印书馆1997年版，第25页。

向城镇社区过渡的趋势,但并非典型的城镇社区,村庄概念更适用于这样的存在形态。

村庄概念与自然村、行政村等概念既有联系也有区别。自然村是历史上自然地形成的村落,更多地偏向于一种熟人社会,具有传统共同体的色彩,同时也具有相对稳定静态的特征。与自然村相比,村庄概念具有相对动态或流动性、构成更为多样分化更为明显、社会组织化程度较高的共同体含义。行政村则是政府为了管理方便设置的农村行政区划单位,行政村往往由多个村民小组构成,村民小组的空间范围更可能与自然村落相重叠,行政村的边界出于政府管理的需要更可能发生人为的改变。村庄范围往往小于行政村但可能包括多个村小组,其边界也可能跨越行政村组边界。与行政村不同,村庄是自然形成的空间;与自然村不同,村庄更多的是经济活动而非社会活动的自然产物。为了发挥传统自然村落及其社会关系网络资本在基层治理中的作用,行政村组的边界应尽量与自然村的边界相重合,至少不应人为割裂自然村落的边界。以村庄为基本分析单元,可以适应耕地经营权的流转和农村基本构成单元的日益开放性;以村庄为单元来展开耕地经营权流转风险治理,可以把更多的利益相关主体纳入进来,重构超越自然村落的治理结构,使农村基层社会治理与耕地经营权流转的大背景相适应。使用村庄治理概念而不使用村民自治概念,还在于随着经营权的流转,作为相对封闭的村民自治已经难以涵盖村庄主体多元化、村庄边界开放化、村庄事务超越了村民自治功能的实际情况。

正如第七章将要详细讨论的,学术界提出了各种治理概念,包括多元治理、多中心治理、合作治理等。学术界也早就提出了复合治理概念,甚至认为传统封建社会一些村落就是实行的多权威的复合治理。[①] 但本书采用的复合治理概念,意在强调制度、主体、价值目标、行动逻辑等多维度的协同和有机融合,同时也结合中国历史场景和现实场景,确认和强调党的领导作用和政府的主导地位。[②] 村庄复合治理主要是指基于村庄的复合治理,即基层党组织、两委组织、各种内生的外来的经营主体、专业技术

[①] 史亚峰:《复合治理:产权分置与社会秩序的建构——基于洞庭湖区湖村的深度调查》,中国社会科学出版社2020年版,第260—280页。

[②] 许珂、周伟:《治理理论的中国场景:复合治理的勃兴》,《深圳社会科学》2020年第3期。

服务组织、各类社会组织以及承包户个体等各个层次的力量，以村庄为基本活动空间，在村庄层次上互动、博弈，实现各自目标与整体目标，进而实现相对公平而持续发展的动态过程。本书的根本目的，就在于探讨耕地经营权流转风险的村庄复合治理机制。

三　文献回顾

耕地经营权流转涉及整个三农问题。国内外学术界关于三农的研究，包括了农民、农业和农村相互关联的三大问题，具体涉及农民的行为特征、历史命运，农业经营模式、耕地地租和农业产业特性，乡村社会、乡村结构变迁、村庄治理，中国耕地制度变迁以及流转分布、模式、后果、风险等。在明确耕地三权分置办法后，学术界关于耕地三权分置的产权结构、耕地经营权普遍流转风险及其治理的研究有所增多和深化。波兰裔马克思主义社会学家和农民问题专家沙宁（T. Shanin）认为三农研究分为四大理论传统，即马克思主义的阶级分析、恰亚诺夫（A. Chayanov）的"独特经济"类型、民族学和人类学的文化理路、A. 克鲁伯（A. Kroeber）为代表的涂尔干传统。黄宗智认为三农研究存在以马恩和列宁等人为代表的马克思主义，以舒尔茨（T. W. Schuhz）和波普金（S. Popkin）为代表的形式主义，以恰亚诺夫、波兰尼（K. Polanyi）、斯科特（J. Scott）等为代表的实质主义三大理论路向。巴特尔（F. H. Buttel）等人认为三农研究存在以新马克思主义、新韦伯主义以及生态学理论为代表的三大最有影响的理论路径。这些理论传统、路向或路径，在诸多重大论题上都存在分歧。[①] 本书先从关于农民的研究开始回顾。

（一）关于农民的研究

1. 关于农民的历史命运

回顾关于农民历史命运的研究，有助于我们在耕地经营权流转过程中确立对待农民、各种规模经营主体和相关专业服务从业者的正确态度。最典型的农民是在自有的、自己承包的或租入的耕地上耕作、生产粮食以实现基本生存的群体，特别是自耕小农和佃户。

马恩认为，农民在资本主义社会会走向终结，被从肉体上消灭或逐渐

---

① 熊春文：《农业社会学论纲：理论、框架及前景》，《社会学研究》2017年第3期。

转化为工业和农业工人。① 资本家先是利用农民对抗封建贵族，最后却将农民转化为廉价工人。② 资本主义使农民不再可能从事家庭手工业和副业经营，要么逐渐变成剥削他人的小资本家，要么丧失生产资料成为雇工，并由此而终结。在英国，农民的终结是一个残酷的过程。资本无限压缩农民生存空间，农民无论如何努力都会显得过剩，农业资本家通过绵羊和经济作物给传统农民最后致命一击，使其成为无地可耕者。在羊吃人的圈地运动中，资本家甚至采取暴力，借助隐形权力（非法暴力、黑恶势力）迫使无地农民成为资本农场的农业工人。资本进入乡村进行大规模经营，采用机器和科学方法不断扩大生产规模，大大提高了劳动生产力也减少了对劳动力的需求，但农民"人口过剩"，大量佃农饿死或远走美洲。③ 农业生产资本主义化不能创造对农业劳动力的新需求。④ 19世纪的法国、德国以及整个欧洲大陆，资本大量涌入农村，加上殖民地廉价粮食的大量进口，本国农民纷纷破产，进城成为雇用工人，其规模程度与工业资本主义的进展和发达程度相对应。⑤ 农民在此转化过程中不仅失去传统规范和既有社会网络支持，还得不到城市法律保护，成为没有任何法律保护的阶层。恩格斯发现农民在终结的过程中存在一种过渡状态，很多农民尽管成了工人并纺纱织布，但大多散居城市近郊农村，彼此较少联系而激烈竞争；在从事手工业生产时还会去租点地来耕种，但耕种十分粗放马虎；他们成为工人后，孩子仍生活在农村，还尊崇传统宗法关系。⑥ 资本主义社会中传统农民的终结是一个被消灭的过程，承担了几乎所有的代价，居住恶化教育丧失，地位下降。在美国，传统土著农民更是以种族被灭绝的方式而终结。马恩认为，社会主义也会让农民"终结"。因为社会主义要废除资本主义生产方式，要使农民摆脱与世隔绝愚昧无知；耕地小私有制不利于生产力发展，必须收归国有进行规模化经营；耕地小私有制会导致耕地买卖和日益集中，造成贫富分化，出现农民贵族；农民作为私有者大批存在、农业没有企业化，工人革命和社会主义建设就不可能实现。但社会主义不

---

① 《马克思恩格斯选集》第1卷，人民出版社2012年版，第49页。
② 《马克思恩格斯选集》第1卷，人民出版社2012年版，第601、63页。
③ 《马克思恩格斯选集》第2卷，人民出版社2012年版，第67页。
④ 《马克思恩格斯选集》第2卷，人民出版社2012年版，第287页。
⑤ 《马克思恩格斯选集》第4卷，人民出版社1995年版，第484—505页。
⑥ 《马克思恩格斯选集》第1卷，人民出版社2012年版，第88页。

会采取得罪农民的措施，不会简单宣布废除耕地私有权，而是在小土地所有制已被资本主义破坏、农民自己看到已无前路的情况下把农民团结起来，积极引导其与工人一起进入新社会。① 相比之下，这一过程要正义和人道得多。他们的经济状况会得到改善，名义所有权变成对自己劳动果实的实际所有权。② 毛泽东基本上是按照马恩思想来看待中国农民的。邓小平也认为，农民必须加以改造和转移就业，传统农民在未来社会主义和共产主义社会将不复存在。革命就是要把农民从小块土地上解放出来，进入城市就业和生活是农民的出路和希望。③ 在革命胜利后，要进行土改，建立季节性、常年性互助组，进而组织初级合作社和高级合作社，让他们看到合作化的优越性，通过一步一步的教育、锻炼逐渐转变其身份。④

韦伯（Marx Weber）在19世纪末对德国威斯特伐利亚地区的农民进行过问卷调查，认为传统农民的终结是一较漫长的过程。他发现农业劳动力空间转移存在依次替代的关系。发达地区农民城市化工业化之后，来自偏远欠发达地区的农民会填补位置，继续维持原有生产方式、制度结构和经营模式。传统农民将为具有企业家精神的现代农民取代，传统农民将消失，而规模化企业化农场经营主将长期存在。韦伯的调查反映了德国传统农民正在终结的过程，佃农在日益减少，雇工日益短期化日工化，来自波兰和俄国的国际客工日益具有无产阶级特征。农业工人对农场主的依附性下降，流动性和自主性日增。他们希望向上流动和追求个人自由，喜欢个人主义而非集体主义。⑤

孟德拉斯（Henri Mendras）更是专门讨论了农民终结问题。他认为二战后传统意义上的自给自足的农民将日益消失。其中很多人仍生活在农村，但其家庭农业经营已是以营利和参与市场交换为目的。家庭经营日益企业化，只不过与工业和商业企业有着不同的特征和运行机制。农业一直存在，但传统意义上的农民将消失。那些没有耕地的农民将转化为城市或农村工人。他们不得不面临工业文明。而农业只有引入工业化企业科层管

---

① 《马克思恩格斯选集》第3卷，人民出版社2012年版，第338页。
② 《马克思恩格斯选集》第3卷，人民出版社2012年版，第3页。
③ 《邓小平文选》第3卷，人民出版社1993年版，第214页。
④ 《邓小平文选》第1卷，人民出版社1989年版，第220页。
⑤ ［美］莱因哈特·本迪克斯：《马克斯·韦伯思想肖像》，刘北成译，上海人民出版社2007年版，第34页。

理和现代机械化生产技术，才能满足人口对食物的需要。① 孟德拉斯还主张，对于农民的下一代来说明智的选择，不是把积蓄用于购买一小块耕地来与大土地所有者竞争，而是用于投资机器，代耕代种或租入更多耕地经营以获取更大收益，从而成为非传统农业生产者，耕地所有权并不重要，重要的是耕地经营权或耕作权，以及教育、知识、技术和资本。② 这是一个十分重要的观点，表明通过专业化分工和机械化专业性服务可以获取更多收益。

可见，绝大多数的思想家、理论家和学者都赞同农民"终结"观。农民将以各种方式而消失不见，要么上升为工商业或农业资本家而主动、乐意地自然转化，要么因资本逻辑而被迫下降为无产阶级，要么经过"教育"转化为集体公社成员或城市工人，存在"离地性终结"或"在地性终结"之分。而以极大地增进其物质生活水平和降低其劳动强度，给予其相对自由而不产生较大不确定性、风险与焦虑，让其接触更高级的文化或精神文明生活而不受强烈文化冲击震荡的终结方式，似乎更为可取。在寻找最理想的终结方式方面，马恩的理论提供了重要基本原则，那就是尊重农民、友好地对待农民，以让其获得实惠的方式引导其逐渐终结。所谓终结，不是消灭而是向更好的存在状态转化。

联系到当下中国，要防止挤压真正的传统农民转化为租地农场主的空间。技术、资本和管理经验都应为传统农民转化为农场主服务，而不能作为取而代之的工具。③ 那种凭借雄厚资本、先进技术和管理经营经验来到农村赶走农民取而代之的现象，必须得到抑制。耕地三权分置在促进耕地经营权的流转和规模化经营的同时，要重视培养村庄内生的规模化经营主体，这样可以促进一部分传统农民在地转移为农场主而终结。一部分农民应向提供专业性生产经营服务的阶层转化而终结，包括成为专门的农业机耕机种机收、金融、财务、会计、保险、法律等服务者。一部分农民可以成为农业生产工人或雇用工人而终结，但数量越少越好。其余的农民，政府应通过教育、养老、住房、医疗、就业支持，促进他们向城市市民转化

---

① ［法］亨利·孟德拉斯：《农民的终结》，李培林译，中国社会科学出版社 1991 年版，第 29 页。
② ［法］亨利·孟德拉斯：《农民的终结》，第 27 页。
③ 文军：《农民的"终结"与新市民群体的角色"再造"——以上海郊区农民市民化为例》，《社会科学研究》2009 年第 2 期。

而终结。按这样的趋势发展下去，绝大部分承包户都会成为领取经营权流转费的离农阶层。如果再通过经营权换社保，他们会从根本上摆脱农民身份。中国从事农业生产经营者占整个社会人口的比例将大大下降，可能会下降到整个人口的10%甚至5%以下。这可能要延续很长时间，应是一个较长期的充满曲折反复而螺旋式上升的过程；但逆全球化、工商业人工智能化都终究无法阻挡其进程。

2. 关于农民的行为模式

明确农民在日常经营管理中和面临重大问题时的思维决策和行为模式，有助于理解农民经营权流转决策，减少经营权流转过程中因各主体思维和决策模式差异而导致的矛盾冲突。农民行为模式涉及其决策或做选择时是理性的、有限理性的还是感性的；如果是理性的，是工具理性的还是价值理性的等等。

马恩认为，传统农民行为模式无法适应市场经济。传统农民习惯于自然经济，不为交换而生产，只是偶尔出售剩余产品以补贴生活所需，因此不具有即时交换的市场行为逻辑与追求最大化理性决策模式。传统农民还会从事家庭手工业并生产低廉的基本"工业品"，故能有效抵御外来工业品入侵。外来资本和机器大生产工业产品要想向乡村和向东方国家销售，就必须改变其耕地小私有制。[①] 农民具有实践或经验理性，通过漫长摸索能准确知道要制造他换来的物品所需要劳动时间，但面对货币经济和开放市场经济则无法估计出花费在贵金属上的劳动。[②] 故传统农民行为模式本质上与商品市场经济和资本逻辑相违，无法适应市场经济。

韦伯认为传统农民进行的是传统行动，传统社会因此相对稳定。农民易受宗教支配而形成宗教价值理性，把财富奉献教会以求救赎。斯科特（James Scott）认为农民属于生存理性，即极力避免经济遭遇灾难并以相对安全方式实现收益最大化，农民生产经营的首要目标是回避风险和寻求生存，故不会遵循市场逻辑，不会通过扩大生产和市场竞争来扩大收益，他们从事农业生产经营的目的是首先保证自己生存，若有剩余才用于礼物交换和互惠网络，以实现共同体生存和使自己在共同体中立足。传统农民不是适当的市场经济主体。孟德拉斯认为，传统农民之所以不能理性自由选

[①] 《马克思恩格斯选集》第1卷，人民出版社2012年版，第846页。
[②] 《马克思恩格斯选集》第2卷，人民出版社2012年版，第664页。

择，根本原因在于他们只有传统技术并身处社会结构之中而不得不按惯例行事。当新技术和机械化打破了惯例时，他们转而模仿同样无知邻居或盲目信任技术人员。如果后者给他们带来不确定性风险，他们就会回到惯例而走向消亡。① 恰亚诺夫也认为农民无法融入市场经济或计划经济。他的劳动—消费均衡论认为小农通过劳动得到农产品并用于满足家庭消费。农民劳动投入时主观上存在劳累感，在消费自己生产的产品时存在满足感。若满足基本消费的意义超过了劳累感，农民就会继续投入劳动。而二者一旦达到均衡，生活需求基本满足，农民就不会再投入更多的劳动。舒尔茨（T. W. Schultz）认为，传统小农实际也是理性经济人，会按成本—收益逻辑行事，会一分一厘计算得失，并决定自己的经营规模。②

关于中国传统农民，梁漱溟认为他们是互相以对方为重的利他主义者，农民具有过度社会化的特征。孙中山、晏阳初等人则认为他们缺乏公共精神和团体意识，各怀其私而如散沙无法凝聚。费孝通认为传统中国乡村农民以自己为中心并向外延伸多层圆圈，越处于外层越具有机会主义取向，属于以己以家为中心的自我主义和个人主义。故而他眼中的农民似乎社会化不足。赵晓峰认为他们在群内时以群为中心，在群外时则以自己为中心，代表己群与外群打交道时具有扩大的自私心理。中国农民的行为逻辑还存在历史的变迁。在传统社会中他们公私相对、有公有私；在新中国计划经济时期崇公抑私、公私模糊；在改革开放后又强私弱公、公私分明，强调眼前狭隘家庭私利而不能合作。在今天，很多农民在外出务工，脱嵌于原处社会结构规范而又不能嵌入务工地，故而处于游离状态，行为更具功利性；而返乡后随着乡村的日益陌生化，他们的观念和道德、心态都在发生改变，处于一种不确定性的过渡状态。

这些讨论对于把握三权分置和经营权流转背景下的农民行为逻辑颇有启迪。他们在群内自发流转时更具互惠性，对外来规模经营者更具工具理性，并可能对不同规模经营者持有不同的标准，甚至与外来者持有天生的对立立场而可不受规范制约地实施侵犯。农民在不同的背景下会调整自己的行为模式，大多数将无法适应市场经济，难以进行市场化的、高科技的

---

① ［法］亨利·孟德拉斯：《农民的终结》，第 277 页。
② ［美］西奥多·W. 舒尔茨：《改造传统农业》，梁小民译，商务印书馆 1999 年版，第 68 页。

规模化经营。

3. 关于农民的社会属性

农民社会属性论题涉及其是社会的稳定器还是不稳定的发生器等。[①] 明确此同样有利于应对经营权流转过程中的利益矛盾冲突。

马恩认为传统自耕农属于中间等级，具有革命性也具有保守性。他们试图保有小块耕地，并因此具有一定保守性。眷念土地是农民的本质，对土地这种"想象的财产权"十分狂热。[②] 他们只要还有一点耕地，就会守旧和迷信权威，面向过去，因此具有保守性，甚至试图开历史倒车，拥护专制和非正义战争。农民天生分散性、原子化而难以组织化，更难主导集体行动。耕地碎片化导致农民原子化，不互相交往而常处隔离状态。面积小使他们无法分工和应用科技，每小块耕地分布一个农民家庭，由此而形成村庄，这样的村庄又形成整个农村。故农村犹如一袋马铃薯，在涂尔干笔下仅有机械团结。农民尽管利益相同却不能形成共同的全国性的联系，更不能形成政治组织，一定要别人来代表。[③] 但在统治者过于残暴时，他们也愿意附属性地参与集体行动。资本扩张和对农业的入侵使土地日益集中到大资本手中，会产生可怕结果。[④] 大资本进入农村会导致地租上升，佃农无力竞争租不到耕地，甚至连住宅都会失去，从而产生对抗情绪和仇恨心理。19 世纪初的法国还有三分之二的人口在农村从事农业生产，但就有人鼓吹大量建立大规模农场，导致农业工人劳动量大增而传统农民大量失地失业，资本攫取大部分利润。[⑤] 这加剧了农村社会阶层矛盾与社会冲突，农民逐渐无视当局法律，反感主流意识形态，日益堕落为反社会者、纵火者，农村社会进入"战争"状态，不断暴发群体事件和社会运动。[⑥] 资本积累过程必然伴随农民反叛，但其必须依附无产阶级才能成功，[⑦] 工人与中下层农民会形成大合唱。[⑧] 1980 年代新自由主义经济模式的过度扩

---

① 胡联合、胡鞍钢：《中产阶层："稳定器"还是相反或其他》，《政治学研究》2008 年第 2 期。
② 《马克思恩格斯选集》第 1 卷，人民出版社 2012 年版，第 526—528 页。
③ 《马克思恩格斯选集》第 1 卷，人民出版社 2012 年版，第 150 页。
④ 《马克思恩格斯选集》第 2 卷，人民出版社 2012 年版，第 549—552 页。
⑤ 《马克思恩格斯选集》第 2 卷，人民出版社 2012 年版，第 253—254 页。
⑥ 《马克思恩格斯选集》第 3 卷，人民出版社 2012 年版，第 266 页。
⑦ 《马克思恩格斯全集》第 23 卷，人民出版社 1972 年版，第 551 页。
⑧ 《马克思恩格斯选集》第 1 卷，人民出版社 2012 年版，第 9 页。

张，墨西哥的查帕斯运动和拉美无地农民占地运动确实证明了这一点。

其实，并无一成不变的农民社会属性。他们是保守还是激进、是参与还是观望，都与外在经济、政治、社会和政策环境存在密切关系。如果无外在有利环境和空间供农民顺利转化，耕地又过度集中，农民参与激进行动的可能性就存在，反叛一旦发生，往往会导致大规模破坏。但他们的反叛通常不是显性而是隐性的、变形的或消极的。他们作为"弱者的武器"，包括装糊涂、装傻卖呆、偷懒、开小差、怠工、口头答应、假装顺从、假装中邪、诽谤、毁坏工具和作物，以及偷盗和放火等等，以微不足道的小行动削弱对方力量，最终产生重大聚集性影响。另外，相对于主流意识形态霸权，农民往往有隐藏的文本。① 由于生存理性、隐藏的脚本、合谋的沉默，当他们采取难以捉摸的行为进行反抗时，社会矛盾实际已较严重。而农业规模经营者也有自己的社会属性。他们往往会以生态名义提高农业产品价格，希望政府开拓国际产品市场而封闭本国市场，强调在投资—回报周期内行动的合法性。当下中国耕地经营权流转，一定要以农民具有非农化倾向和向上流动的社会空间为前提，经营权流转不得挤压而要拓展农民生存空间。如果一些村庄出现村民以弱者武器对抗规模经营者，就必须加以警惕，并弄清其背后的真正原因。

（二）关于农业的研究

回顾关于农业的研究，明确农业生产经营特征和组织经营管理方式等，可为探讨经营权流转和规模经营最理想组织和经营方式提供参考。

1. 关于农业的产出能力

人们常常认为，农业最不同于工商业之处，在于直接作用于动植物并必须遵循生物自然规律，在时间上不能随意改变，一定面积的耕地在特定气候条件和耕作制度下，其产出能力是有限的。但随着网络化、信息化和智能化的到来，农业日益突破时间和气候限制，生产力在不断提高。马克思认为资本、劳动与科学的结合可使耕地生产力无限提高。在他所生活的时代，由于生产力提高，人们可以对耕地挑肥拣瘦，只对一部分耕地精耕细作，另一部分却会抛荒不用。耕地人口承载能力是无限的，人口过剩理

---

① [美]詹姆斯·C.斯科特：《弱者的武器》，郑广怀、张敏、何江穗译，译林出版社2007年版，第478—481页。

论也是不成立的。① "大跃进"运动时"人有多大胆、地有多大产",但限于技术条件当时产量实际都很低,而改革开放后良种的引入使红薯之类亩产可达一万斤。

2. 关于农业的经营规模

有学者从技术的角度,认为生产技术不发达的情况下,小农经营具有长期存在的合理性,在传统社会农业经营规模往往限于农忙时节数人或十数人体力劳作所能承受的范围,即使是大地主大规模经营实际上也主要是由以佃农小规模经营为单元而构成的。这种主张认为如果科学技术取得重大进步,农业则可大规模集中经营。②

马恩发现法国革命将耕地平均分给农民导致了耕地经营零碎分散、无数地界纠纷,机械化专业化和水利建设无从谈起而生产费用上升,生产工具和技术日益退步而产出日益下降,最后因不能保障生存和满足赋税支出需要而被出售给处于竞争优势的大地产者。因此,他们综合经营本身和所有制度两个角度,主张消除小土地私有制进行公有制集体规模经营,以对抗资本主义农业大生产经营。③ 他们认为未来的社会主义农业一定是实行大规模经营。④

邓小平认为,农业"一大二公"的人民公社超越了生产力发展阶段,应在相当长时期内坚持联产承包的小农经营,但这并非长久之计,之后要发展可以适当雇工的适度规模经营,而最终要适应科学种田而发展规模经营。⑤

3. 关于农业的组织方式

这涉及农业生产是以家庭还是以企业科层制方式进行组织,是以家庭成员合作方式展开还是以"队生产"方式展开。有的主张家庭经营比采取企业化经营更好,即使科技再发达也要走以家庭经营为基础的合作制道路。马克思等人认为小农家庭生产排斥分工和协作、不愿引入技术和接受调控,不利于社会生产力发展。企业化农场的现代组织管理方式更利于采用科学经营工艺,生产更多的财富,只不过私有制下这些财富为资本家占

---

① 《马克思恩格斯全集》第22卷,人民出版社1965年版,第244页。
② 侯建新:《国外小农经济研究主要流派述评》,《世界历史》1999年第1期。
③ 《马克思恩格斯全集》第22卷,人民出版社1965年版,583—586页。
④ 《马克思恩格斯选集》第1卷,人民出版社2012年版,第562页。
⑤ 《邓小平文选》第3卷,人民出版社1993年版,第355页。

有。列宁认为将来的共产主义社会，将实行公有制下的机械化大规模民主管理经营农场，在过渡期实行以家庭为单位的合作社经营这种中间形式，机械由国家提供给农民无偿使用。① 毛泽东认为，传统个体私有农业经营是落后的，雇佣劳动的规模化家庭经营存在剥削，社会主义农业是工业化的集体农场经营。② 邓小平曾认为，农业生产经营必须社会化，耕地可以入股集体统一经营。③ 因此与经营规模看法相一致，马克思主义者认为农业应采取与生产力水平相适应的组织模式，从家庭经营向企业化经营转变是其总的趋势。

韦伯认为宏观政治经济背景和微观个体社会行动都会影响农业经营本身，但技术必然战胜传统主义，传统农业将为现代企业化农业取代。在当时的德国，农村人口向城市转移和农村劳动力日益匮乏，国家应把耕地收归国有招募农民家庭来实行家庭经营，从长远看农业要企业化和理性化经营。在现代化过程中的特定时期，可实行耕地公有下的家庭经营。韦伯在本论题上的看法与马克思主义传统一致，都否定家庭经营是未来农业主要组织模式。④

但有很多学者认为，农业无法采取现代企业生产流水线和"队（team）生产"模式，因为农业生产过程无法进行严格监督、产品难分具体贡献者所以无法精确考核和按件计酬，机会主义与搭便车行为无法避免。特别是农业"队生产"体制将导致大量机会主义行为，而家庭成员则会支持道德规范，相互信任互惠合作，故而比雇用的工人团队更有效率。有的学者则退了一步，认为种植业应采取家庭经营，而其他则可公司化企业化经营。⑤ 在美国，农场平均规模近3000亩，如此巨大仍以家庭经营为主（占98%），其产值占到85%而面积占到94%。⑥

此外，关于农业的性质也存在一定的争论。农业性质问题一是涉及农

---

① 《马克思恩格斯选集》第4卷，人民出版社1995年版，第503—504页。
② 《马克思恩格斯选集》第4卷，人民出版社1995年版，第503—504页。
③ 《邓小平文选》第3卷，人民出版社1993年版，第355页。
④ Jonathan M. Wiener, "Max Weber's Marxism: Theory and Method in The Agrarian Sociology of Ancient Civilizations", *Theory and Society*, Vol. 11, No. 3, May 1982, pp. 389 – 401.
⑤ Joshua M. Duke, "Estimating Amenity Values: Will It Improve Farmland Preservation Policy?" *Choices*, Vol. 23, No. 4, Aug. 2008, pp. 11 – 15.
⑥ 张路雄：《耕者有其田——中国耕地制度的现实与逻辑》，中国政法大学出版社2012年版，第44页。

业是弱势还是强势产业，如果农业天生无法与工商业进行市场竞争，那就是弱势产业而应加以保护，否则农业经营实体生死命运由市场规律决定。二是涉及农业是形式经济还是实质经济，如果是前者则可以货币化结算农民的名义收入，如果是后者就要考虑农民日常从耕地中获得的不以货币方式计算的好处，对其收益的估计就会更高。恰亚诺夫认为资本逻辑和市场经济难以扩张到农业领域。耕地位置不能改变、生产的季节性、作物生长的自然性，使得农业是特殊的弱势产业。其无法进行现代企业的成本—收入核算，如果把劳动力成本计算在内那么农业无净收益可言，但从实质经济的角度看小农在无利润的情况下也可存在下去。小农实质经济不遵循市场规律，生产者会按自己的逻辑均衡劳动强度和需求强度，而不遵从资本逻辑和市场逻辑。[①] 卡尔·波兰尼也认为农业属于实质经济，无法适用于形式经济货币化核算也无法适应市场经济，农业市场化、劳动力和耕地商品化会导致农民贫困化以及农业与社会脱嵌，甚至社会网络瓦解，还会在文化层面造成破坏。

  回顾上述研究可以发现，基于耕地无限产能的可能性，规模经营主体应通过提高农业产能来为自己开拓获利的空间并缓解利益纠纷。如果规模化经营者流入耕地后亩产量不增反降，就失去了流转和规模化经营的本意。农业规模经营既要规模化效益，更要单位产出量的增长。在任何历史时期，农业都应实行适度规模经营，应根据农村人口密度、耕地多少、科技水平、机械化程度等因素来确定农业经营的适度规模。随着科学技术出现重大进步，农业最终将走向机械化的大规模经营。由于农业生产经营的相对特殊性和农业产业的弱势性，需要坚持以家庭为基本单元的合作规模经营，同时要促进外来资本与家庭经营的有机融合。

（三）关于农村的研究

  农村与城市往往会形成一种"二元对立"，二者在生产方式与产业结构、阶级与阶层结构、生活与消费方式、人际交往与社会支持保障、社会整合与社会秩序等诸多方面存在差异。回顾关于农村的相关研究，明确经营权流转对农村社会诸维度的影响和城乡关系变迁的影响，可从更广视角来思考流转风险，将更广因素纳入流转风险治理。

---

① ［俄］A.恰亚诺夫：《农民经济组织》，萧正洪译，中央编译局1996年版，第220—222页。

1. 关于农村村庄与社区

正如费孝通所言，传统社会农村多由一个个相似的村庄共同体构成，这种自然形成的共同体内部有机团结而彼此之间机械团结，内部血亲和家族宗亲关系发达并构成共同体基础甚至可跨越村庄内部阶级阶层界线，但就共同体彼此之间关系而言，他们是"鸡犬之声相闻，老死不相往来"。据相关学者考证，村晚至隋朝才出现。隋朝城为郭而内分坊，郊为乡而在田野，没有家户数量限制；因战争、灾荒等而背井离乡者重新聚集也可成郭，但在郭外聚居而成者称为"村"，与之对应的则是"里"。村庄与乡里不同之处在于，村庄是人员日益流动的产物，内部人口构成多元化，自治和组织化程度更高。隋设"村"的目的，在于将流离耕地又不能入城者纳入管理并整合离乱人口。唐代则实行乡里村三级制度，村被纳入并作为里之下的构成单元。元初劝农立社，在村之下设社，提倡社约自治。清代基本上以自然村落为单位设置保甲编制。民国时期仍然以家户及其构成的自然村落为基本治理单位，实施乡里保甲制度。[①] 新中国成立后，随着雇农和外姓人口获得耕地，自然村落姓氏结构多元化，自然村落边界被打破，改革开放后组逐渐与自然村落接近。[②]

相关研究发现，当下中国农村出现巨大变化。农村人口大量外流，常住人口大幅下降，新生人口和适龄入学人口也日益向城镇集中而脱离农村日常生活，交通改善增加了农民活动范围，生产与居住地日渐分离，社会化专业化服务使农民日益不在田间，专业化服务人员更是不在乡间居住。乡村日益成为生产空间而不再是生活空间，一些村庄甚至乡镇居住点都在空心化。部分"村改居"成为城镇社区，大村和中心村正在改名为农村社区，面积扩大。农村基本构成单元已日益不考虑自然村落边界而向村庄化和社区化演进。特别是偏远农村的社区化，更是使离散的、人口同质性强的自然共同体转向集中的、人口构成异质性强的行政共同体。[③] 农民生产与生活日益分离，多种兼业经营日益少见而专业化更加明显，消费方式日

---

① 唐鸣、赵鲲鹏、刘志鹏：《中国古代乡村治理的基本模式及其历史变迁》，《江汉论坛》2011 年第 3 期。
② 唐鸣、谭荧：《关于建制村数量和规模的几个问题》，《当代世界社会主义问题》2016 年第 1 期。
③ 郭占锋、李琳、吴丽娟：《村落空间重构与农村基层社会治理》，《学习与实践》2017 年第 1 期。

益货币化、商品化和市场化，熟人关系半熟人化，工具理性逻辑日益占据主导地位，乡土性日益消失。① 在社区化的大村庄中，村委会被居委会取代，其治理日益司法化、网格化，日益不再依赖小群体网络治理机制，整合的基础更可能是涂尔干所说的有机团结以及公共理性。② 党和政府在财政收支、事务管理、社会组织方面的权力得到进一步强化。③ 所有这些，都为经营权流转风险治理提供了新的村庄背景。

2. 关于农村阶级阶层结构变迁

新中国农村阶级阶层结构一直处于变迁之中。改革前农村经济相对不分化而政治身份分化明显，向上流动尤其需要考虑政治出身。④ 在改革后农村出现了专业户、个体户、企业主、包工头等以人力资本为优势的先富阶层，他们与普通农户经济明显分化。1980年代后期又新出现基于乡镇或村办企业改制的私人企业主阶层、经理人员，以及专业技术人员、个体工商户、农民工阶层。1992年后农民因为市场选择及获得机会的不同，而出现新的职业、生产和生活方式分化。⑤ 进入新世纪，又出现进城户（10%）、半工半耕户（70%）、中农户（家庭规模经营者，10%）、老弱病残户（10%）之分，规模经营户成为农村真正的中坚力量。⑥ 发达地区村庄存在强大富人群体，社会结构极化，而中西部相对均质。而耕地产权特别是经营权的实际占有与否，正在成为重要区分因素。⑦

有学者区分出社会主导型、政府主导型和资本主导型耕地经营权流转三类村庄，发现在政府和资本主导的村庄中形成的阶级阶层结构让人忧虑，耕地向少数人集中，土地精英崛起并主宰村庄事务和影响村组织运作，同时拥有政治政策资源；小农加速下降为雇农和相对贫穷阶层，某村

---

① 林聚任：《村庄合并与农村社区化发展》，《人文杂志》2012年第1期。
② 陈国申、聂玉霞：《村庄合并后新型农村社区公共精神重塑研究》，《中共天津市委党校学报》2016年第4期。
③ 李冉、聂玉霞：《村庄合并后新型农村社区治理的行政化导向及其矫正》，《中国行政管理》2017年第9期。
④ 李强：《中国社会分层结构的变迁》，《人民论坛》2009年第21期。
⑤ 陆益龙：《中国农村社会阶级阶层结构六十年的变迁》，《马克思主义与现实》2009年第6期。
⑥ 贺雪峰：《农村社会结构变迁四十年：1978—2018》，《学习与探索》2018年第11期。
⑦ 刘欣、田丰：《社会结构研究40年：中国社会学研究者的探索》，《江苏社会科学》2018年第4期。

一百多户老农转出经营权后收入仅为年亩均不足千元租金,无法进城只能从事重体力、非正规、高风险的工作,职业伤病严重,常因伤致贫;传统"半工半耕"阶层地位和耕地身份权异变,陷入依赖务工为生境地,只有小部分中农向上流动。[1] 一些村庄在很短时间内就形成了较为刚性的阶级阶层结构,因此也值得警惕并选择适当的流转方式。

(四) 关于城乡关系

耕地经营权流转风险治理,还必须考虑城乡关系因素,城乡关系处理得好,其风险就要小得多。如果在制度和政策上继续维持以往的城乡二元对立结构,显然不利于耕地经营权的流转。但一些家庭既拥有城市市民权利,又拥有农村耕地承包经营权,确实也是一个值得考虑的现象。

众所周知,马恩认为城市与乡村的对立是社会分工发展而不发达的产物,使乡村从属于城市,成为后者的原料来源与产品市场。消灭城乡对立实现城乡融合的途径,需要科技支持将城市与乡村优势结合起来。孟德拉斯认为农民会终结而作为生活而非生产之地的新乡村也会到来,随着交通技术的发展,更接近自然的乡村会成为生活和消费空间、休闲观光之地。未来城市是工业和生产中心,乡村是生活和休养中心。[2] 费孝通则相反,认为乡村需要通过工业化,建立机械化合作社工业企业来缩小与城市的差距。[3] 赵旭东则主张城乡连续体,认为真正合理的城乡关系是二者彼此相互需求和相互依赖。[4] 刘奇认为,与原始文明、农业文明和工业文明不同,生态文明下城市功能将向乡村分流,城市问题日益疏解,城市边界日益模糊,城乡共荣思维日益盛行。[5]

自近代以来,帝国主义入侵使传统中国城乡互哺关系发生断裂进而出现对立,地方精英从保护经纪退化为谋利经纪,榨取农村资源并转移到城市。新民主主义革命和社会主义工业化建设进一步加剧了城乡对立,形成了城乡二元结构。改革前我国城乡关系严重失衡,统购统销制度、

---

[1] 黄增付:《土地经营权流转与乡村秩序整合》,《南京农业大学学报》(社会科学版) 2018年第1期。
[2] [法] 亨利·孟德拉斯:《农民的终结》,第283页。
[3] 李金铮:《"相成相克":二十世纪三四十年代费孝通的城乡关系论》,《中国社会科学》2020年第2期。
[4] 赵旭东:《城乡关系视野下的理想中国》,《河北学刊》2017年第6期。
[5] 刘奇:《城乡关系正在发生巨大变化》,《北京日报》2018年11月5日第14版。

人民公社制度、户籍制度、农业税以及工农产品价格剪刀差设计，使农业服从于工业，农村自我发展能力日益丧失。1978 年前是农村用农产品剩余支持城市工业化，1978—2003 年间是农村用劳动力和土地资源支持城市工业化。[1] 在经历了关闭城门与绑农于土、城门未开与乡土筑城、农民撞城和城市过客三个阶段之后，城乡二元对立还需突破，特别是需要赋予农民城市居住权和子女城市教育权。[2] 改革之初城乡关系出现"恢复性缓和"，20 世纪末期又出现更深层的断裂，新世纪以来有实质性改善，十九大以来进入融合发展时期，城乡基本公共服务日益均等化，城乡要素日益自由流动。[3] 但目前经济机会仍在城市，农业 GDP 占比越来越低，惠农项目容易失败，城乡互惠融合任重道远，经营权流转发展空间还需拓展。

（五）关于耕地经营权流转的研究

1. 关于影响流转的原因和因素

裴厦等人认为，劳动力状况、耕地观念、要素禀赋、受教育程度、收入结构，以及耕地资源状况是影响承包户流出经营权的重要因素，经营比较效益影响经营者流入耕地规模，政府政策引导、村组集体干预、种地补贴与农机补贴政策会同时影响流入流出决策。[4] 刘洋认为，家庭人口数、劳动力数、年龄、文化程度、非农就业率、恩格尔系数以及单位面积农业纯收入、交通便捷度、签订流转书面合同比率、粮食安全保障率、经济发展水平等因素，都会影响耕地经营权流转。[5] 张乐天等认为，共同体意识和人情意识的乡土秩序对农民耕地经营权流转行为选择影响巨大。[6] 郭荣朝划分了促进耕地经营权流转的六种动力机制，即经济推动力、政策牵引力、规划导向力、市场调节力、思想观念活力、文教科技拉力、创新持续力。[7] 钟涨宝指出农户耕地流转行为受农地市场、社会文化环境心理与主观认知的影响，具有有限理性的特征，并存在顽固型、观望型、情感型和

---

[1] 武力：《1949—2006 年城乡关系演变的历史分析》，《当代中国史研究》2007 年第 3 期。
[2] 纪竞垚、刘守英：《代际革命与农民的城市权利》，《学术月刊》2019 年第 7 期。
[3] 吕新雨：《乡村危机与新乡土主义》，《21 世纪经济报道》2012 年 1 月 17 日第 14 版。
[4] 裴厦、谢高地、章予舒：《农地流转中的农民意愿和政府角色——以重庆市江北区统筹城乡改革和发展试验区为例》，《中国人口·资源与环境》2011 年第 6 期。
[5] 刘洋、邱道持：《农地流转农户意愿及其影响因素分析》，《农机化研究》2011 年第 7 期。
[6] 米霖、孙妍：《农地流转的制度困境——基于新制度经济学的视角》，《长白学刊》2015 年第 2 期。
[7] 郭荣朝：《农村土地流转机制研究》，《科学·经济·社会》2005 年第 2 期。

探索创新型四种流转决策模式。① 这些研究都强调外出务工的比较收益优势是农民愿意转出经营权的重要原因。

2. 关于流转的主体

王权典等人认为,根据《土地承包法》流转主体应只能是发包方,但现实状况决定流转主体还应包括耕地的承包方。② 张红宇认为存在农户与农户之间、农户与企业之间、社区等经济组织之间的耕地流转,所以流转主体应是多层次的,并因耕地类型、流转模式和流转层次而异。③ 钱忠好认为乡村干部处于强势地位,为追求自身利益而偏好于通过行政手段抑制流转市场发育而阻碍农民流转决策主体性的发挥。④ 于建嵘认为耕地经营权流转应以承包户为主体。耕地承包经营权的主体是承包户,因此耕地经营权流转的决策主体自然也应是承包户。⑤ 税杰雄发现村委取代集体经济组织成为耕地所有权主体会导致耕地产权主体错位、所有权客体模糊和产权内容虚化。⑥ 尚旭东认为,面对抛荒,由政府主导流转具有一定合理性,能促进高质量的耕地集聚,但会放大需求弹性和助推流转溢价,挤压流入方利润而增加流入方非粮化概率,因此应始终以承包户作为流转经营重要主体。⑦

3. 关于流转费和增值收益分配

耕地经营权流转必然涉及流转费用定价和增值收益分配等问题。这种费用该如何确定?它可以称为地租吗?流出方能否获取耕地经营权流转的增值收益?地租或流转费用应采取"固定租"或"分成租"?耕地流转如何分配收益才能防止收入过度分化,促进规模经营主体经营风险和农民相对剥夺感双双下降?

---

① 钟涨宝、陈小伍、王绪朗:《有限理性与农地流转过程中的农户行为选择》,《华中科技大学学报》(社会科学版) 2007 年第 6 期。

② 王权典、杜金沛:《农地承包制与农地流转的冲突与协调——兼论〈土地承包法〉流转规范设计的不足及完善》,《华南农业大学学报》(社会科学版) 2009 年第 1 期。

③ 张红宇:《中国农村土地产权政策:持续创新——对农地使用制度变革的重新评判》,《管理世界》1998 年第 6 期。

④ 钱忠好:《农地承包经营权市场流转的困境与乡村干部行为——对乡村干部行为的分析》,《中国农村观察》2003 年第 2 期。

⑤ 于建嵘:《土地承包经营权流转的主体是农民》,《中国经贸导刊》2008 年第 23 期。

⑥ 税杰雄:《试析我国农村土地产权制度的缺陷》,《农村经济》2005 年第 9 期。

⑦ 尚旭东:《政府主导农地流转能"增效保粮"吗?——基于地租乘数、成本变动和议价地位的一个分析》,《农村经济》2016 年第 1 期。

地租是土地所有者凭所有权而索取的收入，是土地所有权在经济上的实现形式；同时地租也是为在一定期限内获得土地使用经营权而支付给所有者的支出，地租的前提是所有权与经营权分离。地租的本质是剩余价值，来源于直接生产者的剩余劳动。地租的基础之一是自然肥力，基础之二是劳动生产力发展到较高水平，使农业生产者获得满足生存之外的剩余。租地者为所有者固定投资所支付的利息不是地租，地租是土地使用费。地租的最基本形式是实物地租和货币租。任何耕地都有绝对地租，因为耕地具有稀缺性，使用者必须付费。级差地租是耕地因自然条件差异和连续投资收益不同而产生的价值，归耕地所有者占有。级差地租又包括级差地租Ⅰ和Ⅱ，前者是投在最坏无租土地上的资本收益和投在较好土地上的资本收益之间的差额；肥沃程度、地理位置、农业化学和机械化水平是影响级差地租Ⅰ的因素。级差地租Ⅱ是在同一耕地上连续追加投资或改变用途而产生的超额利润，由谁占有多少取决于租赁双方博弈和谈判权力。[①]地租的水平高低主要取决于社会劳动生产力水平，要受经济、自然地理、阶级关系和社会利益团体间关系的影响。[②]胡新艳认为经典地租理论需要拓展，以适应中国特殊农情下的人地和人际关系，中国农民对耕地存在生存和情感依赖关系，差序格局下的关系强弱，都会影响地租水平。[③]地租是一个社会问题，除了自然条件、资本投入、供求关系和产权结构外，社会结构、社会规范、行政干预、风险分担机制等，都会影响地租水平，因此地租也属于社会性合约。[④]

严格说来地租应属于所有者，而三权分置下经营权流转费归承包户，所以不应简单称为地租。但耕地所有权实质上是归集体成员共同所有，绝对地租和级差地租都应归集体成员。耕地流转费实际就是地租。做实集体所有权并不是由抽象的集体占有绝对地租和与民争利，而是要发挥集体功能和力量促进规模化经营，因此绝对地租应归承包户，流转费可以称为地

[①]《马克思恩格斯全集》第42卷，人民出版社1979年版，第104—106页。
[②] 李长春、徐婉儿：《经济学中的地租理论：从古典到现代》，《海南师范大学学报》（社会科学版）2020年第4期。
[③] 胡新艳、洪炜杰：《农地租约中的价格决定——基于经典地租理论的拓展分析》，《南方经济》2016年第10期。
[④] 田先红、陈铃：《地租怎样确定？——土地流转价格形成机制的社会学分析》，《中国农村观察》2013年第6期。

租，本书同时使用这两个概念并不做区别。具体特定耕地的级差地租Ⅰ，如果是基于天然肥力和位置优势，集体应发挥分配调节作用将其超出平均流转费的部分平均分配给集体成员；如果肥力是承包者努力改良导致，那么超出平均流转费的那一部分应由承包户占有。在经营权流转后，作为集体成员的农民承包耕地但流出经营权者，首先应获得绝对地租；如果其耕地有超越一般耕地的肥力或较好自然条件，他还应获得级差地租Ⅰ。流入方获得级差地租Ⅱ和利润。组织反租倒包的规模经营者主要获得的就是级差地租Ⅱ。

经营权流转费或价格水平的影响因素，包括耕地产量、村域经济发达程度、县域交通通达性、承包户主年龄、与市中心距离等。[①] 家庭非农化程度、总人口、总收入、农业收入比重、人均耕地面积、田块规模对流出方要价水平有显著正影响。[②] 耕地流转租金受自然和社会经济因素的综合影响，耕地质量、农民人均纯收入、当地国内生产总值、公共财政预算收入与租金水平呈正相关。[③] 租金与租期之间则存在倒U型相关。[④] 耕地的生态价值越重要，租金也就越高。[⑤] 耕地流转价格还受市场竞争影响，流入方多而流出方少时价格会升高。很多地方经营权定价依据是承包户耕种时投入产出净值，没有考虑级差地租，更有一些地方属于行政定价。

地租水平不仅仅取决于内在经营过程和市场竞争因素，还取决于重要的外部环境因素。白凯认为封建国家为维持统治会抑制地主随意抬高地租以使农民得以生存，当国家这种抑制能力丧失时，社会就会陷入尖锐矛盾冲突之中。但封建国家也需要地主精英的支持所以不会过度压低地租。[⑥] 而斯科特认为，恰恰是国家和政府官僚体系导致租税沉重。另外，有的认

---

① 林彤、宋戈、乔元波：《东北粮食主产区农户主导型农村土地流转价格影响因素》，《农业工程学报》2017年第18期。
② 王成量、陈美球、鲁燕飞、翁贞林：《农户的耕地流转意愿价格及其影响因素分析》，《江苏农业科学》2018年第3期。
③ 杜挺、朱道林、张立新、赵钺：《河南省耕地流转价格空间分异及形成机制分析》，《农业工程学报》2016年第20期。
④ 朱文珏、谢琳、邱泽元、罗必良：《农地租约中的期限与租金及其相互关联性——理论分析与实证检验》，《南方经济》2016年第10期。
⑤ 张月秋、刘吉双、刘子洋：《三权分置条件下粮田流转价格的影响因素分析》，《经济研究导刊》2017年第31期。
⑥ 白凯：《长江中下游地区的地租、赋税与农民的反抗斗争》，上海书店出版社2005年版，第248页。

为市场化流转可以提高租金，否则租金可能被随意抬高或压低。还有研究发现，传统中国存在地租高定低收的情况，佃农往往无法足额交付纸面租约规定地租，地主出于稳定和长期控制而酌情减租"施恩"，并在丰年榨取更多地租。[1] 今天中国情况已完全不同，但流转费水平确定应兼顾承包权人和经营权人的利益，既有利于促进经营权流转又有利于促进规模化经营。如果水平过高会不利于规模经营的持续发展。如刘成良认为，复杂耕地产权制度构造和利益分配结构以及多主体的利益博弈和结构平衡，使得国家耕地补贴转化成了地租，提高了农业经营者成本和风险。[2] 一些地方出现"炒经营权"现象，使地租非理性攀升，造成严重不良影响。[3] 张衔等人认为，农业资本有机构成接近或超过社会平均资本构成后，人们不会再流入经营权，承包户只能自耕或抛荒。[4] 经营权流转市场应处于自由竞争状态，防止出现垄断定价。

经营权流转费与经营权入股收益、参与合作社经营收益等存在区别。前者经营权发生转移，后者没有完全转移或没有转移。获取经营收益显然通常比地租高，但要承担更大的不确定性风险。承包户应通过直接流转还是入股流转、购买服务等方式来获取收益，学界有不同的看法。余文兵等人指出，在发展现代化大农业的过程中应多通过入股等方式以保证农民收入。[5] 于洋认为，经营权入股更能增加农民收入。[6] 但童列春认为，入股经营等理论上可使流出方获取更多经营收益，但内部人控制问题往往使经营利润被核心经营者攫取，风险债务却被留给流出方；而直接出租收益虽最小但稳定并可避免流出方市场能力不足，还可在防止流入方过度侵占流出方利益的同时促进流入方的积极性。[7] 当然，对于流出方而言，能够获取

---

[1] 高王凌：《地租征收率的再探讨》，《清史研究》2002年第2期。

[2] 刘成良：《农业补贴内卷化：规模经营与地租困境》，《中共福建省委党校学报》2019年第5期。

[3] 宫斌斌、郭庆海：《现阶段农村地租：水平、影响因素及其效应》，《农村经济》2019年第3期。

[4] 张衔、吴先强：《农地"三权分置"改革中的潜在风险及对策》，《社会科学战线》2019年第1期。

[5] 余文兵、刘晨竹、田沐雨：《马克思的地租形式演化理论及其时代价值》，《河北经贸大学学报》（综合版）2020年第1期。

[6] 于洋：《马克思主义地租理论视域下的新时期土地承包经营权入股政策研究》，《东北大学学报》（社会科学版）2015年第3期。

[7] 童列春：《中国农村经济实现中的地租机制》，《农业经济问题》2013年第3期。

不低于直接出租时的地租的保底收益又能够参与分享流入方利润是再好不过了；对于流入方而言，在流转之初为吸引流出方会采取该策略，但其持续性难以保证。而没有保底的分成租使流出方风险最大，当流入方无经营收益时更是如此。地租水平应在确保承包户绝对地租的同时，在增值收益上形成动态调节机制。①

另外，学者们发现，租期越短流入者代际传承意愿就越低。② 短租是普遍现象且日益呈现更加短期化的趋势。③ 流转租约存在不完全合约与关系合约，甚至"空合约"也十分普遍。空合约依赖于信任与声誉机制而实现自我履约，可降低合约治理成本并缓解其不完全性，但流入方只会流入小规模耕地并进行简单的农业生产。④ 社会关系与市场的双重影响使流转合约兼具差序格局与商业交往的双重特征。⑤

4. 关于流转的风险

耕地经营权流转具有双重影响，我们首先应充分肯定其积极影响。流转肯定会使外出务工抛荒农户受益，也会使在村劳动力有更多机会去规模经营主体那里务工而增加其收益，更使集体经济实力增强并有余力修建道路农田水利设施等。⑥ 但流转过程中也可能出现一些问题，导致风险。如有一批学者较早指出，出现了严重的耕地资本化、地方利益群体扭曲国家耕地流转政策意图和严重侵蚀农民利益现象；⑦ 一些地方政府参与程度过深、流转行为不规范、集体角色错位、流转配套措施不完善，导致流转双方利益受损，阶层分化过度，诱发了群体性事件，危及粮食安全和农业生

---

① 汪崇筼：《硬租与实租：晚清民国徽州地租研究》，《安徽大学学报》（哲学社会科学版）2011年第4期。

② 钱龙、杜志雄：《农地租约期限结构对家庭农场主代际传承意愿的影响》，《改革》2019年第3期。

③ 罗必良、邹宝玲、何一鸣：《农地租约期限的"逆向选择"——基于9省份农户问卷的实证分析》，《农业技术经济》2017年第1期。

④ 罗必良：《合约短期化与空合约假说——基于农地租约的经验证据》，《财经问题研究》2017年第1期。

⑤ 邹宝玲、钟文晶、张沁岚：《风险规避与农地租约期限选择——基于广东省农户问卷的实证分析》，《南方经济》2016年第10期。

⑥ 刘鹏凌：《耕地加速流转存在的问题探析》，《宏观经济管理》2016年第2期。

⑦ Kathy Le MonsWalker, "From Covert to Overt: Everyday Peasant Politics in China and the Implications for Transnational Agrarian Movements", *Journal of Agrarian Change*, Vol. 8, Nos. 2 & 3, May 2008, pp. 462–488.

产的可持续;[1] 经营权流转行为失范暗藏"隐形风险",包括农民失地、失业和失去生活保障风险,地力衰退风险、贫富分化过度风险等;[2] 各种流转方式都有其相应的风险,而入股带来的风险最大。[3] 但是,这些较早的风险研究大多没有将承包权与经营权分开讨论,故可能高估风险。

在明确三权分置之后,关于流转风险的研究有所深化。黄微微等人指出,传统农业区耕地经营权流转存在非粮化、非农化和土地兼并风险。[4] 范雪飞认为,三权分置的法律化和体系化使以往相关风险在法律和制度层面得到一定预防,但该制度体系异常复杂,承载的集约经营、粮食安全、农民生存等多重目标较难平衡。[5] 汪跃平认为经营权流转管理机制、程序规范性、流入准入机制等方面存在问题,确权颁证滞后、配套服务缺失、政策不完善,以及过度行政干预、准入程序与资格审查不严或缺失、资本可以不负责任地逃离,使经营权流转潜在系列风险,包括经营权集中度过高、经营方向偏离和用途转变等风险。[6] 阚立娜等人认为经营权抵押贷款会对普通农户存在挤出效应。[7] 向小倩等人使用层次全息模型,将经营权流转风险分成耕地利用、流转关系、流转时间、流转规模、管理机制五个方面的风险,指出非农化、生态破坏、经营管理不当、合同不严格执行、冲突协调无力、流转法规不完善是高风险源。[8] 这些研究更多的是考虑整体安全,并无一种相对统一的风险和概念分析框架。

---

[1] 蒋永穆、杨少垒、杜兴端:《土地承包经营权流转的风险及其防范》,《福建论坛》(人文社会科学版)2010年第7期。

[2] 李景刚、高艳梅、臧俊梅:《农户风险意识对土地流转决策行为的影响》,《农业技术经济》2014年第11期。

[3] 廖宏斌:《农村土地流转风险控制研究》,社会科学文献出版社2015年版,第17—19页。

[4] 黄微微、朱理洋:《传统农业地区农地经营权流转困境:风险演化、成因分析及对策研究》,《中共成都市委党校学报》2018年第3期。

[5] 范雪飞:《贯彻〈农村土地承包法〉务必时刻注意风险防范》,《人民法治》2019年第2期。

[6] 汪跃平:《农村土地承包经营权流转的现实风险和法律防范》,《农业经济》2020年第3期。

[7] 阚立娜、苏芳:《农地抵押贷款政策预期与实践反差之思考——基于价值评估视角》,《金融与经济》2020年第5期。

[8] 向小倩、郭若男、张远索:《基于层次全息模型的农地经营权流转风险分析》,《农业经济》2020年第5期。

（六）关于村庄治理的研究

1. 关于传统中国村治研究

明恩溥（A. H. Smith）发现19世纪晚期华北村庄人口密集、耕地紧张、农业经营碎片化严重，贫民无地者要靠"拾荒权"缓解生存危机。村庄治理基于熟人网络，乡老或首事是民选官任的，处理官府与村庄成员相关事务，由专人筹集管理资金等。纠纷先私下解决，不成则诉诸公堂。国家通过地保向村庄乡老首事完成土地管理、税收、国道修整、官府货运、官员接待、水利等任务。村庄治理效果不佳，道路只能从碎片化耕地边沿经过，弯曲泥泞，经雨水冲刷"千年的路变成河"。因专门替人打水送水者反对，水泵难以引入。村庄地痞（村霸）甚至女地痞与官府勾结共同祸害百姓，官府是网而地痞是网上蜘蛛。一些村庄建有"钱会"且运行良好，偶有因时势、灾难甚至机会主义而失败的案例。每到收获之季，偷盗现象常发，种植者晚间不得不在碎片化地块间来回地巡视。他认为当时华北乡民个人自利而无集体利益观念，而帝国政府根本无提供村庄公共产品的想法。他感叹在中国要是不请吃，任何事情都办不成。他主张引入基督教来改造华北农村，使农民不溺婴、不早婚、友爱、不纳妾、不浪费有限财物于仪式、不裹脚等。[①]

民国时期乡村治理出现重大变局。当时中华农学会及留日农村经济学者着重研究租佃关系以探求出路，重视文化建设的学者积极展开"乡村建设"运动，中共左翼团体则努力寻求根本解决之道。[②] 葛学溥（D. Kulp）发现1920年代的华南村庄，家族主义处于中心并构成政治、社会控制和宗教的基础，宗族首领—房头—家长构成的村庄权力结构控制着成员，非公共耕地名义私有，但其交易须族群或共同体首领同意。[③] 杜赞奇（P. Duara）反对结构功能主义与价值决定论的权力观，提出以文化网络为基础的权力观，并对1942年前后中国国家政权建设的村庄治理影响进行了讨论。[④] 他发现村庄是基于长期共同生产、生活而意义共享的共同体，具有一定封闭性，长期居住、生产与生活以及祖辈葬在村里，是成为村庄成员

---

① ［美］明恩溥：《中国乡村生活》，陈午晴译，《中华书局》2006年版，第214页。
② 杨瑞：《近代中国乡村改造之社会转向》，《中国社会科学》2017年第2期。
③ ［美］葛学溥编：《华南的乡村生活》，周大鸣译，知识产权出版社2012年版，第65页。
④ ［美］杜赞奇：《文化、权力与国家》，王福明译，江苏人民出版社1996年版，第200页。

的条件；非世居家庭被排斥在外成为"浮户"，不能拥有村庄耕地与住宅。村庄自然和社会边界明确，往往有自己的象征符号和信仰。共同体成员基于共同价值、信仰而交往形成社会—文化网络，其精英有使他人服从的能力和权力，并不需依附国家政权就可实现村庄自治，充当"保护型经纪"。村庄精英基于家族而地位世袭，富有而见多识广，拥有传统权威和魅力权威，与国家主导秩序存在一定对抗性。村庄以家庭为单位展开宗教、祭奠等活动，户主代表家庭参与公共会议。村庄内部不存在打井、灌溉农田等专业服务组织，农户间进行非正式合作，共用耕畜、互助劳动、合购农资以及租佃耕地等，而守护庄稼的"看青会"属于自治组织。短期租地特别是按年租不需中间人，长租或租给村外者需中间人，出租者会主动了解租地者能力与条件，也需中间人提供信息、担保及协调租金纠纷。[①] 近代国家政权建设使"保护型经纪"衰落而"谋利型经纪"兴起，村庄治理没有现代化反而走向失序，国家权力极力向乡村渗透以加强对乡村的控制和实现资源动员，显著改变了村庄政治、文化与资源分配。外国资本主义经济体系的侵入，并未改变小农经济本身。由于统治集团腐败，各种资源进入腐败官僚口袋，农民税负日重，消解了农民对民族国家的认可和忠诚。为了征收更多的税，国家官僚破坏传统乡村权威和寻找新的代理人。富人借垫付税收而攫取村庄领导权，村庄领导逐渐由这些富人担任，国家政权建设日益内卷化。[②] 施坚雅（W. G. Skinner）认为民国晚期乡村基本单元是由数个自然村构成的乡村市场共同体，农民经济与社会活动并非限于所在村庄边界，而是限于所在市场共同体边界；市场共同体而非村庄内的乡绅，在国家与农民之间控制着乡村社会。[③] 施坚雅的看法，超越了传统村庄视角，强调村庄形成的是地方市场经济活动共同体秩序，而非简单的自然村落共同体秩序。费正清（J. K. Fairbank）认为，乡绅是国家与农民之间的中间人和乡村实际统治者。[④] 梁漱溟认为现代化严重破坏乡村传统风俗习惯道德规范，应建立以人伦关系为本位、创造理性和伦理为基础的新团体组织。晏阳初认为，改变中国农村的关键在于改变农民，以教治愚、以产

---

① ［美］杜赞奇：《文化、权力与国家》，第8页。
② ［美］杜赞奇：《文化、权力与国家》，前言1—3页。
③ ［美］施坚雅：《中国农村的市场和社会结构》，史建云译，中国社会科学出版社1998年版，第5—7页。
④ ［美］费正清：《美国与中国》，张理京译，商务印书馆1971年版，第36页。

治穷、以医治弱、以组织去私。民国时期的村治对策研究包括乡村建设运动,强调改变文化而不是耕地制度革命。

费孝通指出近代中国人口日增,诸子平等继承制度使农业经营规模越来越小,农田分散化碎片化增加了农业生产时间和劳动成本,阻碍了农技应用,日益完全依靠人力精耕细作。农民日闲,赌博日盛,用水纠纷甚至群体械斗频发。村庄共同体是熟人社会,只需礼俗而无需法律。外来人要成为"本村人",主要途径是通过婚姻。民国"不在地主"占有大量耕地,90%农民耕地不足,大多数农民是佃农,实行永佃制度。耕地分为田面权与田底权,不在地主(包括城里人)拥有田底权,可如股票转手交易而不影响佃农田面权。不在地主与佃农纯属经济关系而不会发生直接社会交往,不在地主甚至不知自己耕地位置、佃户是谁,而委托收租机构收租,后者甚至让警察当帮手而成为半政治机构。[①] 陈翰笙也发现民国农户经营规模小且碎片化,技术无法推行。耕地存在全田永业权、全田暂业权、田底永属权和田底暂属权等所有制类型,佃农存在纯佃农、享有田面权而将其转租者、田面权典出者区分,自耕农有全自耕农者、只有田面权而田底权已典出者、有田底田面权而完全典出者等之分。耕地兼并已十分严重,官僚腐化为大土地所有者,运用权力兼并耕地而成为新型地主,既占有乡村权力资源又占有国家权力资源,拥有其耕地范围内的收租、商贸、金融信贷、行政管理、税收、司法治安警务、教育等权力,种种超经济强制加剧了农村矛盾冲突。工商资本也在转向农村大量购置耕地,造成耕地价格高涨,中小地主日益破产。[②] 他的研究表明,传统村庄的治理结构日益被官僚资本破坏。

2. 关于新中国成立后改革前中国村庄治理

W. R. 葛迪斯对费孝通研究过的开弦弓村在新中国成立后,人民公社化运动前的变迁进行了追踪,着重考察了合作社耕地制度变迁与农村政治制度变迁,发现农业合作社时期乡镇是直接选举,县级是间接选举,村长由村民选举产生,村长之下有社长,村长职能大大缩小。[③] 他没有预见到

[①] 费孝通:《江村经济——中国农民的生活》,第39页。

[②] 汪熙、杨小佛主编:《陈翰笙文集》,复旦大学出版社1985年版,第47—73、100页。

[③] 费孝通:《江村经济——中国农民的生活》,第267—385页。编者注:当时仍有"村长"的说法。

人民公社的消极面，实际上集体化时期村庄陷入了直接来自国家的集权统治，传统的国家、士绅与农民三位一体体系让位于国家—村庄双边博弈，村庄盛行本位主义，社员干部间形成了忠诚—庇护关系。

张乐天发现在新政权初建时，乡镇设有脱产干部，包括乡长、副乡长、文书和农会主席四人，基层政府采取象征仪式性的剧院政治方式，进行广泛社会动员，没收和征收多余耕地平均分给农民私人所有，改善了农民政治与社会地位。[①] 人民公社时期，公社作为国家代理人存在委托—代理关系问题，生产队代理人既要完成国家任务，又要增加队员福利，更要满足自己收益，压力大难以平衡。行政权力过于扩张，但干部缺乏相应能力而导致大量瞎指挥。[②] 行政区划取代自然村落成为空间边界，农民不再流动，没有外出机会。党支部更加得到"上面"的认同，并实行一肩挑模式。但乡村干部家长化和父权化管理，有机会谋取私利和利用特权多记工分多拿补贴，导致收入分化和干群矛盾。一些村社权力部分落入村霸之手，于是党又通过阶级斗争和革命政治手段而非司法手段来抑制腐败和贪污，结果导致阶级斗争扩大化和政治泛化。村庄治理变异造成了严重的生命财产损失，大量耕地荒芜和严重饥荒。在"三级所有、队为基础"的小人民公社时期，大队干部成为村民利益维护者、兴修水利的重要领导者与实施者。党支部不再包揽和直接干预而是确定大政方针方向正确，下达工作指令、拥有人事决定权和可支配队内资源和人员。

3. 关于改革开放后的村庄治理

在这一时期，农村的群体政治和公民权利、农民政治参与和表达、村民自治、农村企业家精神和新型精英生成、农民上访与抗争以及干部对群体控制机制的转型等，成了村治研究的重点。[③]

陆学艺等人通过对小岗、华西、大寨等典型村庄的调查，发现一些村庄在包产到户后缺少合作精神，村治难以开展。村庄非行政化的现代社会组织基本缺失，家族和宗教共同体观念逐渐复兴，传统社会关系网络日益强化。[④] 一些村庄治理主体是党支部，支部书记靠个人权威，实行终身制。

---

① 张乐天：《告别理想——人民公社制度研究》，东方出版中心1998年版，第49页。
② 张乐天：《告别理想——人民公社制度研究》，399页。
③ 徐勇：《中国农村和农民研究的百年回顾》，《华中师范大学学报》（人文社会科学版）1999年第6期。
④ 陆学艺主编：《改革中的农村与农民》，中央党校出版社1992年版，第96页。

党与政府农村控制力弱化，村社干群比例下降，但职能虚化并逐渐限于收取税费，推动劳务培训和输出，有20%的农民经该途径外出务工。① 一些乡镇干部专心乡镇企业而无暇他顾，在国家未把农村作为重点的情况下，推行农民自己治自己。② 王沪宁发现，自然村落范围内以家族关系为基础产生的制度、行为、规范、观念与心态等，对村庄治理产生着日益重要的影响，血缘亲属关系网络仍在发挥一定作用并有向经济政治和社会领域渗透的趋势。③ 在计划生育和税费征收过程中干部以权谋私引起的干群矛盾逐渐显现，抗税型、征地拆迁型、治安冲突型群体事件日益增多，信访维稳成了乡域政治重要内容。④ 信教农民数量日益增多，宗教组织成为影响村庄治理的重要因素之一。⑤

2006年以来政府取消农业税，加大了公共财政对农村的转移支付以支持开展公共产品和生产项目，项目治村开始出现。黄宗智认为项目制是"行政发包制"，国家通过行政权分配、经济激励和内部控制来保证项目运转和产出，是介于传统科层制与纯粹外包制之间的混合制度形态。⑥ 渠敬东认为项目制是从总体支配向技术治理的转变，且与运动式治理、目标责任制等既有治理模式融合在一起，把从中央到地方的各层级关系以及社会各领域统合起来，中央政府通过项目制的运作和对专项资金的控制，直接介入基层公共事务。⑦ 项目治村优劣并存，能够调动地方和村庄积极性，但弱村可能争取不到项目；一些村庄因此背上沉重债务，一些干部借助项目谋取利益导致治理内卷化。⑧

改革开放后村民自治取得重大成就，但问题也较严重。徐勇认为村民

---

① 黄平：《西部经验：对西部农村的调查与思索》，社会科学文献出版社2006年版，第26页。
② 陆学艺主编：《改革中的农村与农民》，第44页。
③ 王沪宁：《当代中国村落家族文化》，上海人民出版社1991年版，第7、114页。
④ 冯仕政、朱展仪：《政治社会学研究述评》，载中国社会科学院社会学研究所编《中国社会学年鉴2011—2014》，中国社会科学出版社2016年版，第217—227页。
⑤ 黄平：《西部经验：对西部农村的调查与思索》，第212页。
⑥ 黄宗智、龚为纲、高原：《"项目制"的运作机制和效果是"合理化"吗？》，《开放时代》2014年第5期。
⑦ 渠敬东、周飞舟、应星：《从总体支配到技术治理——基于中国30年改革经验的社会学分析》，《中国社会科学》2009年第6期。
⑧ 折晓叶、陈婴婴：《项目制的分级运作机制和治理逻辑——对"项目进村"案例的社会学分析》，《中国社会科学》2011年第4期。

自治的治理成效并不十分明显。① 到 1990 年代后出现村民大会召集难，村民代表大会决议难，村级事务群众参与难，对村"两委"监督难，村民自治难以有效运行。外出务工潮导致村民自治主体缺失，逐渐异化为村干部自治，村干部腐败行为日益增多。② 再后来，出现了富人治村，③ 一些混混逐渐从边缘人向经济精英转型，实力日益强大，主导甚至控制村民自治。④ 面对自治困境，学术界提出要积极探索新的村民自治模式，调整村级组织的职能，推行村民议事会制度，让村民（代表）会议和村民议事会发挥更重要的作用，设立村民议事会作为常设决策机构，受村民（代表）会议委托，在授权范围内行使村级事务的议事权、决策权、监督权等对策。

学术界还探讨了耕地流转对村庄治理带来的挑战。张翼等人发现，耕地流转及其所带来的人口迁徙、耕地整治与机械化操作等，改变了农村基层治理结构。那些发生耕地流转的村，人口构成异质化、阶层结构出现新分化。规模经营主体日益取得一些村庄治理话语权，少数两委干部依附于规模经营者成其代理人。一些村庄规模经营主体外来员工获得所在村成员政治权利，拥有选举与被选举权并可能当选村庄领导，影响公共产品分配。少数外来规模经营主体飞地化并架空集体经济，使基层治理缺少经济基础支撑。经营权流转使原有村庄自治结构基本失效，治理结构需要创新。耕地全部流转完毕村村委和支部，以及耕地流转完毕的乡镇党委和政府职能都必须转型。⑤

此外，学界对三权分置的发展背景、基本内涵、目的及意义、风险及其防范机制等进行了初步研究。大多研究偏重于法律规范的制定、政府的监管力度、经营流转机制等宏观层次下的制约因素与障碍的探讨，着眼于从宏观制度角度来应对微观个体风险，较少分析流转交易双方的微观个体行为，基层治理的改进及其对缓解风险的作用。关于耕地经营权流转过程本身的矛盾、利益冲突和系列风险的研究还不够深入、系统，在讨论流转风险时，尽管看到各种权利主体的风险和各个层次的风险，却较少看到风

---

① 徐勇：《中国农村村民自治》，华中师范大学出版社 1997 年版，第 15 页。
② 任中平：《村民自治遭遇的现实困境及化解路径》，《河南社会科学》2017 年第 9 期。
③ 黄平：《西部经验：对西部农村的调查与思索》，第 388 页。
④ 李祖佩：《混混、乡村组织与基层治理内卷化》，《青年研究》2011 年第 3 期。
⑤ 张翼：《土地流转、阶层重塑与村庄治理创新——基于三个典型村落的调研》，《中共中央党校学报》2016 年第 2 期。

险之间的内在联系与相互转化，把个体风险与整体风险、承包权主体风险与经营权主体风险、内在风险与外在风险对立起来，持有风险冲突零和博弈观。在村庄利益主体多元化、社会关系陌生化和社会结构发生巨大变化、传统村治结构面临过时挑战的情况下，必须创新治理机制才能有效防控流转风险。

四 研究框架与资料方法

（一）研究框架

1. 现象描述

本书首先描述我国耕地经营权流转的现状、模式和所取得的成就。然后从风险的角度，描述耕地经营权流转过程中存在的纠纷、矛盾冲突和群体事件，主要分析村民成员之间、村民成员与村组集体之间、传统承包户与新型经营主体之间，新型经营主体自身之间、干群之间等在经营权流转过程中存在的矛盾冲突，考查耕地流转过程中出现的强制流转型、利益分配型、相对剥夺型、生态环境破坏型等新型群体事件。

本书还将描述各个层次的耕地经营权流转内在风险。个体层次的风险，如承包户利益受损风险，经营主体自然风险、经营风险、市场风险。产业层次上的风险，包括农业非农化、非粮化风险。村庄层次上的风险，包括生态破坏和环境污染风险。社会层次上的风险，包括稳定风险和文化风险等。本书将考查各种风险之间的相互转化，例如经营权主体面临的市场经营风险，可能引发和加重其与传统承包户的矛盾，进而引发冲突和导致稳定风险，而这种风险又会转化为经营主体外在风险，从而可能导致风险叠加。

2. 原因分析

本书将揭示耕地经营权流转风险存在的制度、治理等多重原因。从制度层面看，国家、市场与社会之间未形成多元共存、相互制约、相互补充的宏观制度结构，耕地制度不够完善。从治理层面看，行政考核压力型体制、官员晋升锦标赛体制以及土地财政逻辑的延续，导致一些干部强制推动耕地流转与规模化经营；一些村庄干部角色错位，直接参与推进经营权流转并成为新经营主体本身或下乡工商资本代理人，引发一些干群矛盾和利益冲突；传统基层民主治理结构不能有效缓解各种最后一公里问题，使各种政策在最后环节难以精准实施，甚至出现信息失真；社会组织不够发达，经营权流转的社会基础支持不足。另外，资本逻辑与竞争压力使经营主体非农化和非粮化倾向明显，农业金融保险系统不够完善，也是重要原因之一。

3. 对策建议

针对上述原因，本书探讨系统的应对之策，包括顶层设计、法律制度建设、政府职能转变等。本书把对策思考的重点放在村庄多元复合治理机制建构上。即主要探讨在村庄层次，各利益相关主体如何共同构成复合治理主体，形成复合理性，在耕地经营权流转各个关键环节实现行之有效的治理。总之，需要以村庄为空间单位，建立多元复合治理机制，对各种主体的观念、目标、价值进行整合，成立新的复合治理主体，确立完善的工作运行机制，可以为实现耕地流转风险提供坚实的治理基础，尽量把矛盾、冲突与风险化解在基层。

（二）研究方法与资料来源

本书坚持马克思主义的基本理论、立场与方法。马克思主义不是从抽象的人而是从"现实的人"的概念出发，从实践出发来解释世界与改造世界。对于耕地流转过程中的矛盾、冲突与风险，本书主要着眼于物质利益层次进行分析。在寻求观念和制度创新方面，主要从实践需要出发，而不简单囿于既有的理论。将技术视角、政治—社会视角、组织与制度视角有机结合，坚持综合性的风险及治理研究视角。与之相应，坚持把工具理性视角、嵌入视角与制度主义视角融合起来，分析耕地经营权流转过程中个人或组织的行为策略。[①] 从国家与社会相互渗透角度来探讨村庄治理问题，认为村庄不是封闭的单元而是具有一定的开放性，在村庄空间中国家与社会是相互融合和相互渗透的，重视发挥党和政府的作用的同时，强调社会群团的作用，坚持复合治理视角并把村庄内外各种因素考虑进来。[②]

本书力求实现经验研究与理论研究的统一，并以定性研究为主以定量研究为辅。在描述现象时，坚持客观实证性，在现状评估和对策思考时坚持公平与效率相统一的价值立场。运用个案访谈、小组座谈、参与式观

[①] 陶郁、刘明兴：《群众社团与农村基层冲突治理》，《政治学研究》2014年第1期。

[②] 黄宗智：《中国的隐性农业革命（1980—2010）——一个历史和比较的视野》，《开放时代》2016年第2期。

察，透过不同类型村庄，描述现象、分析原因、寻求对策。个案研究时，选取了不同类型的行政村进行了参与观察，深入观察了流转的全过程。本书考察了学术界已研究过的一些典型村庄，以期延续相关研究。定量数据主要来自于官方权威统计数据，同时参考了"土地资源网"（www.tdzyw.com）等交易平台的网络大数据，借用了CGSS和CFPS等数据。

第二章

耕地经营权流转的历程与现状

耕地经营权流转几乎是与家庭联产承包责任制改革同时出现的。而自1980年代中后期以来，农村适龄劳动力日益外出务工，耕作过密化状况逐渐改变，经济发达地区日益兴起了农业规模经营。特别是自1992年以来随着改革开放的加速，第一代农民工的子女日益离农化，广大农村日益面临无人种地的情况，耕地的经营权流转在全国范围内展开。耕地流转比例日益提高、流转模式日益多样化、流转参与主体日益多元，存在复杂的空间差异。从总体上看，特别是三权分置以来的耕地经营权流转与规模化经营促进了农业现代化、农村振兴和农民增收，取得了历史性的伟大成就。

一 耕地经营权流转的出现与逐渐展开

（一）为了生产方便的经营权自发流转

早在1980年代初，一些地方农村就出现了自发流转耕地经营权的行为。当时的公社和村组集体仍是以公平价值观为主导，将耕地按肥瘦、干湿、距离远近平均分给集体成员家庭，实行包产到户。在此过程中，公社和生产大队会考虑生产小队之间耕地平均问题而进行跨区域调配耕地，将人均耕地多的生产小队的耕地调配给人均耕地少的生产小队。而调入的耕地往往距离承包户较远，但仍按户均分，给农民家庭带来了诸多不便。相关村民往往私下将相关耕地经营权流转给某一户集中经营，承包权不会经集体正式调换，税费缴纳仍以官方记载的承包经营权归属为依据。

笔者调查的四川省A县H乡WJ村N组就属于这种情况。该组地理位置相对特殊，处于三乡交界处。其属于典型的丘陵地形，交通不便，主要靠人力肩挑背扛，农活属于繁重体力劳动。村民喜欢将房子建在距离耕地较近的地方，从而形成越来越分散居住的情况。该村的情况不同于江南水乡和华北平原，有着相对独特的丘陵农耕文明。1980年代初该组人口近120人，包产到户时在该组生活的传统空间范围内，人均自有水田仅约0.4亩，而邻组邻村人均水田面积多得多。当时公社和生产大队就从邻村调配了本村邻组近10亩水田和邻乡近5亩旱地给该组，后者是邻乡修水库淹掉本乡耕地的补偿。这些地块相对遥远，耕作与看护十分不便，特别是大型生产工具和产品搬运十分困难。相关各家经过2年生产经营之后，私下将这些地块的经营权流转给其中一家耕作，由经营权人完粮纳税，并收取象征性的"租金"，村干部和乡干部默认而未加干预。获得该处经营权的村民，经营面积大大超过其他家庭，以此作为远距离耕作的补偿。

尽管这类经营权流转只是出于耕作经营方便需要，而非有意识地以规模经营为目标；但其表明农民自己会根据具体情况做出自己的制度安排，集体简单的公平逻辑，得到了农民自己设计的公平逻辑的补充。

（二）以规模经营为目标的经营权流转始于经济发达地区

到了1980年代中后期，耕地家庭承包经营的弱点日益显露，比较收益日益下降。发达地区外向型出口加工工业日益发达，这些地区的本地农民大量转向离土不离乡的非农务工，他们实际是最先撂荒或流转自己承包耕地的那一批人，这些地区也最早出现耕地流转和农业规模经营。1987年国务院批准顺义、无锡、吴县、常熟、南海等为耕地适度规模经营试点地区，要求其探索以出租、转让等形式将耕地集中到种田大户或农业合作社实现规模经营的模式。因此，最初的规模经营试点是在经济相对发达的地区，其目的就是要利用这些地区相对宽松的环境和条件来实现规模经营，有意识地实现农业现代化，提高生产力和竞争力。

北京顺义以集体农场模式为主。顺义属于京郊，经济发达。原有农业人口46万人，70%的劳动力转移到非农业就业，耕地撂荒后不久被集中流转。在1985年就已有3000多个种粮大户，平均面积达到30亩。1986年顺义正式由党委和政府将所有离农户的耕地集中起来，兴办集体农场和粮食生产专业队，使94%的村、93%的粮田实现了适度规模经营，全部实现了机械化和喷灌。[①]

江苏特别是苏南经济相对发达，此次有三个试点地区，即无锡、吴县、常熟。这三个试点地区当时主要是采取政府指导下集体出面统一招标

---

① 王恩桥：《顺义县农业适度规模经营的由来和发展》，《北京党史》1996年第6期。

流转给本村大户。由于具有客观条件，经济相对发达，劳动力已稳定转移，集体经济组织具有农业机械化规模经营的经济实力，各种专业服务化组织比较发达，试点取得了较好成效。农业投入大大增加、生产条件明显改善，耕地产出率、产品商品化率、农民收入和素质都得到大大提高。新出现的家庭农场、村办农场、厂办农场等主体，规模经营大多在 15—25 亩之间。①

南海在 1992 年开始进行以耕地股份合作模式为主的探索。其以耕地所有权归集体为前提，承包户以耕地经营权入股，参与集体股份合作社进行规模经营。股份制规模经营主体集中了多个承包家庭的耕地，但只由其中数个承包权人专门负责规模化机械化经营，其余 90% 多的承包权人转移到二、三产业就业，入股承包户按股分红。在南海一些村也出现了租赁制流转经营，耕地由集体整治后统一租赁给专业户进行规模化种粮种菜。但股份制流转模式影响最大，因为能够让承包户获得增值收益。②

1980—2000 年，上述以规模化经营为目的的流转并不多见，主要发生在经济相对发达地区，往往以发达的城市或工业经济为依托，流转条件和空间相对宽松。

（三）经营权流转的全面展开

在广大相对落后的农村地区，1980 年代中后期出现了第一代农民工，他们以青年为主体而外出务工，家中仍然有壮年父母留守，但到了 1990 年代中后期，父母年龄逐渐增加，种地已日益力不从心，耕作与经营质量日益下降。进入 21 世纪后，留守农民大多已无力耕种，而第一代农民工返乡率极低，其子代日益成人但普遍脱离农业生产，要么成为第二代农民工，要么没有任何农业生产经验和技能，大多不再愿意从事农业生产，更不愿意从事繁重农业体力劳动。在这种情况下，承包户的耕地抛荒日益严重。出于交粮和税负压力考虑，越来越多的农民将部分或全部耕地私下交给亲戚、邻居、朋友耕作。这种自发性的流转往往限于口头约定，并无书面合同，流转范围限于个人社会网络。与此同时，随着 2006 年农业税的免除、资源下乡，各级政府纷纷出台各种文件支持耕地经营权的流转与规模化经

---

① 江苏省农业现代化试验区领导小组：《江苏省土地适度规模经营试验与启示》，《中国农村经济》1994 年第 11 期。

② 马健：《南海模式：创新与困局》，《农村工作通讯》2008 年第 17 期。

营,耕地经营权流转在全国逐步展开。各种资本纷纷进入农村"拿地",一些基层干部也开始将耕地经营权对外"发包",出现了剥夺承包权、耕地非农非粮化以及各种流转管理服务乱象。

  面对此种情况,党中央和国务院日益重视耕地经营权流转的规范化。2012年农业部确定33个县(市、区)作为规范化试点区,要求在坚持基本经营制度不动摇的前提下,适应市场经济推进经营权流转;强调以专业大户、家庭农场、农民专业合作社为主体,发展适度规模经营;以农民为流转主体,政府分类施策,以市场为导向并强化监管;要求建立流入者经营能力审查制度,加强流转后的监督管理;强调完善土地租金预付制度,加强农业保险补贴和设立风险保证金,推广流转示范合同等。

  这33个试点地区大多属于农业强县(县级市和区),经济基础较强,耕地面积较大,流转比例也较大,但问题也有一定程度的显露。在东北地区,辽宁海城耕地主要流转到龙头企业、专业合作社,集中用于生态设施农业、养殖业和果园。流转主要以出租方式为主,东部建设规模化水果基地,中部建设蔬菜基地,仅西部是主粮基地。各镇设立专门机构以及综合开发公司,先对耕地进行"整治",然后在全市范围内"上市拍卖",将经营权拿到农村综合产权交易中心,进行超大规模的竞价"拍卖",规模可达数千亩。其规模经营主体往往不是村庄内生的。这种做法提高了耕地流转价格,大大降低了交易费用,减少了村干部的寻租空间,但村庄内生的规模经营主体遭受巨大市场挤出压力。政府还出巨资为规模经营主体经营权抵押贷款提供担保,银行得以向规模经营主体进行巨额放贷。① 吉林延边将承包户的承包权固化后,经营权合同流转用于专业农场。2013年专业农场达654家,最小规模为1800亩,平均经营面积达75公顷。政府要求规模经营主体积极参加农业保险,承包户进城定居并可转为城市社保。政府干部还分别联系各大专业农场,提供引导和服务。② 黑龙江海伦市家庭农场在2009年数量达到150个,平均经营面积400亩,总经营面积达90万亩。公司+基地、公司+大户模式流转耕地达12万亩。20多个农机作业合作社耕作20万余亩耕地,种养大户规模大多在100—200亩。该地区

---

  ① 赵伟:《海城市农村土地承包经营权流转现状及对策》,《现代农业科技》2014年第3期。
  ② 毛飞、楼栋、牛立腾:《吉林省延边州土地流转与规模经营调查报告》,《东方早报》2014年8月19日第12版。

明确鼓励乡村干部参与规模经营,2012 年就有近 1300 名乡村干部流入 55.8 万亩耕地进行实验。①

在东部地区,北京平谷 2012 年入社成员除每亩每年获得 550 元的土地租金收益外,还按比例享受包括温室出租带来的红利分配,以及种植经济作物创造的收益等分红。平谷耕地流转日益规范化,特别是在经营权抵押贷款、耕地流转用途方面的管理日益严格,制度日益完善。但建有大棚的耕地基本都用于非粮化经营,有的逐渐改头换面成了对外出租的大棚房,在 2018 年左右遭到了"专项整治"。天津静海 2008 年流转面积达到 17%,外来参与流转主体居多,70% 的都是来自外省,流转方式主要是出租,73% 的流转耕地非粮化,用于种植经济作物。流转基本处于无人监管的状态。2008 年多达 76% 的耕地流转年限都在 5 年以下。规模经营主体流入耕地多碎片化而经营效率低下。② 2012 年静海加强了服务机构、平台的建设和信息服务。河北肃宁县逐步确立了供销服务 + 新型农业经营主体的模式,重点推进耕地大规模连片流转发展设施农业特别是蔬菜大棚产业。山东滕州本地工商业发达,相当比例的农民在本地工商企业务工,农村劳动力流失严重,耕地流转和规模化经营需求迫切。其中西岗镇在全国率先设立耕地流转交易市场,流转交易中心将希望流出经营权的耕地信息实时在电子屏上显示,有流入需要者可以向中心咨询,中心作为中介联系交易双方并提供各种中间服务。2012 年以来江苏太仓通过"三集中"(居住向新型社区集中、农村企业向工业园区集中、耕地向适度规模经营集中)、"三置换"(以宅基地置换城镇公寓房、以承包经营权置换社会保障、以集体资产所有权份额置换社区股份合作社股权)使大量农民市民化,为耕地经营权流转和规模化经营创造了条件。耕地流转面积达 31.5 万亩,占比为 90%,规模经营面积达 28 万亩,占比为 80%。出现了两人机械化作业就可以完成 2000 亩的合作农场。③ 不过,太仓也曾存在干部强制流转耕地经营权而导致农民上访的事件。上海松江区重点发展的是数百亩规模的家庭农场,经营权主要出租给本村外出务工回乡创业村民;耕地的三分之一必

---

① 尹艳忠:《绥化海伦市土地规模流转提速》,《黑龙江日报》2012 年 11 月 27 日第 1 版。
② 李宝霞:《静海县农村土地经营权流转现状、问题及对策》,《统计科学与实践》2009 年第 6 期。
③ 耿雁冰:《太仓新城镇化样本:"三集中"与"三置换"》,《21 世纪经济报道》2012 年 5 月 7 日第 1 版。

第二章　耕地经营权流转的历程与现状

须种粮，违者不得续租。耕地一般不出租给外来资本，家庭农场的认定标准严格。家庭农场平均1—2两个劳动力，农忙雇一个工就可以完成生产与经营。这种模式得到中央政府确认和肯定。浙江平湖建立了风险保障金制度，由政府风险补助金、村集体流转风险准备金和流入主体保证金三部分组成，经营者须提前1年支付租金，流转耕地都大多用于苗木苗圃、水产养殖、蔬菜水果等生产。工商资本主导的合作社占绝大多数，农业社会化专业服务比较发达。① 平湖市审计局还对村股份经济合作社展开了审计，试图防止贪污腐败和非法流转。② 福建沙县近9万劳动力中5万余都在全国经营小吃，较早出现了耕地自发流转，但纠纷较多。2006年县政府开始设立经营权流转工作领导小组，乡镇开始设立流转领导小组和服务中心，行政村设服务站，出台各种政策扶持规模经营者。到2019年，该县耕地流转率已近75%。③ 广东高要出现了蚬岗镇"南村模式"，即村民将耕地入股村集体，再由村集体统一公开发包给规模经营者从事种养业。其流转的耕地也主要用于蔬菜水果生产，亩收入可达3万余元，流转费每亩可高达1600余元。④ 规范化试点前，海南省东方市皇宁村曾有9名村干部以每亩1万元的价格将共1285亩数十年的耕地经营权出租给个体资本。市林业局干部张某放弃城镇户口并设法当上某村村委会主任，以家人名义流入4500亩，总流入费才2000元每年，平均每亩不足0.5元，后又将其中745亩以450元每亩的价格转租，年获利30万元。四更镇旦场村委将2660亩集体耕地租给3家企业，租期30年，租金每年每亩不足2元。该市耕地租金过低、租期过长、面积过大问题突出，村民与村干部的矛盾相对尖锐。2011年整治了近100宗流转案件，追回耕地6500多亩。

在中部，山西新绛对连片发展30个以上日光温室的基地，按面积大小由县财政给予5—10万元的奖励，由政府担保为每个大棚贷款2—3万元，对新发展日光温室的农户给予保险扶持以抵御种植风险。2010年大棚蔬菜种植面积就达3000亩，蔬菜基地面积达30万亩，其中11.2万亩属于流转

---

① 孙宝明：《土地整村流转的平湖试验》，《农村经营管理》2011年第10期。
② 平湖市农业农村局、平湖市审计局：《关于做好2019年度农村集体经济审计工作的通知》（平农〔2019〕21号）。
③ 沙县人民政府：《2019年沙县人民政府工作报告》，沙县县政府网，http：//www.fjsx.gov.cn/，2019年12月31日。
④ 邵铭：《土地流转的高要南村样本》，《南方日报》2008年11月15日第A03版。

后的规模经营。① 河南罗山县 2013 年共流转耕地 72.2 万亩，占常用耕地的 68%。其中出租占 19%，主要是龙头企业租用。县政府及 18 个乡镇分别成立了经营权流转领导小组。安徽金安 2012 年流转率达 37.4%。② 外来资本大规模流入耕地，在进行整治和水利电力交通改造后，再出租给他人耕种，实际耕作人基本上每年都换。这里曾发生过原承包户要求收回经营权，但外来资本因前期投入多成本没有收回而拒绝。有承包户强行收回耕种，外来资本起诉并胜诉。湖北省规定流转 1000 亩以上由县级政府审查，1000 亩以下由乡政府审查。一个村如果集中连片流转面积比例在 30% 以上，需要村民代表大会 60% 以上代表同意。武汉市将 30 亩以上者视为规模流转，认为适度规模在 500 到 1000 亩之间。耕地流转后大多用于大棚设施农业、蔬菜水果生产和休闲观光。2011 年全市流转耕地比例达 39.3%，千亩以上规模经营者达 298 家，经营面积达到流转总面积的一半左右。③ 湖南湘乡在 2008 年出现了耕地经营权流转收入质押贷款现象。某流入主体整理耕地时影响了其他承包户水源而导致严重冲突。江西渝水在 2006 年就开始出现了水田季节性流转，在冬春季节水田闲置时期，一些规模经营者用极低的亩均价格租入耕地种植油菜等。在 2016 年该地 50 亩以上种粮大户新增 312 个，种粮大户流转耕地面积达到 8 万多亩，为流转总面积的 35% 左右。④

在西部，2012 年内蒙古扎鲁特旗农作物种植面积达 220 万余亩，耕地主要采取反租倒包、股份合作等方式进行流转，并多被用于种植牧草，500 亩以上适度规模经营流转户达到 135 户。⑤ 2018 年旗政府才开始颁发首批承包经营权证。2008 年宁夏平罗开创了土地银行模式，又称为土地信用合作社。其核心是将存贷机制引入耕地经营权流转，将土地存入土地银行可以获得利息。土地银行实际上就是规模化经营的各种公司、企业、合作社。⑥ 2012 年成立了土地流转监督委员会，建立了工商资本流入耕地的风险保证金制度，后者每年 3 月前要向所在村集体经济组织缴纳不低于当

---

① 魏贵富：《土地流转的新绛"样本"》，《山西经济日报》2010 年 9 月 28 日第 3 版。
② 六安市政府：《安徽省六安市金安区国民经济和社会发展十二个五年规划纲要》，发展规划数据库，http://plandb.cn/plan/1423。
③ 王刚：《今年新增土地流转 18 万亩》，《长江日报》2011 年 4 月 16 日第 4 版。
④ 以上相关资料和数据，来自作者对网络在线资料的考察、收集和整理。
⑤ 吴琼、张华：《扎鲁特旗土地利用变化及其生态环境效应》，《经济研究导刊》2013 年第 10 期。
⑥ 何玲：《宁夏平罗实验"土地银行"》，《中国经济时报》2008 年 10 月 15 日第 A01 版。

年租赁费20%的风险保证金。四川安县现已改名为安洲区,据笔者实地调查,其耕地流转主要以出租为主,用于建设规模化农场和从事特色产业经营,多数村庄都建立了一事一议制度,来决定耕地是否流转以及流转价格等。重庆大足用复垦和开垦偏远农村的耕地,来补充全县工商业用地,绝大部分流转耕地都被用于种植经济作物,种粮的很少。2014年贵州息烽流转耕地面积为7.93%,流入农户占54.71%,流入合作社占22.06%,流入企业占17.57%,流入其他主体占5.66%。采用的是公司+村集体+农户的流转模式,耕地流转用于种植脆红李,平均规模达4000亩,原承包户前三年固定分红200元每亩,从第四年起增加到300元每亩,第四年纯利润40%归农户分配,50%归公司,10%归村集体。公司前三年没有任何收益,但自有收益时起分红占收益的50%。行政力量在流转过程中发挥主导作用。[①] 云南开远被流转的耕地主要用于种植优质稻、蔬菜、水果、花卉等。2018年,该地区提出要打造"菊花产业的硅谷",涉及耕地10万余亩。陕西高陵耕地流转同样用于蔬菜大棚,政府还出资回租耕地经营权,经整治后在网络平台发布流转经营权信息,而流入方不限城乡身份,但由村民代为管理经营。政府出资设立流转风险基金,对流出经营权的农民按1.5%的比例进行购房补贴,只要子女全部参保,男60周岁女55周岁以上者不缴费也可按月领取养老金。2017年该市发生了48.5亩经营权押抵贷款无法偿还而被高陵区农村产权收储中心收储的案件,收储中心出资向银行代偿贷款后获得了经营权并再流转。这属于全国较早的此类案例。[②] 甘肃宁县2009年后出现外来资本与本地农民组成的股份合作社,把流入耕地划分为种植区、养殖区、加工区等,规模达3500多亩。其中一些村建立了耕地信用社,社员向信用社"存入"耕地,信用社再将耕地"贷给"经营主体。该地区形成了产业带动型、龙头企业带动型、合作经济组织带动型和生产能人领办型四种流转模式,但不时有强制性流转的情况发生。[③] 广西富川瑶族自治县要求两委干部主动以规划、管理、品牌、销售"四统一"方式整村推进连片流转,逐渐形成了公司+基地+农户为主的流转模式。

[①] 何胜华:《息烽县开建高标准蔬菜保供基地》,《贵阳日报》2019年4月2日第A07版。

[②] 西安市高陵区人民政府:《西安市高陵区农村承包土地的经营权流转管理实施办法》(高政办发〔2017〕106号)。

[③] 王晓平、张少冬、陈永胜、刘亚军:《农村土地流转的调查与思考——以甘肃省庆阳市宁县焦村乡任村为例》,《甘肃理论学刊》2012年第6期。

全县近75%的耕地都实现了流转，主要用于黄花梨、脐橙、蔬菜、烤烟、香菇种植。[1] 青海省互助县互丰集团等龙头企业，流入耕地达1.5万亩，主要用于各种农作物制种。新疆玛纳斯地广人稀，一般都是超大规模流转经营，面积常达万亩以上，各类合作社和家庭农场流转耕地面积占比为25%左右，流转后的耕地高效节水技术应用面积占比达到100%、机械化耕作占比95%以上。

概括起来看，农村土地承包经营权流转规范化管理和服务试点，加强了基层政府和干部对流转的引导和规范。但很多试点地区政府仍然没有真正起到规范化管理和服务的作用，反而更加深度地介入和推动超大规模的流转，过多地依赖于龙头企业、社会资本和外来工商资本。除少数以外，这些试点地区大多没有把承包权与经营权分离开来，存在比较严重的剥夺承包权的情况。大量农民也存在失去承包权的担心，因此不愿意主动流转自己的耕地。当然，这些试点地区在经营权融资抵押贷款、地租保险、经营风险保险、流转收益分配合理性方面，也有一些值得借鉴的经验。

在三权分置办法出台前，全国耕地经营权流转面积和比例的上升相对缓慢。1996年全国耕地经营权流转面积占家庭承包耕地面积的比重为2.6%，2007年为5.2%，2008年为8.9%，2009年为12%，2010年为14.7%，2011年提高到17.8%。2013年又达25.7%，比重超过40%的省份达5个，主要是经济相对发达省区。2014年农村集体耕地92.8%都由农民家庭承包，共13.3亿亩，签订承包合同2.21亿份，颁发土地承包经营权证2.06亿份，其中经营权流转面积4.03亿亩，达30.4%。到2015年底，全国耕地面积20.2亿亩，其中13.5亿亩左右由农民家庭承包，承包耕地经营权流转面积达到4.47亿亩，占总承包耕地14.8亿亩的33.3%，流转面积比重超过40%的省份达6个，其中上海71.5%、江苏58.4%、北京52.0%、黑龙江50.3%、浙江48.0%、安徽41.0%；另外，重庆达39.7%、河南达37.1%，已接近40%。[2]

在三权分置办法出台后，经营权流转进一步提速。到2016年6月，全国耕地流转面积已经近5亿亩，占家庭承包耕地面积的比例达到35.1%。

---

[1] 韦云凤：《基于特色农业产业化的农村土地流转模式——关于广西富川农村土地流转实践的调查》，《农村经济》2009年第8期。

[2] 韩长赋：《流转面积占总承包耕地比重超三成》，《中国农民合作社》2015年第10期。

2017年，全国耕地流转面积5.12亿亩，占承包耕地比重达到37%，有5个省的耕地流转比重达到50%以上，上海75.4%、北京63.2%、江苏61.5%、浙江56.8%、黑龙江52.1%。2018年全国耕地流转面积超过5.3亿亩，比重已超过40%，2018年比1994年耕地流转总面积增长近60倍。2020年全国家庭承包耕地流转面积又超过5.55亿亩。①

随着耕地经营权流转面积的扩大和占比的提高，涉及农户也日益增多。2014年全国共有2.3亿多农户，参与耕地经营权流转的农户比例达到25.3%，共5833万户。② 2017年，流出承包耕地的农户达7070.6万户，占31.2%。耕地流转以出租为主，2017年出租4.14亿亩，占流转总面积的比重为80.9%。股份合作流转有所增加，达2977.2万亩，占5.8%；互换2962.7万亩，转让1442.4万亩，所占比重分别为5.8%和2.8%。还有2408.4万亩耕地以其他形式流转，占4.7%。③ 2017年3.5亿亩耕地实现了合同化流转，流转合同签订率达68.3%。耕地流转服务体系开始建立，全国多数乡镇建立了经营权流转服务中心。相关制度体制机制逐渐建立，包括规范化流转机制、进城落户农户土地承包经营权有偿退出机制、流转耕地用途监管机制、经营权抵押贷款金融风险防范制度等初步建立。④

二 耕地经营权流转的空间分布

从总体上看，耕地经营权流转已成普遍趋势，给"三农"和整个国家带来了深远影响，但空间上进展并不平衡。东部、中部、西部和东北地区耕地经营权流转进程并不一致。从主观意愿角度看，我们可以分为愿意流出愿意流入的流转发达地区，愿意流出不愿流入的耕作抛荒地区，不愿流出愿意流入的强制流转地区和不愿流出不愿流入的传统承包经营地区。

（一）东中西和东北地区流转概况

1. 东部

北京市2005年承包耕地面积共495万亩，2007年476.7万亩，2017

---

① 数据根据国家统计局网站、中国农业农村部网站相关数据整理推算得到。
② 中国社科院农村发展研究所：《中国农村经济形势分析与预测2014—2015》，社会科学文献出版社2015年版，第189页。
③ 佚名：《2017年农村家庭承包耕地流转情况》，《农村经营管理》2018年第10期。
④ 农业部：《对十二届全国人大第四次会议第9344号建议的答复》（农办议〔2016〕315号），2016年8月15日。

年下降为 328 万亩左右，流转 239.2 万亩，流转比例已高达 72.9%。耕地流转后非粮化程度高，主要用于休闲农业和乡村旅游。2018 年全市种粮面积下降到 110 万亩以下，比 2013 年下降了 37.5%。[①] 2011 年上海耕地经营权流转比例就达 58%，浦东新区 2016 年达 76.1%。[②] 天津市 2016 年完成了确权颁证，环城四区和滨海区流转率较高，远郊五区县流转率低。流入规模以 100 亩以下居多，20 亩以下者占 50%，20—100 亩者占 30%，100 亩以上者占 26%，农业经营户 66.08 万，而规模农业经营户 1.2 万。2016 年广东耕地面积 3900 万亩，[③] 珠三角流转比例超过 30%，入股流转大于直接出租，还存在委托转包、种植大户、公司+基地+农户、家庭农场等流转模式，规模化经营面积比重达 20.1%，规模经营户占比为 9.6%。[④] 广东创造了"南安经验"、南海模式、江门模式、新会经验等。江苏省从苏北、苏中到苏南耕地经营权流转率逐渐上升，在全国率先公布经营权交易价格指数。[⑤] 浙江省 2016 年流转面积达 53.8%，共有 10.2 万规模农业经营户，农民合作社总数 6.5 万个，规模农业经营户农业生产经营人员 35.0 万人。农业日益机械化、智能化与电子商务化，设施农业发达。89% 的农村劳动力都在省内转移就业，且在第一产业占到 47.1%。[⑥] 山东省 2016 年专业大户、家庭农场、农民合作社、龙头企业等规模经营户达 46.6 万户，耕地规模化耕种面积占比为 16.7%，农业工业化生产企业 2000 家。除了"东平模式"外，潍坊青州和寿光在耕地经营权抵押贷款方面取得了较好的经验，财政出资向银行提供贷款风险补偿资，也向经营权贷款者提供担保，积极引入商业保险公司开展抵押贷款保险业务，政府还向新型经营主体提供贷款贴息，提供经营权价值评估。河北省 2016 年末耕地 9780 万亩，流转面积 2490.7 万亩，流转率达 29.6%。到 2017 年 6 月底，签订流转合同 262.22 万份，占应签合同总数 84.9%。而就目前情况看，其流转费比

[①] 吴宝新、张宝秀、黄序主编：《北京城乡一体化发展报告（2016—2017）》，社会科学文献出版社 2017 年版，第 202—210 页。
[②] 周文：《浦东新区推进流转机制创新》，《农民日报》，2016 年 10 月 18 日第 2 版。
[③] 广东省第三次全国农业普查领导小组办公室、广东省统计局：《广东省第三次全国农业普查主要数据公报》（第一号），2018 年 1 月 29 日。
[④] 佚名：《多重利好 农民成吃香职业》，《南方农村报》2018 年 4 月 24 日第 1 版。
[⑤] 何钢：《城乡一体化进程中江苏农村土地承包经营权流转问题及对策研究》，《农业经济》2012 年第 3 期。
[⑥] 李剑锋：《浙江农业"新引擎"助推力显著》，《农民日报》2015 年 11 月 26 日第 1 版。

较高，耕地规模效益递增现象并不明显，平均亩产不如以前，管理成本与监督成本高，规模经营主体大多靠政府扶持和补贴。一些大规模种植粮食的经营主体陷入进退两难。很多合作社有名无实，参与农户完全脱离合作社经营管理，实际上是耕地流出方和务工者。河北还出现了流出农户偷盗和哄抢规模经营者的农作物的现象。某农场的500亩土豆在2天内被哄抢一光，某农场1000亩玉米被偷光。2015和2016年，河北都发生了上千亩流转耕地毁约弃耕、地租难兑现的事件。① 邢台市柏乡、威县和邯郸市成安、邱县、磁县等地出现大量流转毁约弃耕现象。这些毁约弃耕者，大多属于下乡资本。福建省2018年在转出农户中，有46.9%的农户流转给专业大户，3.9%的农户流转给家庭农场，3.9%的农户流转给专业合作社，5.7%的农户流转给龙头企业，39.6%的农户流转给有剩余劳动力的其他农户。② 到2016年3月，海南省耕地面积532.31万亩，流转率为15.3%，由集体转租的比重最高，占70.1%，代耕代种的占2.5%。③ 海南耕地流转存在流转周期过长、面积过大和租金过低或过高等现象。

从总体上看，东部各省经济相对发达、社会资本相对充足、农民城镇化速度更快，耕地经营权流转也较快，在流转模式和规模经营以及经营权流转费保险、贷款抵押保险和经营风险保险方面的探索获得了宝贵的经验。上海以家庭规模经营为主要模式的经验值得借鉴，而北京的耕地流转问题特别是非农化问题较大，大棚变出租屋的现象引起全国关注。其中一些人口城镇化程度高和耕地抛荒严重的省份，经营权流转的空间更大，流转费用更低，经营主体风险更低，流转的持续性更高而矛盾冲突更少。但经济相对不那么发达的省份，主要靠政府推动经营权流转，农民对流转费依赖性更强，流转的空间更小而矛盾更多；流入方的逐利性和机会主义行为特别是套取补贴等的行为更多。自发性流转所产生的矛盾、冲突主要发生在农民承包户之间，不会引发大规模的群体事件；而政府推动的流转却有可能如此。确权颁证、政府和集体主导的规范性流转，反而会引发或显露一些矛盾和冲突，流转的合同化如果不考虑增值收益的分配和共享性，

---

① 樊江涛：《资本下乡：有实力争地，没能力种田——冀南农村土地流转"毁约弃耕"现象调查》，《中国青年报》2015年4月20日第4版。
② 范金旺：《福建耕地流转对农业收入影响研究》，《农业与技术》2018年第1期。
③ 刘文韬：《我省农村土地确权面积达1555万亩》，《湖南日报》2016年5月26日第3版。

也可能引发矛盾冲突。其中值得注意的是，在一些地方流出耕地的农民与规模经营者之间存在地租、利益分配矛盾，甚至前者对后者日常经营进行破坏、偷盗、抢夺农作物果实，体现了某种潜在的深层次矛盾。

2. 中部

山西省 2016 年底共有耕地面积 6100 万亩，其中家庭承包经营耕地面积 4800 多万亩，耕地经营权流转率为 14%，流转比例较低。其太谷北六门村模式，在工商资本与农民之间建立起利益联结机制，让资本做资本之事，让农民做农民之事，使资本、市场、技术和土地、劳动力的配置优化。2016 年河南省耕地面积 1.2 亿亩，96.22% 已确权，流转比例为 25.7%；31.7% 的农民参与了流转，耕地主要流转给大户经营。安徽 2016 年耕地流转率接近 50%，43.7% 的承包户流出了经营权。目前共有家庭农场 5.4 万个、农民合作社 7.7 万个、农业社会化服务组织 2.5 万个、现代农业产业化联合体 1000 多家。[①] 作为家庭联产承包制改革先锋的凤阳县小岗村，目前 8400 亩耕地经营权重新集中到小岗村创新发展有限公司并对外出租，占可耕地面积的 44%。[②] 总体上看，安徽的耕地流转模式多样，但有的地方流转规模偏大，甚至有人认为小岗村耕地流转就是"一场耕地抢劫战"。[③] 2016 年江西省耕地流转面积占家庭承包耕地面积 29.27%，占总耕地面积 25%。泗溪镇的漕港村和胡家村相邻 50 亩插花地四至边界不清，县乡多次调解都无结果，两村之间为争夺此地块甚至演化成重大刑事案件。有的村民在耕地流转过程中因为不满村镇干部，甚至采取了极端做法。[④] 湖北省是三权分置的发源地之一。截至 2016 年底，全省耕地流转面积占比为 39.7%。同样，湖北省耕地经营权流转取得了较好的成效，但也引起了各种纠纷、矛盾冲突。2014 年湖北恩施市级法院审理耕地经营权流转相关案件 39 件，但 2015 年已增加到 60 件，2017 年又增加到 77 件。[⑤]

---

① 盛志国等：《河南邓州"三权分置"带动农业发展纪实》，《农民日报》2017 年 8 月 23 日。

② 徐海涛：《小岗村三十五年后土地重新集中流转》，《党建文汇月刊》2013 年第 6 期。

③ 稻乡老农：《小岗村的"土地流转"掀起了一场"耕地抢劫战"》，乌有之乡网，http://www.wyzxwk.com/Article/shidai/2009/09/32363.html，2008 年 4 月 15 日。

④ 唐晓腾：《当前农村耕地自由流转成本低廉的成因分析》，《中国国情国力》2000 年第 4 期。

⑤ 何正鑫、刘志月：《农村土地流转纠纷案比重逐年增大》，法制网，http://www.legaldaily.com.cn/index/content/2017-11/23/content_7396363.htm?node=20908，2017 年 11 月 23 日。

2016年湖南省耕地流转面积2137.26万亩，占承包耕地总面积的41.71%；流转面积100—500亩的30475宗，500—1000亩达5125宗，1000—2000亩的达3014宗，2000亩以上的达451宗。出租是其主要流转模式，占到47.64%。

从总体上看，中部各省份的耕地经营权流转获得的经验更具典型的意义。因为中部各省份都是农业大省，农业发展有一定的基础，经营权流转有一定的内生空间和条件。但是从外在条件看，因为农村人口比例较大，城镇化水平不如东部，规模化经营面临较大的人口转移压力，而农民对于耕地和农业的依赖性更强，导致流转的外部环境支持较弱。更有可能出现各种矛盾和冲突。其中一些省份存在的问题较多，面临的各种风险较大。与东部相比，确权登记过程在一些地方使长期潜在的边界纠纷突显出来，在一定时期内成为农村社会矛盾纠纷的一个重要源头。

3. 西部

西部包括重庆、内蒙古、四川、陕西、宁夏、甘肃、云南、贵州、广西、新疆、西藏、青海等12个省市区。重庆市2017年全市耕地经营权流转面积1473.9万亩、适度规模经营1225万亩，流转比例和规模经营度分别达到42.1%和35.0%。内蒙古2017年底，全区流转耕地面积为3666万亩，占家庭承包面积的37.2%，流转方式以转包、出租为主，二者之和占到了流转总面积的90.8%。① 四川省2016年底流转率为33.8%，除三州外流转率达36%。② 陕西省2016年底耕地面积为5700万亩，流转比例为40%，出租占流转总量的75.67%，转包占0.84%，转让占4.89%，入股尚处于探索和起步阶段。一些村集体组织统一将整村土地以资本形式投入市场，农户一次性获得土地补偿者占流转总量的18.6%。③ 该省规模经营户8.44万户，而全省共有653万农户。有些地方工商资本投资农业的动机不纯，圈地待价而沽。一些龙头企业在主导耕地流转的同时，农民增收并

---

① 高雅：《供给侧改革背景下的农村土地流转问题——以内蒙古地区为例》，《农村经济与科技》2018年第17期。
② 李淼：《我省耕地流转率大幅提升至33.8%》，《四川日报》2017年3月29日第2版。
③ 黄改霞：《陕西省统计局发布陕西农村土地流转的现状与思考调查报告》，《西北信息报》2017年3月30日第4版。

不明显。① 甘肃省 2016 年耕地流转比例相对较小，为 25%。2016 年末新疆维吾尔自治区耕地面积为 7824 万亩，流转面积在不断增加，2017 年底流转面积 661.1 万亩，比 2016 年同期增加 19.7 万亩，增长 3.1%，占家庭承包经营耕地总面积的 21%，流转出承包耕地的农户占家庭承包户 9.5%。2017 年粮食种植面积 3433 万亩，比上年下降 4.7%。青海省 2016 年耕地面积 884 万亩，流转面积 18 万亩，占承包耕地总面积的 21.85%，81 万农业经营户中有 2 万多规模农业经营户。② 2016 年发生流转纠纷事件 32 起，诱发了一些社会问题，并影响社会稳定。③ 宁夏到 2015 年 6 月底耕地经营权流转面积 291.4 万亩，占耕地面积的 26.3%。其中出租又占 74.7%，且其比例有不断提高的趋势，而股份合作形式占 0.6%。④ 该区还重视普惠性股份专业合作社的建设，采取"保底收益 + 股权分红"的形式，形成以股份制专业合作社为核心，种植大户、农业企业、职业经理、劳务队伍共同经营的"'1+4'农业联营制"。广西到 2016 年底耕地面积 6592 万亩，流转面积为 628 万亩，比重仅为 9.5%，规模经营户 7.75 万户，种粮面积 640 万亩，种粮面积与产量均有所下降。⑤ 云南共有耕地 9000 万亩，2016 年确权面积达到 42%，流转面积 789.8 万亩，占家庭承包耕地面积的 18.8%。流转方式以出租和转包为主，占 79% 左右；以农户间自发流转为主，占 60%；集体组织作为中介的流转面积占 16%。⑥ 2016 年贵州省耕地面积 6700 万亩，安顺平坝区乐平镇塘约村的塘约模式影响较大。

此外，西藏由于自然条件和社会、文化原因，耕地流转滞后。但随着改革开放的发展，很多藏民也纷纷外出务工，耕地荒置日益增多，生态条件相对较好且属于中心城镇周边交通状况相对较好的地区，耕地流转较为发达。

---

① 孙晓一、徐勇、汤青：《黄土高原农村地区耕地流转模式及效益分析》，《水土保持研究》2016 年第 3 期。

② 罗连军：《牧业供给侧改革：青海将如何发力？》，《青海日报》2016 年 5 月 30 日第 2 版。

③ 苏海珍：《青海省平安区耕地流转风险研究》，《云南农业大学学报》（社会科学版）2018 年第 3 期。

④ 陈乔娜：《粮食安全视角下的宁夏农地流转非粮化研究》，《广东农业科学》2017 年第 9 期。

⑤ 唐广生：《广西完成永久基本农田划定任务》，《中国农资》2017 年 8 月 25 日第 1 版。

⑥ 王淑娟：《云南省 2016 年上半年农村土地流转最新情况》，《云南日报》2016 年 9 月 22 日第 4 版。

4. 东北地区

辽宁省 2016 年耕地面积 7300 多万亩，直接出租面积占 28%，由集体流转达到 61%，因此流转模式相对单一。87.6% 的农户私下协商和口头约定村内流转，12.4% 的农户非格式合同化流转，因此书面契约化不足。耕地流入农户的占 64.5%，流入专业合作社的占 12.4%，流入农业企业的占 11.3%。辽宁省的耕地流转具有两极化趋势，一方面以自发私下小规模流转为主体，另一方面也出现了极大规模的规模经营。① 该省一些经营规模庞大的工商资本无力持续经营，导致流转收益无法兑现，压力之下不得不转向非粮化和非农化经营。其中大多属于短期行为，投机色彩严重，并将风险转移到农户身上，威胁农户的长期利益。② 2016 年末吉林省耕地面积达 1.05 亿亩，户均耕地 25 亩左右，27% 流转到种粮大户、家庭农场、农民专业合作社等规模经营主体手中，2018 年适度规模经营面积接近 40%，主要模式是托管流转，基本实现航化作业和大型农机联合纵向大规模作业。黑龙江省耕地面积广大，2016 年平均每户 43.04 亩耕地，耕地经营权流转比重已达 40%，村内农户间流转占 71%，流向农民合作组织者占 1%，流向外村农户占 22%。东北耕地经营权流转的最主要特点，就是超大规模流转。

(二) 耕地经营权流转的经济地理差异

1. 城郊与非城郊耕地经营权流转差异

从总体上看，城郊耕地流转显然不同于非郊区耕地流转。一般情况下，郊区耕地流转的比例更大，流转耕地非粮化和非农化的比例更高；流转更可能采取市场化方式，流转机制安排也更加复杂，股份制形式更为普遍。非郊区农村耕地流转比例相对较低，主要是用于农业生产，非粮化程度更低；更可能主要是以私下个人或集体作为中介进行以出租的方式流转。

而城市郊区还可以分为农业带动型与非农业带动型郊区两种类型。非农业带动型郊区比例较大，经济发展主要源于城市经济辐射带动，农业的主要目的不是粮食生产，而是为城市服务，更可能种植蔬菜等经济作物，发展观光休闲农业，因此耕地流转的非农化现象更严重。但是，又由于郊

---

① 李新仓：《农村土地流转与规模经营的法律对策研究》，《农业经济》2016 年第 2 期。
② 赵晓波：《新常态下辽宁省农村土地经营权流转问题研究》，《经济研究参考》2016 年第 33 期。

区民众政策意识、经济意识都更强，因此往往不会把耕地进行简单出租和收取极少的流转费用，而是更多地采取股份制的方式进行流转，以获取后继增值收益。农业带动型郊区的耕地流转则主要是以农业生产为主，综合经济实力较弱，流转意愿特别是流入意愿大于流出意愿，农业带动型郊区也更可能出现大规模农业合作社。[1]

2. 丘陵、山区与平原耕地经营权流转差异

根据地形状况，农村可以分为丘陵、山区与平原农村三种类型。从平原到丘陵再到山区，自然地理条件优势与经济发展程度依次下降。山区经济相对更落后，外出务工农民比例更多，流出意愿更强烈；但由于自然条件限制，耕地肥力较低且分布分散，水利设施投入更高，生产成本和产品销售成本更高，而生产效益相对更低，机械化往往难以展开，限制了规模化经营，所以不仅本地农民流入意愿较低，外来工商资本投资意愿也较低。更重要的是，一些山区农户传统观念相对更深厚，愿意在村从事农业生产，对耕地的利用方式更加多元化，往往会生产各种自己需要的农产品，并发展各种副业，所以间接效益和社会效益相对较高，而山区耕地流转后往往只产生直接的经济效益，并不利于山区经济与社会的发展。山区农民打工收入大多不稳定，外出务工回乡后对土地的依赖性更强，因此存在的流转冲突和纠纷可能更多。[2] 所有这些因素，决定了山区耕地流转远远滞后于平原地区。而耕地经营权流转在平原更为发达，广大丘陵地区则处于二者之间。平原地区由于有机械替代和劳动成本更低，工商资本更可能参与流转经营权和实现规模经营，同时平原地区的规模经营的适度标准也会更大。

3. 经济发达与欠发达区耕地经营权流转差异

首先，经济发达地区耕地流转率相对较高，欠发达地区的耕地流转率相对较低。其次，从总体上看，欠发达地区耕地经营权流转嵌入社会关系和政治系统的程度较高，经济发达地区的市场化流转程度相对较高而嵌入度相对较低。嵌入性流转越低的地方，正式合同化流转的程度越高。当然，二者并不存在严格的相互排斥关系，一些地方的耕地流转先是凭借社会关系网络和政治系统寻找交易对象，然后又严格按照相关要求签订流转

---

[1] 吴巍：《城市边缘区耕地经营与流转研究》，《国土资源科技管理》2009 年第 5 期。
[2] 潘泽瀚：《中国农村劳动力转移与农村家庭收入——对山区和非山区的比较研究》，《人口研究》2018 年第 1 期。

合同，权利义务关系明确。其三，经济欠发达地区流动性相对较低，村庄陌生化程度相对较低，口头合约和嵌入关系的"自发性"流转更多，小规模社会网络治理机制发挥的作用较大，耕地流出增收效果不明显，从短期看流转纠纷即使存在也会比较小，而且属于社会内生性纠纷，一般不会演变成大规模的矛盾冲突，矛盾冲突对象也较少转移到基层党政干部身上，所以对社会稳定性一般不会产生较大冲击。而在经济发达地区，村庄陌生化程度高，社会网络机制对成员内部机会主义行为可能失去约束力，农民更有现代契约精神，更偏向于市场化大规模流转；但流入方受到市场风险的影响程度更大，可能给相关利益主体带来较大损失，产生矛盾纠纷；而矛盾纠纷更可能通过司法解决，但当司法解决失败时，就可能演化为较大的矛盾冲突和群体事件。

总之，我国的耕地经营权流转发展程度并不均衡。到 2018 年 10 月，发布流转面积最多的是广东，其次是内蒙古，然后依次是湖北、山东、河南、安徽、河北、湖南、黑龙江、陕西。市场化流转以广东比例最高。东部流转相对发达。除西藏外，全国耕地流转面积占承包面积比重较高的前 10 个省区市中，6 个属于东部地区，主要分布在经济活跃的长江中下游与京津地区以及黑龙江，另有重庆和四川。但是，东部各省区之间差异也较大，特别是三大直辖市的耕地流转率普遍较高，北京与天津的非粮化程度较高，上海的耕地流转规模更大，农民增收效果更为明显，农民分享增值的机会与比例更大。以广东为代表的珠江三角洲经济发达省份，主要是依靠外来劳动力和非本地工商资本从事农业生产，形成的是以现代农业经济主体、现代市场化经营、现代企业化管理和现代劳资关系为特征的农业企业模式。在长江三角洲的东部省份，主要是以家庭农场模式为主。黄河三角洲的东部大省则又相对落后，主要是规模化经营和合作社模式，多种主体并存。中部省份一方面在加速流转，但集中流转较多。西部省份人均耕地面积较少，流转空间主要是因为外出务工农民增多才存在。其中一些耕地多、人口少的大省，每个家庭的耕地面积较大，但生产经营不是由家庭进行，而是由专业生产与服务组织承包。西部省份外出务工农民比例更大，促进了流出意愿与流出比例，同时留守家庭和农民教育水平相对更低，抑制了耕地流入意愿，所以西部流出供给总体上大于流入需求，且内生的规模经营者更少。就平均流转规模看，东北规模最大，西部规模次之，中部规模再次之，东部规模最小。

通过对我国东中西部和东北地区的耕地经营权流转比例、模式、机制、成效和问题的回顾，可以看到，就全国而言，耕地经营权流转已日益加速并成为一种普遍现象，但耕地流转分布并不平衡。各地探索出来的流转经验和模式都有其地方特色和适用性，有的具有推广的价值；但是存在一些共同的问题，特别是强制流转带来的风险普遍存在。民间自发流转往往是小规模的，纠纷也可能时常存在，并不能有效解决耕地抛荒和增加农业市场竞争力，但不存在强制流转的问题，耕地的非农化程度较低，实质经济色彩更为浓厚，更不存在农民长期失去经营权的问题，矛盾冲突所涉及的相关方更少，所以其风险与治理相对简单。在很多规范化流转试点地区，书面契约化流转突出了流转的规范性，但由于往往会集中流转，引入市场力量和资本逻辑，对于某些民众造成强制流转的可能，也使流入方面临市场压力而可能采取机会主义行为，所牵涉的利益方也更多，矛盾冲突反而可能更加剧烈。中部特别是西部面临的矛盾和冲突以及产生的风险可能更大。特别是规模化经营后，如果外出务工农民回乡无法从事农业生产经营，可能影响社会的稳定。另外，各地都在尽量完善相关服务体系、各种体制和机制，但由于公权力寻租倾向普遍，耕地经营权流转过程中始终存在各种"最后一公里"问题，也存在各种生产风险、获取收益和转嫁损害的现象，更存在负和博弈并最终使相关各方都陷入风险状态的情况。这突出表现在很多外来规模经营者"笑着下乡，哭着回城"，投资无法收回，而流出方流转费无着落，耕地受到破坏等等。

三 耕地经营权流转主要模式

耕地经营权流转的面积和比重在不断增加，流转模式也日益多样化。在各地实践的过程中，出现了转包、互换、出租、信托、入股、反租倒包等等模式。到 2017 年 6 月，全国家庭承包经营耕地流转面积 4.97 亿亩，流转率 36.5%。其中出租和转包流转的耕地面积占比最大，占 82.5%，互换占 5.6%，股份合作流转占 4.8%。2018 年全国家庭承包耕地流转面积超过 5.3 亿亩，[①] 农户在流出的过程中获得的主要还是地租，表明耕地经营权流出方参与流出后经营收益分配的机会较少。近年来耕地经营权流转

---

① 国家统计局农村司：《农村经济持续发展 乡村振兴迈出大步》，《农业农村农民》（下半月）2019 年第 8 期。

模式也出现一些新的趋势。一是从原先以转包、出租等传统形式为主,向入股、合作经营等多种流转方式转变。二是从以本村村民间流转为主,向以专业生产合作社、外来资本企业流转为主转变。三是从不明确期限流转向明确期限流转转变。四是流转费用从以实物补偿为主,向以现金支付为主转变。五是流转的耕地从以传统农业种植为主体,向以政府指导下的规模化特色经营为主转变。六是从以农户自发流转为主,向以政府主导流转为主转变。[①] 下面分别讨论这些流转模式的特征和比较其优劣。

（一）转包

转包是指原承包户由于外出务工、经商或进城居住工作生活,不再从事农业生产,在承包期限到来之前,自己主动或长期抛荒而被集体将耕地的剩余承包期限内的承包权和经营权转让给其他人从事农业生产经营。那些已城市化、市民化或生产生活方式非农化的家庭,往往会采取此种方式,并通过转包过程免除义务和责任。由集体进行的转包,实际上已涉及承包权的重新发包。如湖北省荆门市高峰时多达10万余亩抛荒,集体面对税费压力,被迫将抛荒耕地转包给其他农户耕种。由农民个人进行的转包,往往是将耕地按一定条件转包给他人耕种,转入方享有承包合同规定的权利和必须履行的义务,甚至要向转出人提供一定数量的费用或实物报酬,但不改变原承包合同关系。一些承包户为了防止耕地因抛荒而被收回,甚至倒贴接手耕地者。自明确三权分置之后,转包概念所包括的一部分情况,实质上就是经营权的流转,因为并不涉及承包权变动。转包包括的由集体进行的重新发包实际上涉及承包权的变动,其与第一轮第二轮耕地调整不同的地方在于并非平均分配,相同的地方在于耕地的所有权不会发生变化。

而在取消农业税和禁止随意收回抛荒耕地承包权后,免费、倒贴等转包形式基本上不复存在。这种转包模式主要存在于2006年之前,2006年后基本上不再存在。更重要的是,转包是农业税费沉重时期特别是1990年代大量农民的选择。《农村土地承包法》第35条、国务院办公厅2004年《关于妥善解决当前农村土地承包纠纷的紧急通知》明确要求对欠交税费或抛荒农户不得收回承包地,集体不再收回承包权并将承包权期限再延长

---

① 张爱云:《妥善处理农村土地流转纠纷,推动农村经济社会发展》,《山东审判》2010年第1期。

30年，农业税废除和农业补贴的日益增多，保留承包权并流转经营权成为重要收入来源。在这种情况下，绝大多数以前将耕地转包出去的农民都要求收回承包权。一些实际耕作户对补偿不满意，而不愿意退回，还导致争抢耕地现象大量涌现，并引发大量纠纷、暴力与群体事件。例如，河北省邢台市90%农民上访事件属于此种事件。安徽省滁州市法院自2003年来受理案件中承包合同纠纷多达676件，凤阳县大溪镇转包的327亩耕地和代耕的1515亩耕地，目前都面临这样的问题。[1]

（二）互换

互换严格说来并不属于耕地经营权的流转。农户之所以要进行耕地经营权的互换，主要原因在于承包经营者的耕地空间分散，一些地块离家较远，并不利于耕作或连片经营；也可能是由于自己的耕地类型与使用用途不符而进行的互换；有的农户的承包耕地或自留地，正好在另一家人的房前屋后，而后者的牲畜家禽进入前者的承包耕地或自留地，损坏前者的庄稼。在这些情况下，农户之间为了方便彼此，往往会互换耕地。正如上文所言，这种经营权互换最先是承包户之间的自发行为，所以往往并不向集体汇报或备案，在大多数情况下都是口头商定，并无书面协议。但在互换的过程中，一般都会遵循产量基本相等原则，而不是耕地面积等额互换。很多地方事后在确权的过程中，集体往往会采纳双方的说法，进行承包权确权登记。只有极少数农民家庭可能因为在互换后，由于面积差异获得的补贴不同而要求换回自己原来的承包地，但在乡村这样的行事往往会被视为不符合逻辑和不可接受。

还有一种互换值得关注，那就是规模经营者已经流入了比较分散的耕地，为了连片经营而用流入的耕地与分布在自己流入耕地之间的插花地进行经营权的互换，而保持承包权和所有权不变。这个过程主要是发生在规模经营主体与一般承包户之间，但是基层干部也会参与协调过程。规模经营主体为了解决"插花地"问题，用自己的耕地或通过集体用集体的其他耕地来与插花地承包经营权所有者进行互换。规模经营主体与一般农户之间的互换，往往不会涉及承包权的互换，当规模经营主体退出经营后或流转经营期限到期后，原承包者可以要回自己的承包耕地，因为其位置或质

---

[1] 张泽涛：《农村耕地转包纠纷的实证分析与解决机制——以农业税减免征为主线》，《法学》2006年第5期。

量更好。从某种意义上看，互换是一件互惠性的行为，但也可能引发一些矛盾或纠纷、冲突，特别是互换耕地收益在互换之后发生重大改变时，可能引起一方或双方反悔。

（二）出租

出租模式主要是指耕地承包权人将经营权直接出租给他人，或通过其他个人或村集体间接地出租给他人，并收取租金的经营权流转模式。这是一种相对简单的流转模式。这种流转模式不改变村组集体与承包者之间的发包—承包关系，更不涉及耕地所有权的转移。原承包方履行承包合同规定的权利和义务，而租入方按约定向承包户支付一定数额的租金。

正如上文所言，地租有绝对地租和级差地租Ⅰ、Ⅱ之分。目前我国最普遍的经营权流转模式是出租模式，而其中又以只收取绝对地租或定额地租的经营权流转模式为主。原承包户收取定额租金，不能获得增值收益，更不能作为主体之一参与自己流出耕地的经营管理。就全国范围看，以定额租方式进行的经营权流转面积占到较大的比例。经济越不发达、劳动力外出越多的地方，以此种方式出租的比例越高。而经济越是发达的地方，由于定额租金相对较低，所以一般都不愿意采取此种方式流转，租金的计算方式和支付方式存在一定的变化，特别是更多地采取分成租，流出方可以获得一定的增值收益。无论是定额租还是分成租，大多数地方采取的是实物租，并以当期市场价格结算，以使出租者的租金收益不受通货膨胀的影响。

（四）股份制流转

耕地股份制流转模式是指耕地承包者在保持与集体签订的承包关系的同时，在自己的耕地经过确权、确定面积大小以及评估经济价值之后，折算成一定的股份加入股份公司，出让自己的耕地经营权，并获取股份收益和分红的流转模式。到2017年6月底，全国耕地经营权入股面积达到2419万亩，比2012年增加了47%，增加速度较快。目前存在多种经营权入股模式，包括农民以经营权直接入股公司、以经营权入股合作社、以经营权先入股合作社再入股公司、农民与公司成立新的股份公司、农民与公司共同入股合作社、农民与公司开展非法人形式的股份合作等六种模式。

其中主要模式之一是农户把经营权交由外来资本公司或企业来经营，承包户年终分红，但不参与任何生产与经营决策。这种流转方式使承包农民可能获得较高的流转收益，但如果公司经营不善，又可能会负连带责任甚至主要责任，因此面临的风险也较大。公司资本方或大股东甚至会借此转嫁风险给承包户，而凭借大股东的控制权享受收益。总体上看，这种股份制流转所产生的收益大部分被股份公司中的外来资本获得。这种股份公司由于是外来的，往往会将流入的耕地改造成飞地，因此并不能促进所在村经济社会的全面发展。这种股份制流转实际上类似于农民收取分成租的耕地经营权流转，却要承担一定的经营风险。当然有的公司也会建立风险防范机制，政府财政与公司企业、农民也会共同出资设立风险保障金，降低经营不善时农民面临的风险。

第二种股份制流转模式是承包户共同以耕地经营权入股，建立股份合作社，并共同建立合作社内部治理结构，推举合作社领导、管理与决策人员，共同生产与经营，进行民主管理，按贡献分配收益。这种股份合作流转模式，并不一定要集体的参与，可以纯粹是农户的联合，不过相对少见。在这种模式中农民的主体性更强，收益可能更多，相应风险也可能更大。贵州安顺市塘约村耕地股份合作社就是这种模式的典型。合作社包括负责人若干名，负责会议召集及日常事务。实行一股一票制，重大事项由股东大会或股东代表大会决定。股权可继承和社内转让，增设股权时要经股东大会或股东代表大会同意并有偿取得。股东以地入股、按股份分红、一股一票，但不允许退社。日常事务由股东大会或代表大会聘请或选举主任、副主任若干人承担，而不设董事会。这种模式只允许村内成员流入经营权进行规模经营，使流转处于制度结构之中，既是一种正式合约式流转，也是一种嵌入式流转，既受到正式制度的制约，也得到非正式网络的支持。因此，耕地的用途、利益的分配能够得到较好的监督。这种模式更适用于非农产业发达、劳动力大量转移到二、三产业，集体经济组织有一定资金和技术、经营管理水平，拥有高素质的干部队伍的地方。

第三种股份制流转模式是股份专业合作社。承包户将自己的耕地经营权作为股份，入股本地专业合作社。专业合作社统一生产、经营特定的农业产品。专业合作社可以招聘这些承包户的劳动力参与合作社的日常生产活动，因此农民可以获得工资，同时又可以获得股份红利。这种专业合作社的主要领导者、决策者更具市场意识和市场能力。这种流转模式既能发挥农村精英的能力、又能满足一般承包户占有更多经营收益的要求，还能让其参与生产经营，不失为一种重要的流转模式。例如，临武县邹家村以前主要是进行水稻与烤烟种植，年轻人大多外出务工，耕地闲置严重。2010 年在外办企业的邹小军回村创业，2011 年当选村支书后在全村推行股份合作模式流转。2012 年村民代表大会民主讨论决定以入股形式流转全村 330 亩耕地经营权流转给集体，成立临武舜意专业合作社。该合作社实行三统一模式，即统一流转，流转对象是户籍在村的农民和非农户口，每年按照出生、死亡、外嫁等情况调整股东的流转面积，确保人人公平、个个有地；统一生产经营，由合作社统一开发经营管理，合作社聘请本村 30 余个农民在合作社务工，发放报酬；统一利润分配，合作社以全村人口为基数，按各户人口数量划分到户，并发放《股权证》，实行同股同利、风险共担。在合作社收益中，5% 用于扩大再生产，23% 作为集体股份公益金，用于村公益事业，72% 按股分红。① 不过，股份专业合作社经营过程往往只需少数人务工，解决农民就业有限。耕地集中到实际规模经营者手中，实行统一经营管理，一般民众并无决策权。每个成员股份随着成员的增减而增减，从本质上说是确权不确地，耕地随时调整。这种做法与国家政策不一致，但也可保证耕地收益实际平均分配。相关精英与一般入股农户之间可能出现较大的收入分化。

（五）反租倒包

除了转包、互换、出租、股份制流转等较为基本的耕地经营权流转模式外，还存在各种基本流转模式的组合形式，其中之一就是反租倒包模式。反租倒包也是较早出现的一种流转模式，且在不断变化。其主要特征就是外来工商资本、本地大户、村两委、村集体或乡镇政府将已发包到户的农民承包耕地进行确权和颁证，然后再以农户自己耕种经营时的平均名义收益确定价格租回耕地，进行整治、改造或提升耕种条件，完善基础设施或水利设施后，再向外出租，并实现有规划的统一经营。倒包主要是指的经营权倒包，而非承包权再调整。反租倒包过程中流入耕地经营权的规模经营主体，包括原来从事承包地耕作的本组本村农户，是本土化的规模经营大户，特别是种地能手、家庭农场等经营大户。集体也可能介入该过程，也就是集体经济组织出面租回承包户的耕地经营权，集体通过整治以较高流转费转租给经营大户或外来工商资本，从而提高原承包者与集体的收益，而后经营大户或外来工商资本再进行其他经营活动组织安排。有些

---

① 刘胜轩：《临武县土地流转的"邹家模式"》，《湖南农业》2017 年第 4 期。

集体经济实力较弱，不是由村集体或基层政府出资建立整治公司，而是由私人工商资本企业来完成租用、整治，由后者建设水利交通等基础设施，再"倒包"给实际耕作者。这样承包户租金就比前者低一些，集体收益空间更小。而私人工商资本企业之所以把耕地再租出，主要是为了减少监督成本和提高投入产出收益。

反租倒包模式有其优点也有其缺点，特别是整治和成片流转可以提高流转价格，提高规模经营效益，但也增加了利益分配主体与环节。这要求经营耕地要有较为稳定的利润空间，才能满足多方利益需要。流出经营权的承包户必须要有稳定的非农收入，农业收入不再是其主要收入；即使出现流转费用损失，也不会给其生活带来太大的冲击。这种模式有时由于两委或乡镇的介入，存在对以农业为主要收入来源的农户进行强制性反租的情况，也就是强制剥夺其经营权的可能性，原因在于两委与乡镇干部存在的谋利驱动。特别是在乡镇政府干部介入流转时，更可能出现与民争利，无视承包户的决策权和选择权的情况。

（六）信托流转

耕地经营权的信托流转，是指村集体或承包户个体将耕地经营权作为信托财产，委托给信托公司进行经营管理，获得定期信托收益。信托流转的具体过程是，由耕地原承包户直接或委托村委会将耕地的经营权转入信托公司，或者是信托公司委托村委会引导和动员承包户直接或委托村委会将耕地的经营权转入信托公司，信托公司再将经营权转移到规模经营主体手中，当然也有可能是规模经营主体委托信托公司寻求耕地来源从而获得耕地的经营权。信托公司实际上处于中间的位置，而信托公司也会监督规模经营者的经营活动，并收取相应服务费。最后，由规模经营者向原承包户支付租金。

在很多地方，包括湖南益阳，都主要是政府出资成立信托公司，以推进耕地的流转。一些地方实行统一委托、统一流转。还存在金融机构为重要参与主体的信托流转。中信信托也从事耕地信托，一些村组织与其合作，将村民的耕地经营权集中信托给中信信托，中信信托委托农业企业集中种植，农民收取流转费或者租金。信托流转同样可以起到规模化经营和提高农业生产效率、促进农业现代化的目的，但是其以信任或信用为基础，收益前景不够明朗，具有较大的收益不确定性。一些地方为了保障承包者的租金收益，由信托机构保障租金给付，如果流入方不能按时足额支付，则由信托机构支付补足，也给信托机构借来较大资金压力。

（七）网络化流转

在一些地方，拥有耕地承包权的农民，集中自己的耕地组成合作社，再与电商合作，在网上出租特定耕地的经营权，合作社代为耕种、采摘、收割、打包，然后交由物流公司对农产品进行配送，最终送到经营权者手中。这是一种利用网络突破城乡空间分割的一种流转形式，特别是突破了空间的限制。其与订单农业稍有不同，就是市民直接参与了耕地流转，并且可以决定自己流入耕地种什么、如何种等，也就是说具有经营的决策权，可以通过视频来进行监督监控，只是不具体参与管理和生产劳动。这种以电商和合作社为双重平台的耕地经营权流转模式，把产供销、生产与市场有机整合与联系起来，通过电商对生产要素的聚合效应，可以筹集大量的可用资金，弥补传统农业资金的不足，同时又以合作社和电商的合作确保生产与产品的质量，能够生产出市场需要的产品，可以提高农产品的供给质量。这种模式在一些地方运行良好，实现了订单生产、绿色生产，解决了销售问题，促进了农业产品生产过程的控制，增加了农民收入，通过互联网提高了闲置和分散土地的利用率，也为推广先进生产技术创造了条件。因此，在网络化的社会中，其有可能成为耕地经营权流转的重要方式之一。例如，"聚土地""绿科秀"等网络平台，通过网络让市民在网上认购耕地经营权，私人订制农田作物种植，等到收获时再去认购产品。

值得注意的是，耕地也可"一女两嫁"。在不同时间特别是不同季节，同一块耕地有时会流转给不同的主体经营。例如，福建南平光泽县华桥乡光华渔业蔬菜专业合作社，采取"合作社＋耕地流转＋贫困户"的产业模式，利用耕地空闲期种植蔬菜，为贫困户创造劳动就业机会和增加土地流转收入。这种对于耕地经营权的时间细分，应该值得重视，因为其可以提高耕地利用率，同时改良土壤和增加地力，又能够满足不同利益群体的需要。

四　耕地经营权流转的主要类型

（一）分散流转与集中流转

从流转的途径或方式看，耕地经营权存在分散流转与集中流转之分。分散流转主要是指在维持集体所有权与农民承包权不变的情况下，承包户每家每户分散地与承包户、本村规模经营户、外来资本企业、集体经济组织或合作社进行流转。2011 年分散流转占 90%，口头合约占比达到 37.76%，①而 2014 年这种分散流转的比例下降到 60% 左右，集中流转的比例在增加；但从面积上看，分散流转的耕地面积仍在持续较快增长，占流转总面积的比重也有所提高。②分散流转每一次流转的耕地面积可能都较少。这种流转也可能凭借网络平台发布或搜寻流转信息，然后双方再进行线下合同签订。

分散流转有其优势也有其劣势。其优势在于，承包户更可能直接与对方建立流转关系，因此可以自主进行流转决策，更可能自己确定是否保有承包耕地中的肥地而流出劣地，也可以自己确定流转期限、价格、对象等等，从而避免村两委集体或乡镇政府的强制介入。其劣势在于，单个家庭的信息搜寻能力有限，价格谈判和定价权力较弱，流转后的事后合约履行监督能力较弱；而流入方如果采取分散流转，就必然涉及众多交易对象，时间成本、搜寻成本以及流出方违约导致的交易费用较高，流转费的支付也比较麻烦。质量好、交通和水利条件好的耕地，往往先自发地、分散地由亲属邻居和本村种田能手流入耕作经营。

集中流转则是在维持集体所有权与农民承包权不变的情况下，由村集体、政府部门成立的耕地整治公司、私人资本整治公司等，成批量同时流转村组数家甚至所有承包家庭耕地的经营权。这种集中流转随着规模化经营话语成为共识而日益常见。集中流转的优点，在于可以实现批量流转，减少交易费用，通过整理可以实现集中连片经营；由于有集体或公司的参与，从理论上看可以增强承包户的谈判能力，提高流转费用，也可以通过组织的力量加强耕地流转后非农化问题监督。集中流转往往也是合约化流转，产权相对明晰，可以减少自发流转的纠纷。但是，集中流转对个体承包户而言，也存在一些缺点，那就是可能失去自主流转的选择性，更难以按需终止流转关系，还可能出现强制流转并引发矛盾冲突。

（二）嵌入性流转、市场化流转与行政化流转

从另一个角度看，耕地经营权流转还存在嵌入性流转，市场化流转与

---

① 罗必良、刘茜：《农地流转纠纷：基于合约视角的分析》，《广东社会科学》2013 年第 1 期。
② 农业部：《2014 年农村家庭承包耕地流转情况》，《农村经营管理》2015 年第 6 期。

行政化流转之分。所谓嵌入性流转，是指借助特定的社会关系网络而展开的流转，其流出主体主要是农民，也就是说这种流转主要发生在农民之间。一些外来工商资本也会借助关系网络进行流转。其间涉及的行为特征与我国乡土社会差序格局传统相符。[1] 这种流转在很多情况下都是自发的、非合同化的流转，流转双方自由协商，以口头协议为主，租金较低，甚至没有租金。特别是耕地流转价格一般存在空间差异，在同一地区，流转对象不同，流转价格也可能不同，存在差序格局，所以耕地经营权的流转价格并没有遵循市场机制。这种流转不遵循任何程序、不履行必要的手续，双方的权利与义务也无正式说明。即使签订流转合同，也无完整内容，无公证，无备案。但是，这种没有签订书面合同的流转，其实仍然是一种合约形式，即关系合约形式，仍然具有一定的效力，而且在流转期限、流转费用多少、偿付时间等等方面具有一定的人情味、灵活性与互惠性。嵌入性流转由于以社会关系网络为基础，可以得到信任、合作、互惠的社会资本支持，同时也能得到地方小规模社会网络的内部治理机制的支持。与正式合同相比较，社会网络发挥的作用同样重要，因此不能一概否定。嵌入性流转主要发生在亲友、邻居等熟人之间，熟人社会中人情关系构成了耕地流转的重要规则。在熟人社会中，农户之间信息高度对称，选择口头合约进行流转的交易费用几乎为零。所以，嵌入性流转实际上为农民所偏好。还有学者指出，文化传统、法治的效果低也影响到农民更可能选择嵌入性流转，特别是书面合同流转发生纠纷，司法手段维权成本高，司法不公正和效率低下时，农民更可能选择嵌入性流转。更重要的是，在这种非正式合约流转方式下，流出方更可能选择那些其个人关系网络中地位、声望、名誉、资源更多、也更值得信任的人，即使租金更低也可能仍然选择后者，从而有利于后者实现规模化经营，有利于农业农村的稳定发展。相反，有些地方强行推广书面正式合约流转方式，削弱了农户的选择和处置权，增加了流转的交易费用。在2013年左右，全国74.77%的流转都在亲友邻居之间进行，我国耕地流转表现出强烈的"关系型"或嵌入性。[2]

---

[1] 贾琳、夏英：《我国种粮农户耕地流转的基本特点及政策启示》，《中国农业资源与区划》2017年第4期。

[2] 罗必良、刘茜：《农地流转纠纷：基于合约视角的分析》，《广东社会科学》2013年第1期。

市场化流转则是通过市场中介进行流转。这些中介包括地耕地流转服务中心、土地市场、耕地流转网络平台等。流转双方通过市场来获取信息，并向中介支付一定的信息费用。各种实体中介和网络平台的流出与流入广告，是流转双方的主要信息来源。双方在市场中随机选择交易对象，然后根据耕地状况与供需状况确定价格。市场化的流转往往是一种正式合同化流转。随着流转的展开和空间范围的扩大，以正式书面合同方式进行的耕地流转比例在逐渐上升。2005 年其比重仅占 14%，2011 年上升至 32.76%，2014 年底上升到 66.7%。合同化流转率前 8 位的省份，依次是上海（100.0%）、宁夏（88.2%）、青海（86.0%）、黑龙江（81.3%）、北京（77.1%）、浙江（76.8%）、江苏（75.5%）、重庆（72.7%）。[①] 不过，有的市场化流转合同并不完善，很多合同对于流转费用的约定，都相当于定额租而非分成租、合约期限不合理并不利于流出方。[②] 另外，由于市场中的流入方很多都来自村外，与村庄承包户不存在社会关系，缺少信任，所以耕地流转费可能更高；这些外来企业在流入耕地之后，可能作为一种"飞地"而存在，孤悬于村落之上，不能与所在村组或社区建立社会网络，生产经营过程也可能存在一些障碍。

行政化流转是指以村两委、村庄集体甚至政府作为主导，以行政命令的方式推动耕地的流转。这种类型的流转，合同只不过是行政化组织推动流转的一种工具，其间并不存在严格的契约精神，甚至也不会签订流转合同。2004 年山东省由各级政府出面流转的耕地面积占流转总面积的 40%，湖北省由乡政府和两委组织出面流转的比例占 46%，江西省由乡镇政府出面流转的耕地面积占 12.1%，海南省由村集体出面流转的占 56%。2008 年河北省和河南省的这一比例约为 45%。[③] 根据今天的耕地流转情况看，这种行政化流转的比例在上升。一些两委或乡镇政府职能与行为异化，采取强制的方式流转，从而剥夺了农民流转自主权，甚至出现集体或公司采取强制手段低价流入高价流出，从中获取不当得利，有的集体甚至扣发、克扣、挪用耕地流转费用。例如，万安县实行耕地撂荒行政首长负责制和

---

① 农业部：《2014 年农村家庭承包耕地流转情况》，《农村经营管理》2015 年第 6 期。
② 王岩：《差序治理与农地流转合约方式选择——基于赣、辽两省 1628 户农户的问卷调查》，《西部论坛》2017 年第 1 期。
③ 张正河：《农民工准城市化背景下耕地流转困境研究》，《学术研究》2009 年第 10 期。

零目标制,将撂荒耕地恢复生产纳入全年粮食生产目标重要考核内容,采取行政奖惩手段推动基层政府进行土地整治与重新发包复耕。这有利于促进耕地的利用,但必然导致行政化的强制流转。也正如上文所言,有很多地区为了推动耕地流转,给予基层政府与流转亩数相挂钩的奖励,有的一亩奖励达35元之多。

关于耕地经营权的流转,还可以进行其他的划分,比如自主流转与强制流转、村组内流转与村组间流转等等。自主流转与强制流转都是相对的,而强制流转也可能采取市场化的形式。政府的间接鼓励或推动,不同于强制流转。村组内流转往往是自发性的流转,具有一定的封闭性。相关调查发现,2015年前后,耕地转出给本村亲戚和本村其他村民的户数占比和面积占比都超过一半,分别为52.18%与57.3%,转给本村亲戚的面积占比为21.41%。农户转出空间范围很大程度上局限在本村内,包括本村亲戚、邻居和非亲戚。但从总体上看,村组内流转比例在下降,2005年87.60%,2011年降至41.72%,而流转给外村农户或企业已达50.86%。2015年转出给本村村民的面积占转出总面积的35.89%。[①] 村组间流转主要是发生在不同村组之间,甚至存在乡、县、省之间耕地经营权流转。特别是村际和乡际的互换,可以改变耕地分散情况,形成连片经营,提高效率。很多农户可能把自己的耕地流转给规模化经营主体,而后者可能是跨村组经营,也就是说可能存在同时流入不同村组的耕地,并把他们整合起来集中经营,从而使耕地的经营、管理、用途的监督等超越本村组的范围。而同一宗耕地流转,可能同时属于自发性的、市场化的村组间的流转。这样的划分,以其主要特征为标志,而现实生活往往是复杂的,一宗流转到底属于何种类型,往往是一个经验性的问题。

总体上看,嵌入弱关系的、同时市场化和正式合同化并得到政府支持和调节、司法保护的流转模式,是最为理想的流转模式。嵌入弱关系流转与嵌入强关系流转相比有其优势,特别是信息更加开放和丰富,适用的范围也更广泛,可以给流转者更多的交易对象选择,基于弱关系的社会资本,其信任更具条件性、合作更具效率、互惠更具深度性。但是,弱关系网络治理机制的惩罚效力较弱,因此需要正式司法体系的支持,弱关系网

[①] 谢玲红、吕开宇:《我国农村耕地流转基本特点、区域差异及政策优化——基于8省农户调查数据》,《农村经济》2016年第7期。

络治理规则最终需要法规等正式制度的保障。政府、市场与社会相结合，更有利于耕地的有序流转，实现流转相关各方的正和博弈。

五 耕地经营权流转主体

(一) 流出主体

关于参与耕地经营权流出的相关主体，人们存在不同的看法，特别是对村集体是否可以作为流出主体存在争论。从理论上看，承包家庭拥有承包经营权，而经营权是从承包经营权中分离出来的，所以承包户应是流出的主体。但是从现实情况看，实际参与耕地经营权流出主体也可能是村委和村集体甚至基层政府部门。还有一些流转中介组织和公司流入耕地后进行整治后再流出，那么也可以视为二次流出主体。

家庭承包户显然是耕地经营权流出的主体之一。2014 年全国土地承包经营权证发放 2.05 亿份，涉及 13.2 亿亩耕地，有 0.66 亿户流转了耕地。农业从业人员 2.17 亿人，农民工 2.8 亿人，其中外出农民工 1.7 亿人，本地农民工 1.1237 亿人。离农外出务工者的承包耕地流转率平均达到 66.76%，且耕地流转年限较长，流转年限 2 年以上的比例达 64.29%。2015 年全国农村总人口为 5.89 亿，与集体签订承包合同的家庭为 2.21 亿户。2017 年有 7070 万个家庭即占农村 31.2% 的家庭都流出了自己的耕地。文化程度越高、年龄越低、从事行业越稳定、经济收入越高的农民工，就越有可能将承包耕地流转出去。[①] 而教育程度、养老保险状况、非农收入比重、信贷获得、非农纯收入、地块大小与集中度、所需固定投入、地形、培训等因素，都会对其流转决策产生影响。[②] 其中初中文化程度者流出土地的比例最大。从总体上看，目前不出不进的家庭仍占有很大比例，只出不进的次之，只进不出者再次之，又进又出者极少。

村委或者集体经济主体也可能是耕地经营权流出的主体，因为一些村除了承包地外，还留有部分耕地，或者掌握了一部分自愿放弃承包权者的耕地，而这些耕地不再调整和分配给村里无地之人。对于这部分耕地，村庄集体往往是成规模流转给各类经营主体。村庄集体作为流出主体，流出

---

① 陈美球、吕添贵、许莉、赵宝苹、李鹏：《外出打工对耕地流转影响的实证分析》，《江西农业大学学报》（社会科学版）2011 年第 3 期。

② 李庆海、李锐、王兆华：《农户土地租赁行为及其福利效果》，《经济学》2011 年第 1 期。

的是耕地的经营权，而非承包权。其承包权必须在每轮大调整时发包给无地村民特别是村里新增人口中的无地村民，其流出经营权收益也应由全体成员共有。

（二）流入主体

耕地经营权的流入主体相对而言类型更多，主要包括家庭农场、农业大户、合作社、村集体、外来工商资本农业企业等。实际上，家庭农场与农业大户很难区分，而村集体流入耕地实际上也是合作社或农业企业经营。所以本研究主要考察家庭农场、合作社和农业企业三种流入主体。到2016年底，全国有2.0743亿农业经营户，398万规模农业经营户，占所有农业经营者的1.9%，新型农业经营主体280万个。到2017年底家庭农场达到44.5万家，占流入耕地总量的31.2%；专业合作社占规模农业经营户总数的10.4%，占流入耕地总量的22.7%；从事农业生产经营的工商资本企业占规模农业经营户的57.5%，占流入耕地总量的9.8%。[①] 另有统计显示，2016年流入家庭农场的面积占79.65%，比2015年73.52%和2014年67.92%分别提高6.13%和11.73%。粮食类家庭农场经营耕地流转面积占87%，比2015年的82.26%和2014年的77.50%分别提高4.74%和9.5%。2014年，流入农民专业合作社的占21.9%，比2013年上升1.5%，其中以入股形式流入合作社的比重占18.1%；流入合作社面积占流转总面积比重较大的省份依次是青海40.8%、黑龙江32.5%、上海30.3%、江苏29.7%、贵州27.9%、安徽26.8%。流入农民专业合作社的比重，在持续提升。[②]

1. 家庭农场

一些农村家庭也是流入主体，他们流入耕地以扩大经营规模，建设家庭农场。这些家庭农场中，又存在种粮大户、经济作物家庭规模经营者之分。目前，我国家庭农场具有如下六大特征。

一是以家庭成员为主要劳动力。家庭农场不会大量雇用工人，即使雇用工人也大多是临时的、少量的雇用，长工极少。平均劳动力为6人左右，家庭成员4.1人左右，而平均雇用长工仅1.9人左右。

二是自主经营管理。就实际情况看，家庭农场基本上是依靠自己家庭

---

① 国家统计局：《第三次全国农业普查主要数据公报》（第一号），《农经》2018年第2期。
② 农业部：《2014年农村家庭承包耕地流转情况》，《农村经营管理》2015年第6期。

成员进行经营管理，很少外请职业经理人，经营决策、生产管理、产品销售以及成本核算都是依靠自己家庭成员，或者可以得到相关联营的集体的帮助，以及获得专业化服务组织的协助。

三是主要从事农业生产经营，并以农业为主要收入来源。家庭农场不同于农家乐，后者主要是休闲娱乐与旅游。家庭农场的经营内容以种植业为主，据2016年农业部的相关调查显示，家庭农场中从事种养业的占98.2%，其中60.8%从事种植业，其中又有65.8%种粮。

四是规模经营适度。家庭农场不再是碎片化、小规模的经营，但面积相对适度。如果规模过大，则有可能演变成家庭所有而企业化经营的规模经营主体，并且要雇用更多的工人，而不再是家庭农场。家庭农场经营规模适度的标准，因各省区人均耕地面积、地理地形气候、家庭成员规模、家庭经营能力、技术装备水平、制度环境文化观念、务农与务工的收益比较、城镇化与非农就业水平、生产经营社会化服务体系等不同而不同。例如，耕地面积多而人口相对少的省区、平原地区、劳动力转移多的地区，家庭农场的规模可能相对大一些。2013年，平原种粮家庭农场大多在300亩以下，种菜大多在30亩以下，家庭农场平均175亩，是承包户平均经营耕地面积的27倍。50—200亩的种粮家庭农场占63%，1000亩以上者很少，占2.5%。50亩以下家庭农场48.42万，占家庭农场的55.2%，15亩以下18.98万，占21.6%。2015年家庭农场平均经营规模为374亩，2016年为357亩。2015年种植业家庭农场平均经营规模为429亩，2016年为385亩。2015年粮食类家庭农场的平均经营规模为471亩，2016年为421亩。2015年劳均经营面积为77亩，2016年为94亩。可见，家庭农场的平均经营规模存在动态变化，也是一个动态调适的过程。

五是生产经营更具现代化、生态化、科学化倾向。在2016年，41.63%的家庭农场亩均化肥施用量低于周边农户，79.05%的家庭农场利用粪便发酵做有机肥、饲料和沼气，或者运输到附近加工厂进行资源化、综合循环利用和无害化处理，67.89%的种粮家庭农场秸秆机械化还田。78.34%的家庭农场对农膜进行回收处理，在使用农膜的粮食类农场中，79.74%的家庭农场进行了农膜回收处理。平均每户家庭农场自有农机具价值为22.13万元，86.99%拥有拖拉机，有51.35%拥有联合收割机，有35.2%拥有插秧机，有9.26%拥有烘干机。有仓库的农场占78.22%，拥有晒场的家庭农场占72.35%。家庭农场也更具现代经营和金融观念，获得贷款的家庭农场的比例为6.5%,贷款总额为45.6亿元,平均每个家庭农场的贷款为15.7万元。

六是经营效益较好。每户家庭农场平均纯收入2014年为18.65万元,2015年为25.07万元,2016年为17.15万元。2016年粮食类家庭农场的平均纯收入为12.60万元,10万元以下者占35%,10—50万元占14%,100万以上占6.5%。亩均纯收入为442元。50—100亩中等规模家庭农场农业生产效益较高。加入农民合作社者占36.97%,66.05%获得补贴,平均获得补贴金额4.87万元。另外,2016年家庭农场耕地流转租金平均485.87元/亩,粮食类耕地流转租金平均517.98元/亩。这也给原承包户带来了较稳定的收益。①

不过,一些经营主体以"家庭农场"为名,实际上不具有家庭农场的主要特征。其中一些属于政府"生造",规模过大,完全超越户主经营生产能力,进而造成依赖政府补贴才能生存。如某地政府为了打造亮点而强行形成的"家庭农场",面积达430亩,实际上却没有开展生产经营。② 还有一些经营规模完全超出自己耕种能力,长期雇用大批工人,严格说来不是家庭农场。一些假冒的家庭农场,其真实目的是圈地和套取补贴,或又把耕地出租给他人而成为"三地主",目的在于截留补贴和获取流转费差额。一些工商资本通过干部代理人也建设所谓"家庭农场",甚至公司、家庭农场和合作社等多块牌子随时转换,骗取多种补贴。

2. 农民合作社

2016年全国共有农民合作社179.4万家。③ 因为合作的内容、程度等不同而存在不同的合作社类型,比如联耕联种合作社、股份合作社、农机合作社等。其中涉及经营权流转的包括联耕联营合作社、股份合作社等。而农机合作社并不一定涉及耕地的流转。

其一是联耕联种合作社。联耕联种合作社模式以农户自愿为前提,由村集体统一组织,划定耕地界限和确定面积后,挖除田埂进行平整,实行

---

① 农业部农村经济体制与经营管理司、中国社会科学院农村发展研究所编著:《中国家庭农场发展报告(2017)》,中国社会科学出版社2017年版,第40—55页。

② 农业部农村经济研究中心:《中国农村研究报告》,中国财政经济出版社2016年版,第459—467页。

③ 张红宇、刘涛、杨春悦、罗鹏:《农民合作社:从量变到质变——四川省农民合作社的调研思考》,《中国农民合作社》2017年第3期。

统一耕种。联耕联种合作社又包括多种形式。（1）联耕分管，即在农户自愿的基础上，由村集体或组织者负责将田埂平整，实现土地连片，农户协商确定统一种植内容，再请专业大户或合作社统一耕地、播种，但水肥管理、病虫害防治及后续收割等环节仍由农户自行负责。（2）联耕联管，即在联耕基础上，由专业大户或合作社扩大服务范围，帮助农户管理农田，但经营权仍在农户手中。（3）联耕联营，即整个耕作管理和经营环节都实现统一，成本由所有农户均摊，收益均分。① 这些合作社中的农民承包家庭所拥有的耕地经营权尽管在自己的手中，但已经无法具体到哪一地块，在一定程度上模糊或让渡了经营权。

其二是经营权股份合作社。其是由承包户共同以经营权作为股份组建规模化经营的合作社，或者是承包户以经营权为股份，社会资本所有者以资本投资为股份，甚至专业服务者以机器、技术等专业技能、经营管理者以经营管理能力为股份共同组成的合作社。这种股份合作社不仅产生了经营权的流转和集中规模化，而且往往具有公司化、企业化的内部治理结构，包括决策机构、市场部门、生产部门，有专门化、机械化的播种、施肥、收割、销售等工序，统一整地、购买生产资料、统一耕种、统一田间管理、统一收获、统一销售。但与一般的农业企业或工商企业不同的地方在于，各股东之间存在平等的关系，内部实行民主决策，销售收入扣除生产成本外，按股分红。

合作社可以把分散的农民家庭组织起来，实现规模化经营；可以共同应对市场挑战，减少信息成本，增强谈判能力。如农超对接就是合作社直接为超市供应产品，有利于打破中间商价格同盟、操纵价格和垄断控制，加强生产与销售的直接对接，降低农产品市场销售价格，增加农民的收益。合作社形成的集体力量还可以促进机械化、科技化、信息化等。合作社涉及的利益分割主体较少，能够确保收益更多地归农民自身所有。有学者认为，合作社具有社会企业的性质。合作社不仅能增强农民面对市场、资本和政府时的话语权，而且可以改善村庄公共品的供给，扭转村庄原子化、空心化和日益衰败的趋势，重建乡村社会结构和生活意义。合作社模式与农民利益联系更紧密，可以引领农民调整种植结构、提高产品质量、

---

① 赵晓峰、赵祥云：《农地规模经营与农村社会阶层结构重塑——兼论新型农业经营主体培育的社会学命题》，《中国农村观察》2016年第6期。

促进三产融合、延长产业链。如果这种合作社允许农产品加工企业、事业单位或社会团体加入，就形成了一种公司＋合作社＋农户的模式。①

但是，一些所谓的合作社特别是公司加农户的合作社，实际上并不是以农民承包户为主体。在公司与农户之间存在不平等的剥削关系，因为公司控制了农户的供销环节，利润大部分为公司占有。② 很多合作社徒有其名，完全由大户、龙头企业、村委会、能人、农业科技协会和农业科技部门主导，攫取政府优惠政策和补贴，大农吃小农。工商资本控制销售、加工，政府部门通过提供有偿服务谋取利益，政府资本变成官僚资本甚至私人资本。大户领办的合作社，大户为自身利益而扭曲合作社民主治理机制，使之成个人合作社，承包户被边缘化。这类虚假的合作社，没有实现"以强带弱"和"以大带小"，未能使一般农户受益。③ 一些新型农民专业合作经济组织出现了内卷化的现象，在合作经济组织制度化的过程中，农业产业经营的组织化程度和农户的组织化程度没有出现预期的由低级到高级变革过程，小农户经济的性质没有实质性改变，没有出现农业现代化的革新和演变。④

3. 村庄外来工商资本农业经营主体

在所有流入主体中，村庄外来资本所有者即工商资本企业占有较大的比例。近年来，农业外来投资正在快速增长，2017年其所流入的耕地占总流转耕地的9.8%。随着乡村振兴战略的实施，资本下乡数量日益增多，直接流入耕地经营权者也在增多，由其经营的设施农业和休闲农业日益发达。外来工商资本投资于农业，流入大量耕地经营权建成的、与农业相关的农业企业。这种农业企业的特征就是：规模经营的资本往往不是来自农村内部，而是来自于外部；流入的耕地面积规模更巨大；租地时间更长；生产经营采取的是企业化、职业化的管理与经营模式，完全具有现代企业治理结构，聘请职业经理人和雇用一定数量的农业工人，不是利用家庭成员关系来减少管理与监督成本；强调产业链和产销一条龙；为了追求效率

---

① 黄宗智：《小农户与大商业资本的不平等交易：中国现代农业的特色》，《开放时代》2013年第3期。
② 于海琳：《基于双重治理结构的农业合作社发展研究》，《理论探讨》2015年第4期。
③ 孟飞：《农村大户领办合作社：生成、影响及其规制》，《农业经济问题》2016年第9期。
④ 樊红敏：《新型农民专业合作经济组织内卷化及其制度逻辑——基于对河南省A县和B市的调查》，《中国农村观察》2011年第6期。

而往往选择非农化经营。①

这种公司化的外来工商资本农业企业、雇工经营的私营农场,是目前最主要的经营权流入主体之一,全国共有 10 万多家。网易、腾讯、京东以及各大房地产公司、工商企业等都在积极流入耕地进行大规模的农业生产经营活动。甚至从事电子计算机组装和销售的联想等公司,都在把资金向农村转移,流入耕地经营高附加值经济作物、从事农产品供应链控制或现代农业规模化生产。从 2013 年开始,联想投资 10 多亿元用于农业,控股水果领域的"佳沃鑫荣懋集团"、饮品领域的"丰联集团",成立"佳沃葡萄酒""龙冠茶叶"等公司,参与互联网云农场,在主粮领域与黑龙江北大荒集团成立合资公司。联想自身在国内直接流入了 3 万多亩土地,在中高端全品类鲜果,如猕猴桃、蓝莓、榴莲等品类拥有行业领导地位,形成了高度工业化、标准化、生态化、智能化的高附加值的现代农业生产体系。② 联想佳沃公司拥有多个自建基地,位于四川蒲江的自建猕猴桃基地,直接流入的耕地面积达 1 万亩,分成 4 大片区,采取片区经理、片区主管、技术员、承包户四级管理体系。共有四个片区经理,每个管理 2000—3000 亩,职责是制定发展规划、下达种植生产任务、实施技术标准方案、审核片区生产费用和资金预算。每个片区经理下设 2—3 个主管,每人又管理 1000 亩,职责是制定生产工作计划和资金物资需求计划,指挥、监督、协调、落实自己管理区域工作任务、控制生产成本。每个主管下设 5 个技术员,每人负责 200 亩,职责是培训指导承包户的田间生产、操作技术,提供技术支持,监督作物生产经营加工技术。每个承包户具体经营 20—30 亩耕地,按技术要求具体完成栽种、除草、套袋、施肥、打药等日常田间管理劳作,获得除草、除虫、施肥、套袋、采果等按件所计的报酬,外加奖励(按树体长势、商品果量及比例计酬)。佳沃承担全部生产投入和经营风险,获得猕猴桃种植环节的收益和利润,农户赚取企业支付的工资,收入固定但相对较低。这种外来工商资本大规模经营主体,主要从事经济作物经营,生产诸如"褚橙""柳桃""潘苹果"等,很少从事种粮经营。

---

① 张路雄:《耕者有其田——中国耕地制度的现实与逻辑》,第 83 页。
② 参见佳沃鑫荣懋公司网站,http://www.joyvio.com/index.php?m=content&c=index&a=lists&catid=10。

企业化规模经营主体甚至包括外国资本介入中国耕地流转而形成的规模经营主体。早在 2000 年的大连，农业就已成为外资进入热点，外商投资的农业企业已有 1298 家，累计协议外资达 10.5 亿美元。尽管 2012 年《农村土地承包经营权登记试点工作规程（试行）》禁止境外企业、组织和个人租赁耕地，但实际上外资间接控制的耕地经营权越来越多。目前外资在国内的一些农产品生产供给方面已处于控制地位，外资逐渐涉及农业生产各大环节，参与流转呈现快速增长趋势。其不仅采用信托方式，也仍然可以用反租倒包、直接租入、入股以及拍卖拍入等方式流入耕地。例如，2013 年 12 月德国拜耳集团拜耳作物科学中国有限公司与中信信托有限责任公司合作，委托中信信托在安徽进行耕地流转和规模化经营，流入了安徽宿州埇桥区 5400 亩耕地，期限 12 年。除了德国拜耳外，还有杜邦、先正达、孟山都、利马格兰等公司已经深度进入中国进行农业专业化服务、种业生产经营。他们还直接进入中国一般农业生产环节，例如朝日啤酒等公司在山东莱阳流入 5000 余亩耕地进行温室大棚种养业，法国威望迪环球公司在重庆忠县流入 6 万余亩从事甜桔生产经营。沃尔玛为了实现农超直接对接，大量投资建立蔬菜种植基地。各地政府出于政绩等需要，竞相以优惠政策吸引外资投资农业，建立高科技农业园区，大面积租入耕地。由于外资力量相对雄厚，可以通过并购流入大量经营状况不佳的内资农业企业的耕地经营权，可以轻易成为国内各种涉农企业控股股东，但也可能通过先抬高流转价格形成垄断经营，然后提高产品售价，对粮食安全产生威胁，弱化国家对农业的控制权。目前外资准入资质要求较低，很多没有先进技术和中长期规划，一些外资通过幕后操纵代理人的方式来流入耕地和进行规模化经营。当外资流转耕地经营权时，应在用途、产权、收益分配方面进行有效限制，使其主要从规模化与科技创新、通过发挥补充作用获取利润。

（三）不同规模新型经营主体分布

农业新型规模经营主体在规模上存在差异。在 2013 年底，100 亩以上的规模经营主体 270 多万个，各类家庭农场 87.7 万个。2014 年，30 亩以下的规模经营主体为 2.55 亿个，占总农户数比重的 96.1%，比 2013 年下降 0.1 个百分点。经营规模 30 亩以上的经营者的数量呈小幅增长态势，经营规模 50 亩以上者的数量增加较快，达 341.4 万个，比 2013 年增加近 24 万个，增长 7.5%，占总农户数的 1.3%，比 2013 年提高 0.07 个百分点。

经营规模 50—100 亩、100—200 亩、200 亩以上者数量分别占 50 亩以上者数量的 69.0%、21.9%、9.1%。经营面积在 20 亩以上者共 1052 万个,比 2010 年 882 万个增长了 19%。关于湖北、山东和江苏 3 省 706 户的调查发现,转入农地的规模经营者平均转入农地 80.87 亩,参与有偿流转的比例已接近 85%。2016 年户均经营耕地面积为 21.64 亩,年流入耕地面积 50 亩以上的规模经营户超过 350 万个,总经营耕地面积超过 3.5 亿多亩。到 2017 年,经营规模在 50—100 亩者为 267.5 万,所经营的耕地面积占比为 66.5%;100—200 亩者 93.3 万户,所经营的耕地面积占比为 23.2%;200 亩以上者 41.3 万个,面积占比为 10.3%。

从平均占有耕地规模看,当前我国农业规模化经营发展迅速。规模经营主体的平均规模已超过日本,工商资本农业企业和农业合作社的规模已经极大。

六 耕地经营权流转用途

从上文可以看到,在耕地经营权流转过程中,我国耕地非粮化和非农化趋势较明显。2007 年,全国耕地面积为 18.3 亿,农户流转出的承包耕地中,种植粮食作物面积为 2.29 亿亩,占流转总面积的 56.8%,近六成。[①] 分省看,2007 年流出耕地用于种植粮食作物的比重较高的省份是:黑龙江 92.2%、内蒙古 73.5%、安徽 68.7%、吉林 68.3%、河南 65.6%、江西 59.6%。而在 2017 年,全国耕地面积为 20.23 亿,其中种粮食面积为 15.46 亿亩。2017 年流转耕地面积 5.12 亿亩,占承包耕地面积的 37%。2017 年流转耕地用于种粮的面积为 2.71 亿亩,占全国耕地流转面积的 56.5%。根据各省统计年鉴,目前可以查找到 2017 年一些省份流转后耕地用于种植粮食的比例,比如内蒙古比例为 70.1%,黑龙江为 52.1%,吉林为 68%,河南 65.8%,湖北为 67.6%,安徽为 66.5%,江西为 60.1%,辽宁为 61.3%,但北京仅 0.99% 的流转耕地用于种粮。可见,多年来耕地流转非粮化的比例都为三分之一到二分之一,非粮化现象一直十分严重。非粮化后的耕地,大多用于蔬菜、水果、药材、茶叶等经济作物以及各种动物饲料和水产品的生产,或者用于休闲观光等等。

具体分析起来,我们发现,流转规模越小的规模经营主体,其非粮化

---

① 农业部:《2014 年农村家庭承包耕地流转情况》,《农村经营管理》2015 年第 6 期。

第二章 耕地经营权流转的历程与现状

的动机就越是强烈。随着流转规模的扩大，耕地流转费的下降，流入主体的非粮化动机就越弱。如果流入方的劳动力越多，其越是愿意将流入耕地用于非粮化生产经营。而劳动力越少，越有可能引入机械作业，也越可能趋粮化。而机械作业在水果、蔬菜生产中的应用率要低于粮食作物生产。因此，促进农业的机械化，更能保证粮食安全。① 不过，在现实中我们看到，很多外来工商资本流入耕地的规模巨大，但其种粮的动机仍十分微弱，根本原因在于非粮化的比较利益或收益更大。

七 耕地经营权流转的成就

（一）缓解了耕地抛荒

耕地经营权流转的一个直接后果，就是减少了耕地抛荒。一些原本抛荒耕地得到复垦，缓解了劳动力转移后的耕地抛荒难题，在东部私营经济发达的地方基本消除了撂荒现象。在中部每年也减少近30%的耕地抛荒。特别是缓解了粮食主产区、交通便利区、质量好的耕地的抛荒问题。②

当然，经营权的流转并不可能完全解决抛荒问题，这主要体现在两个方面。一是边远地区的耕地抛荒现象缓解程度有限，二是流转后经营不善也可能导致再次抛荒，甚至导致原本没有抛荒的耕地也陷入抛荒状态。以前人们普遍认为耕地流转可以缓解耕地抛荒问题，但近年来不少地方出现耕地流转之后抛荒的现象。因为农业经营投入高而粮价低，盈利空间小，加之经营者经营经验与能力不足够，更多的是以套取国家补贴为目标，补贴到手就抛荒。所以真正有效的办法，还在于政府实施确保流转可持续的系列政策，加强管理和引导，而不是直接推动耕地经营权的流转。③

（二）增加了农民收入

耕地经营权流转使流出经营权的承包户收入多样化，而且增收显著。首先，可以获得流转费，流转租金收入相当于其自己经营自己流出前的承

---

① 罗必良、童仇伟：《中国农业种植结构调整："非粮化"抑或"趋粮化"》，《社会科学战线》2018年第2期。
② 柏先红：《农村耕地流转面临规范发展新机遇》，《调研世界》2014年第3期。
③ 罗拥华：《耕地流转之后抛荒的成因与治理策略》，《现代农业科技》2020年第13期。

包地的名义净收入。其次，承包户从耕地上解放出来，外出或就地务工获得务工收入。所以经营权流转可以直接或间接地增加一部分农民的收入。第三，如果以入股方式流转，还可以获得股份分红。第四，很多地方也将耕地经营权流转与精准扶贫结合起来，部分农民因此脱贫。耕地流出面积越大的农户，家庭总收入越高。郭斌等人综合家庭收入、社会保障、家庭支出、家庭关系、工作稳定性、恩格尔系数、人际关系、报酬公平性、闲暇时间、就业地点、劳动时间等多种因素，发现关中地区的耕地流转后，一般农民的感受效用度得到了提高。[1] 史常亮等人发现，就全国平均看，流出经营权的农户增收达19%，而流入农户增收达26%。因此，流转对于农民增收影响显著。[2] 根据CGSS（2015）的调查数据，农户平均总收入从2003年的15605元增长到2013年的34319元。2018年农民人均收入达到14600元。[3] 总之，耕地流转在总体上提高了一般农民的收入，使农民人均纯收入增加。

但从收入结构看，对于原承包户和流出户而言，耕地流转费收入特别是地租比重日益下降，而务工收入即工资性收入比重日益上升。2010年，平均每亩耕地流转租金为276元，2011年平均为275元。2014年发达地区平均耕地流转500元一亩，流转费用表现为东部高，平均408元一亩，中部为307元一亩，西部地租低，但东北最低，不发达地区只有200元一亩。由于人均耕地面积少，决定了地租和流转性收入总额相对较少。相比之下，工资性收入比重在2013年就达到52.02%。在农产品主销售区，2015—2017年一般农户工资性收入比重都达到60%，而经营性收入在20%左右。[4]

当然，相对于流出方而言，流入方收益更加明显。流入面积越大，平均收入也越高。三权分置和经营权流转在一定程度上拉开了规模经营者与一般承包户的收入差距。对此下文还将加以论述。

---

[1] 郭斌、孙夏：《农地经营权流转前后农户感受效用对比分析——以关中地区为例》，《江苏农业科学》2018年第12期。

[2] 史常亮、栾江、宋俊峰：《土地经营权流转、耕地配置与农民收入增长》，《南方经济》2017年第10期。

[3] 夏雯雯：《耕地流转对家庭收入的影响研究》，《林业经济》2015年第7期。

[4] 何蒲明：《农民收入结构变化对农民种粮积极性的影响——基于粮食主产区与主销区的对比分析》，《农业技术经济》2020年第1期。

（三）推动了农业的现代化

耕地经营权流转和规模化经营缓解了耕地细碎化，提高了耕作效率，特别是机械化促进了大规模作业。规模化经营使经营主体能够引入更先进的生物科技等技术，推动品种改良和减少病害。规模化经营者往往会改进水利基础设施，建设设施农业并实施更复杂的耕作制度，使耕地得到更充分利用。因此，规模化经营能够提高农业最核心的生产力。目前在规模化、专业化和社会化生产经营的基础上，农业机械化、网络化、信息化、智能化取得了长足的进展，一些规模经营主体甚至整个生产经营过程都在向智能化发展。

一些规模经营主体采取反租倒包模式，把企业管理与竞争性家庭经营有机结合起来，缓解了小规模经营困境又避免了团队生产困境，缓解了代理与监督、激励等问题，较为有效地克服了机会主义和搭便车现象，从而提高了内部经营管理效率，降低了管理成本、监督成本和交易成本，经营管理日益现代化。

规模化经营还使农业日益向产业集群化发展，农业生产、交换的各个环节日益专业化，生产、交换、信息、金融、技术等环节出现了专业化服务体系，具有各自核心资产或专用性资产的农业生产服务性企业，使农业生产力大大提高。据《中华人民共和国 2019 年国民经济和社会发展统计公报显示》，2019 年全国粮食种植面积比上年减少 97 万公顷，但粮食产量比上年增加 594 万吨，增产 0.9%。其中原因众多，但经营权流转和规模化经营使农业粮食生产力提高是其重要原因之一。

规模化经营者更愿意与市场需求密切联系，实行订单式生产，以满足市场对安全放心绿色食品的需求，城市民众对农业还存在体验式的消费需求，规模经营者更能及时响应这种需求。规模化经营者因此也能更自觉地抑制使用农药、化肥，以生产更安全放心的绿色食品来保持订单。规模化经营促进了农业产品结构调整，生产出更高质量的产品，使农业生产从重产量向产量质量同时提高的阶段转换。在改革开放前，农业生产普遍未使用良种，产品质量口感好但产量低；改革开放后，良种和化肥的使用提高了产量，但产品品质口感下降严重，同量农产品所含营养物质变低，如果计算生产和加工这些产品所使用的资源能源以及造成的生态污染破坏，似乎有点得不偿失。而规模化经营在一定程度上改变了这种状况，使农业生产向高产量和高质量发展。因此，农业规模化经营也使农业向真正的市场化方向迈进，为农业生产供给侧结构调整做出了贡献。

经营权流转和规模化经营还促进了农业内部产业结构升级。以往种植业在农业中所在比例过大，造成粮贱伤农，近年来种粮面积比重下降，而肉禽生鲜等的比重日益上升，农业内部产业结构日益合理化。

（四）促进了农村振兴和城乡融合

随着耕地经营权的流转和规模化经营的展开，农村普遍出现了全面而深刻的社会转型。随着经营权流转，集体经济力量得到增强，交通水利等公共产品供给状况改善，以前耕地荒废、产业空心化、村治停摆的现象得到很大改变，农村日益振兴，美丽乡村建设获得重大进展。

农民就业转移加速。三权分置解放了承包户劳动力，使之不必亲自参与经营而可从事其他工作，成为工业工人或商业服务人员或自主创业。自三权分置办法实施以来，从事农业生产经营的农民数量大幅降低。据第三次全国农业普查显示，2016年全国共有3.14亿农业生产经营人员。而《中华人民共和国2019年国民经济和社会发展统计公报》显示，2019年全国有5.5亿农村人口，其中农民工总量达2.9亿人。可见常年在农村生活者已经低于2.6亿，其中适龄劳动力总量更低。这表明农民存在明显的就业转移。与此同时，部分农民逐渐上升为新型农业经营主体，实现社会地位的向上流动。

城乡进一步融合发展。农民居住、消费与生活空间日益转移到中小城镇，乡村日益成为规模经营者及其工人的生产经营空间。农民普遍日益向乡镇或聚居点集中，农村城镇化速度加快。与之相应的是，农民的消费日益商品化、市场化。农村越来越远离乡土社会而逐渐走向"城乡社会"，一种处于乡土社会与城市社会之间的中间状态。有很多农民仍然在农村建房，但他们越来越多地在城镇购房，农村日益成为他们闲暇时回乡休闲之处。[1] 随着交通的发展、汽车在农村的日益普及，农民日常活动空间扩大，来回于城乡之间的次数越来越多，他们既生活在农村又生活在城市，越来越多的能够享有城镇医疗保障，横亘在他们之间的城乡二元对立结构日益消解。

---

[1] 匡远配、陆钰凤：《农地流转实现农业、农民和农村的同步转型了吗》，《农业经济问题》2016年第11期。

总而言之，耕地经营权的流转和规模化经营在较短的时间内就取得了十分显著的成就。这是我们必须充分肯定的。但是，为了使该过程能够更加完善、负面影响与后果影响最小化，有必要从另一个角度关注其中仍然存在的需要解决的问题，包括纠纷、矛盾、冲突、群体事件和各种风险，并积极寻找应对之策，促进耕地经营权流转和规模化经营可持续发展。

第三章

耕地经营权流转纠纷与矛盾冲突

在耕地经营权流转过程中，存在系列产权纠纷和利益分配纠纷。2015年耕地经营权流转纠纷率达到9.35%，全国大概为10%，也就是十家中有一家与他人发生过纠纷。在全国大致1656万件纠纷中，耕地经营权流转纠纷达到20%。[1] 其中一些演变为矛盾冲突甚至群体事件。本章首先讨论耕地经营权流转纠纷、冲突和矛盾，探讨其形式、类型等。然后探讨其中难以化解的纠纷积累下来所导致的群体事件。这些矛盾冲突与群体事件，是社会和个人风险的重要来源。同时，在我国特定背景下，耕地经营权流转和规模化经营过程本身内含经济社会文化和生态风险。这两类风险如果相互叠加形成恶性循环，最终可能导致系统性风险，因此必须确立适应耕地经营权流转的风险治理体系。

一 耕地确权纠纷

耕地经营权的流转必须从耕地确权开始。[2] 2008年党的十七届三中全会提出耕地确权登记颁证，完善承包经营权权能，以保障农民对承包地的占有使用和收益等权利。该决定已提出农民可以转包、出租、互换、转让、股份合作等形式流转土地承包经营权，发展多种形式的适度规模经营，但并没有将承包权与经营权分开。而农民与基层干部由于不理解确权的重要性，视其为劳民伤财或瞎折腾，甚至学术界一些人也对这种确权过

---

[1] 夏英、张瑞涛、曲颂：《基于大样本调研的农村土地承包经营纠纷化解对策》，《中州学刊》2018年第3期。

[2] 周其仁：《确权是土地流转的前提与基础》，《农村工作通讯》2009年第14期。

程表示质疑。① 贺雪峰认为耕地确权颁证存在内在逻辑冲突。若据《中华人民共和国农村土地承包法》，耕地承包经营权具有债权性质，若据《中华人民共和国物权法》则是权能不足的用益物权。债权与物权的区别是债权不具有所有权权能，而物权具有所有权权能。如果确定为物权，则有将耕地承包经营权私化的可能，导致进一步碎片化。② 其实，2013 年中央 1 号文件在提出要用 5 年时间完成农村土地承包经营权确权登记颁证工作时，要求的是二权同确，耕地所有权归集体、承包经营权归承包户，妥善解决农户承包地块面积不准、四至不清等问题，实质是要在促进规模化经营和生产率的同时，让承包户共享农业新增收益。此后，该项工作才真正在全国展开，2018 年基本完成，不过其中仍然存在一些遗留问题并影响后来的流转。

（一）确权使隐藏纠纷显性化

存在确权不确地和确权确地两种情况。前者依据承包制改革以来纸面记载的每个家庭既有耕地面积和等级，折算成份额并以此作为流转依据，对每个家庭的每块耕地的具体位置不再确定，更不确定其四至。后者确定具体位置、四至和质量等级，农民据此可以自己分散流转等。大多数地区实施的是后者，但也有少数属于前者。这两种方式都有其优劣，后者可能引发边界等纠纷但后续权益纠纷较少，前者免去了边界等纠纷但流转后基本上断绝了承包户收回耕地的退路，因此承包户可能不愿意流出。确权确地必须面临改革以来没有解决的纠纷和矛盾，一些村庄甚至根本就没有发放过承包经营权证，或在第一轮承包地调整时发证工作不细致，导致承包地面积不准、空间不明、四至不清，使确权没有依凭；一些村民出于个人私利考虑，也会乘机提出一些侵害邻里承包经营权的主张，从而导致纠纷。特别是确权涉及今后长期的流转收益，农民更加重视，所以更容易导致纠纷。

曲颂等人基于 2015 年 190 个村庄的数据，发现确权在明晰农地产权、赋予农民权能的同时，也显化了历史遗留问题，激发农民解决权属争议诉求，引发各种纠纷，40% 多的村庄都发生过权属纠纷。人均耕地资源越

---

① 李祖佩、管珊：《"被产权"：农地确权的实践逻辑及启示——基于某土地产权改革试点村的实证考察》，《南京农业大学学报》（社会科学版）2013 年第 1 期。

② 贺雪峰：《农地承包经营权确权的由来、逻辑与出路》，《思想战线》2015 年第 5 期。

多、户主平均年龄越高，发生纠纷的可能性越高，位于中西部地区的村庄纠纷发生概率显著高于东部，北方纠纷多于南方，北方占比达59.52%，南方为45%，西部为48.48%，东部为42.31%，中部为39.58%。西部农民对耕地依赖性大，所以更容易引发纠纷；但东部耕地确权之后带来的巨额经济利益，也使原承包户日益重视甚至"寸土必争"，纠纷增加。[1] 确权纠纷包括地账不符，承包地四至不清等纠纷。[2] 曾有一些乡镇干部认为确权如进入雷区，使人"胆战心惊"，稍有不慎就会引发大量原来积累下的隐性纠纷，导致矛盾集中暴发。[3]

（二）边界确认纠纷

边界纠纷包括户与户、组与组之间、队与队之间的耕地边界纠纷，整块耕地权属没有争论，但其边界到底该在哪里而存在纠纷，影响到某块耕地面积的大小。承包耕地边界纠纷十分常见，因自改革以来村民间耕地形成了十分复杂的边界分布。限于条件边界设置往往十分简易，只具象征性。一些农民存在小农意识和自私心理，可能私下移动界石和故意破坏界石等。农村劳动力外出务工耕地抛荒，耕地重要性暂时下降，耕地边界纠纷也被隐藏。确权涉及长期经济收益问题，农民对耕地的边界又重视起来，导致纠纷显性化。在确权前，一些承包户就将耕地经营权反租给发包方，发包方再将耕地流转给第三方，耕地经过多次流转后边界多已发生改变，了解情况者难寻，故难以确定并容易导致纠纷。

农民间边界纠纷案例很多，常会发生口角争执甚至肢体冲突，造成人身伤害，相关耕地无法正常经营，影响农村和谐稳定。2013年，一些地方由于耕地权属关系不清，导致确权工作陷入困境；河南省正阳县人民法院审结的433件刑事案件中，因责任田边界纠纷引起的故意伤害案件就有107件。[4] 村民之间时常为了方便而互换承包耕地，而互换耕地后又可能发生连片整合，消除了原有耕地边界。互换往往没有经集体备案，在重新确

---

[1] 曲颂、郭君平、夏英：《确权和调整化解了农地纠纷吗？——基于7省村级层面数据的实证分析》，《西北农林科技大学学报》（社会科学版）2018年第2期。

[2] 倪坤晓、谭淑豪：《农地确权纠纷的类型、特点和解决之策》，《农村经济》2017年第2期。

[3] 郭远明：《权属关系混乱，农村土地确权陷困境》，《经济参考报》2013年2月4日第5版。

[4] 胡霞：《责任田边界纠纷引起的伤害案高发应重视》，《公民与法》（审判版）2017年第3期。

权时又要求按照原来承包经营权证进行确权,于是也产生边界纠纷。其中一些纠纷通过调解仲裁诉讼而化解,但有些没有化解而存留下来。耕地边界纠纷所引起的人身财产损害往往较为严重,甚至会演化为刑事案件,不仅影响承包经营户的正常生活,甚至会影响到农业生产,对村庄治理和基层社会稳定带来冲击和挑战。

(三) 耕地面积测定纠纷

确权面积测定也会引发纠纷。其中包括简单确认面积而不考虑质量与面积间关系而导致的纠纷。承包制改革时以面积补质量,即对质量较差耕地多分面积以保证农民有相对一致的产出。每个家庭承包面积以产量确定而不是绝对的面积平均。在确权过程中往往以实际面积算,导致一些农户耕地面积比承包登记多而可能被集体收回,用于规模经营或换取城市用地指标,收益分配容易引起纠纷。确权过程中少数两委甚至基层政府干部为了争取更多用地指标,对实际面积少于证书面积的不予补足,对面积大于证书面积,则无偿收回,标准的不一使承包户被剥夺感极强,容易引发纠纷。实际面积少于承包权证登记面积的,补贴因此会被减少,也会导致不满。如果简单以面积大小折成股份入股,那么土地肥沃面积却较少者显然吃亏,容易引起纠纷。有的承包户投入较多改善了耕地水利条件,甚至将旱地变水田和差田变肥田,确权时却仍以原承包合同确权,也会损害其利益,导致纠纷和矛盾。在确权过程中,一些村民希望补足因各种原因减损的耕地面积,要求得不到满足也会引起纠纷。在公共设施交通水利建设中占用的耕地,确权前承包户并不重视而没有主动索取赔偿或调补耕地,现在确权如果不能补足减损,相关利益受损也会引发纠纷。

此外,还存在耕地附着物确权纠纷和新开荒地确权纠纷。在确权的过程中,有的地方只负责对耕地确权,对耕地上附着物包括果树、机井以及连带的水利设施或权利等不确权,从而导致一些纠纷。即使是对这些附着物进行确权,在价值的评估方面也可能存在不同标准与测算。例如,有些果树承包前就存在,机井也可能是集体统一打下的,但承包户的维持或维护投入各不相同,产出或效能也不同,一些地方确权时的价值评估没有注意到这种差别,从而导致一部分承包户不满意,进而产生纠纷。有些村民开荒扩充了耕地使土地权证面积小于实际耕种面积,确权时不给确认引起不满,产生与村组和工作组的纠纷矛盾。倪坤晓等人基于河北省某县的实地调研发现,有的农户在二轮承包后,私自开垦荒地扩大了耕种面积,但确权可能使这些农户失去这些新开垦耕地的耕种权，利益受损，从而产生纠纷。[①]

总之，确权纠纷具有复杂性、多样化、涉及主体多元的特征。边界纠纷往往大于面积纠纷。后一类纠纷，相对更难解决。一些地方在确权过程中，为了回避这些纠纷，采取确权不到地到边的做法，测量全村实际面积之后按人口平均折成股份，采用了"确权确股不确地"模式。一些地方政府采取能确则确、不能确则不确的做法。

二 经营权流转过程中的纠纷

（一）总体态势和特征

近年来经营权流转纠纷占整个社会纠纷的比例在日益上升。2008年，全国共审理4.8万件耕地经营权流转纠纷案件，2010年政府仲裁经营权流转纠纷案件为6.4万件，2013年增至7.43万件，年增8152件，增长率达12.32%，占比达到32.24%，而2014年的占比又达到40.06%，即5件土地纠纷中大约有两件是耕地流转纠纷。2016年，流转纠纷已近11万件。

耕地经营权流转纠纷主要发生在农户之间，2013年为5.6万件，占所有流转纠纷的74.77%，2014年比例上升到85.77%，2016年达8.38万件，占所有流转纠纷的77.6%。农户与村组集体之间的流转纠纷2012年为1万件，2016年达1.36万件。农户与新型规模经营主体间的流转纠纷2013年为7986件，2016年达1.1万件。2016年，59.4%的流转纠纷由村委调解，40.6%由乡镇政府调解，其中有一部分通过协商、调解、仲裁和判决而得到解决，但共有4.7万件纠纷没有得到化解而积淀下来。[②]

流转纠纷的特征主要包括以下几个方面。其一，从社会阶层分布看，其中大部分属于农民之间的纠纷，但纠纷也在多元化。其二，从空间分布看，土地纠纷是从东部向中西部蔓延。不过，仅就耕地而言，东部最先出现的流转纠纷是农民与工商资本之间的纠纷，但中西部地区最先出现的纠纷则是农民与农民之间的纠纷。从增长速度来看，特别是一些西部省区纠

[①] 倪坤晓、谭淑豪：《农地确权纠纷的类型、特点和解决之策——以河北省PX县为例》，《农村经济》2017年第2期。

[②] 汪青松：《土地承包经营权流转方式的制度效果分析》，《农业经济问题》2013年第7期。

纷增长非常快。新疆 2010 年为 882 件，2013 年就上升至 2053 件；贵州 2010 年为 1631 件，2013 年则达到 2054 件，增加 423 件，增长 25.94%。2017 年成都耕地经营权纠纷受案数达 535 件，是 2013 年的 8.23 倍，50 亩以上规模流转纠纷数量不断上升，近 80% 为经营权出租合同纠纷，受案数量出现"阶梯式增长"。第三，耕地经营权流转纠纷还具有季节性，特别是开春之际纠纷多等。第四，流转纠纷的发生具有一定的时延性。据统计，流转纠纷多发生在签约五到八年后，具有明显的延后性。[1] 同时，耕地流转纠纷跨越时间往往较长，经营权流转合同的年限往往较长，使得纠纷涉及的内容较为复杂，往往难以查清和准确认定。第五，在纠纷发生的过程中，还存在强势者参与纠纷的外显性与弱势者表达诉求的隐忍性之分。纠纷的参与者主要是强势的农村精英，真正弱势的村民较少介入或挑起纠纷。强势者更可能选择司法途径，而弱势村民更可能选择村干部来解决纠纷。强势精英参与的纠纷更难解决，弱势者利益受损可能处于失语状态，不断积累，并可能借特定群体事件而发泄不满。

（二）主要类型

耕地流转纠纷根据不同标准可划分为不同类型。从流转合同的角度可划分出多类合同纠纷。第一类是流转合同不规范而导致的纠纷。只有口头约定而没有书面约定，有书面约定但对流转用途期限和费用及其支付方式比例等没有明确约定、合同对种植内容约定不明、承包者不经集体同意就流转经营权、合同到期后复耕没有明确约定等等，都会导致纠纷。例如，村民刘某在 2007 年租赁了同村村民张某的 2.7 亩土地，当时未签订书面合同，口头约定租金每年 550 元/亩，租期到村委会集体调整土地时止。刘某每年都按时交付了租金。但是 2017 年 5 月，张某通知刘某要收回这块耕地另租给某蔬菜种植公司。刘某认为土地租赁期未到约定时间，不同意交还土地，为此发生纠纷。[2] 有的地方 40% 的流转合同存在流转标的不明、位置不明、面积模糊、流转期限不明，代签、委托手续不齐全等。

第二类是流转合同内容明确规范但没有严格遵守而导致的纠纷。流入

---

[1] 据各地法院信息整理得到。
[2] 佚名：《土地流转为啥要拒绝"口头协议"？看完这个案例你就明白了！》，土流网，https://www.tuliu.com/read-65387.html，2017 年 10 月 27 日。

方拖欠流转费、擅自改变耕地用途、对耕地进行破坏性使用，或者流出方副业对流入方造成干扰损害，或者前者偷盗抢收等，都会导致纠纷。例如，2008 年 A 与 B 所在生产小组签订流转协议，流转面积为 72 亩，流转期限为 10 年，流转用途为瓜果、蔬菜种植和水产养殖。2011 年 A 擅自在流转土地上盖起了别墅，改变了承包地的农用性质。B 及其他承包户要求 A 拆除建筑，恢复农用性质，A 拒绝拆除建筑物，导致纠纷。① 某规模经营主体从某村委流入耕地，因亏本而拖欠部分流转费，村委会告到法院，该规模经营主体被判决败诉并变卖家产交清了流转费，后来二者又因滞纳金多次发生纷争。连云港市 GM 镇 BL 村与外来投资商合同流转耕地用于发展林果业，但后者流入后用塘渣回填农田建设屠宰场厂房，受到村民强烈反对和拦阻而引发纠纷，事件长期处于无人过问状态。2015 年保定 DW 农产品公司三百亩梨园遭几百村民哄抢，十几万斤梨被哄抢一空。② 有的村民书面委托村委会流转耕地，村委会违背委托协议而将委托人耕地超期流转或改变用途流转，从而导致纠纷。

　　第三类是要求变更合同内容的纠纷。例如，江苏兴化 LZ 镇三个村 103 户村民分别与村委会签订了委托书，由村委会与某大闸蟹有限公司签订经营权流转合同，约定每亩租金 550 元。后来随着河蟹市场价格不断上涨，村民认为原来约定租金过低，合同不能继续履行。他们多次与村干部、大闸蟹有限公司协商无果。经过五次协商，才提高了流转价格。③

　　第四类是单方终止合同导致的纠纷，特别是毁约弃耕导致的纠纷十分值得关注。一些工商资本经营亏损违法"跑路"弃耕，或强制解除与农户签订的流转合同强行退还耕地而不给补偿或补偿很少。例如，2015 年河北邢台市的柏乡县、威县和邯郸市的成安县、邱县、磁县等地农村，就大量出现"毁约弃耕"现象，有的合同期限原本长达 5—10 年，但常常在经营一年之后就弃耕了。当然，也存在流出方毁约强耕的现象，强制终止流转合同强行收回耕地，或自己耕种或再流转给其他价高者，或参与其他形式的流转。例如，1999 年辽宁鞍山海城西柳某村在对耕地进行第二轮发包

---

　　① 方志权：《农村土地承包经营纠纷调解仲裁案例精选》，上海财经大学出版社 2012 年版，第 16 页。

　　② 林斐然、宋奇波：《保定三百亩梨园十几万斤梨遭哄抢 7 村民被行拘》，《新京报》2015 年 8 月 30 日第 A11 版。

　　③ 朱玉世：《让百户村民吃上定心丸》，《江苏法制报》2011 年 3 月 31 日。

时，大量村民放弃承包权外出打工，村委将无人续包的700亩耕地集中流转给科技示范户赵某，时间是10年。赵某流入耕地后进行大量投资，包括花30多万元购买农机等。但到2004年该村委会通知赵某要收回耕地，因为税费改革后村民又想自己耕种承包地。赵某不服向法院起诉，法院判决村委会败诉。但该村农民不予理会，径直按第一轮分配情况开始耕种700亩耕地。双方纠纷和冲突由此发生。2012年中央"两补一免"政策实行后，大量农民从务工地回村导致大量类似纠纷，汉寿县类似经营权流转纠纷每年在173起以上。一些农民已低价把经营权超长期流出，但看到农业税取消、种粮直补、农机补贴等优惠政策连续出台，种粮收益不断提高，于是希望终止合同或以新的方式流转，对方不愿意而又不给补偿，纠纷就此产生。外出农民工失业回乡、年老回乡，往往希望要回自己的经营权，引起大量纠纷。这些纠纷总结起来无外乎合同效力纠纷、变更合同内容纠纷、解除合同纠纷。[①] 其间存在情与理的纠缠，处理稍有不当就会引发矛盾冲突甚至群体事件。

从纠纷内容或标的来看，存在如下几种纠纷。其一，流转费或租金、收益分配纠纷。流入方不按时足额支付流转费甚至长期拖欠流转费、流出者基于通货膨胀要求提高流转费、原先约定流转租金过低要求提高流转费、股份制流转利益分配"不合理"，都可能引发流入流出者之间的纠纷。其二，耕地用途纠纷。在流转耕地上种植的作物不同，对耕地肥力影响不同，其收益也不同，流转费也应不同。流入方私下改变用途，而不提高流转费，往往引起纠纷。流转后改变耕地用途用于非农化导致的纠纷可能更多，因为非农化后流入方收益更高，而复耕困难。有的地方用途改变纠纷比重占到30%。其三，流转耕地附着物纠纷。耕地附着物包括耕地上果树、树木、某些设施等，可能与流入方经营相冲突，流入方以各种方式破坏或者消除附着物而不给予赔偿，就会导致纠纷。流转终结时，流入方附着物得不到相应补偿也会引起纠纷。例如，1999年严某等人将3.71亩耕地免费流转给徐某，2013年底又要求开始收取流转费否则收回经营权，徐某说流转费太高但因地里种着十几年的梨树而不愿意交回。其四，以专业合作社或者反租倒包方式流转产生的技术、生产服务方面的纠纷。农时有先后，一些专业合作社在为合作社成员提供技术与生产服务时，年年都按

---

① 刘洪佳、吴萍：《对农村土地承包经营权流转纠纷的分析》，《黑河学刊》2011年第6期。

既定秩序进行，有些农户因自己耕地插秧年年都在中午或年年收获都在雨季而不满。一些专业技术服务人员的服务不到位而影响农户收益，进而引起相关双方的纠纷。专业合作社把农业生产过程与工序专门化，导致责任难区分，进而可能导致各种纠纷。其五，公司+合作社+农户模式在收购价格等方面的纠纷。公司处于信息不对称的优势地位，在与农户签订产销合同时利用农户求稳与避免风险的心理，产品合同收购价低于市场价，长期不愿意提高收购价格并强制收购合作农户产品，而农户则更愿意自己到市场销售，从而引发各种纠纷。

经营权流转纠纷还可以分为其他不同的类型。有的由于流转服务和监管不到位，流转信息、档案管理、仲裁机构或平台缺失，资格审查、准入机制、农民利益保护机制缺失，利益协调不及时而导致纠纷。有的是制度矛盾或政策矛盾导致的纠纷，流转过程中各种相关主体的行为都可能是合法的，有自己的依据，但这些依据本身却相互矛盾，从而导致纠纷。还有的是部分村民、流入方或干部行为失范，采取机会主义行为，侵害他人合法收益，从而导致矛盾纠纷。

三 耕地确权与经营权流转纠纷的化解状况

对于上述纠纷，有一部分得到了及时化解，但有一部分没有得到及时化解。特别是当流入经营权者投入设施农业而没有收回成本，而流出者无法依靠流转费生存而又无其他收入时，纠纷的处理很难做到坚持土地政策与个案公正、保护农民合法权益与支持土地流转创新、还原历史真相与尊重既有状态、发包方利益与承包方利益兼顾四个方面的平衡，纠纷难以化解而很可能转化升级。[1]

2015年全国耕地经营权流转纠纷进入司法诉讼的多达10.3万件，2016年多达10.8万件，但还有很大一部分并未进入司法程序，Q县就是如此。[2] 而通过调解解决的纠纷多达30多万件，其中村委会调解18.4万件，乡政府调解12.6万件，专门仲裁机构仲裁2.4万件，在仲裁纠纷中有1.96万件得到和解。经营权流转纠纷的调撤率往往低于民商案件的平均调

---

[1] 李鹏飞：《"数"说农村土地流转纠纷之惑》，《人民法院报》2015年1月4日第3版。
[2] 李红莉、刘薇：《浅议农村土地使用权流转纠纷的司法应对》，成都法院网，http://cdfy.chinacourt.gov.cn/article/detail/2018/12/id/3630122.shtml，2018年11月24日。

撤率，进入强制执行的经营权流转纠纷案件越来越多。① 目前流转纠纷和解比例为84%左右，有相当一部分并没有以和解方式解决，而是通过司法裁决。法治精神是现代社会的重要特征，但对于承包户而言司法解决尽管可能相对公正，但对他们之间的情感会产生冲击，影响乡村社会整合。一些纠纷案件案易结而事难了，诉诸法律、调解、协商解决的时间成本大而久拖不决。涉诉经营主体或农户无法履约或无法恢复耕地原状。保护农民利益诉求、屈服"弱者的武器"以求稳定，与保护投资者利益、维护契约精神以求生产力提高和经济发展之间的深层的逻辑矛盾，导致经营权流转纠纷难以化解。② 因收益分化而产生的相对剥夺感或所谓的"货币幻觉"③，加剧了纠纷解决难度。还有很多纠纷甚至没有被记录，处于被压服状态，一些弱者选择暂时忍气吞声，成为矛盾冲突的潜在来源。

2017年成都全市土地流转纠纷受案数高达535件，50亩以上规模的流转纠纷呈井喷状态。其中一些经营权流转纠纷由于得不到及时有效解决已经转化为信访，在相关信访案件中不乏法院已经审结的流转纠纷案件。④ 流出方、中间人和流入方的博弈权力、经济实力、法规知识不同而存在不同行为模式，一般农民乃至工商资本企业在资本逐利的刺激下，都有可能做出极端的行为。⑤ 当前我国社会矛盾冲突和群体事件，有一部分都是由于耕地经营权流转纠纷积累和转化而来的。2015年因耕地流转而激发的社会矛盾已占农村矛盾冲突的60—70%，⑥ 其中有一部分转化为群体事件。

四 耕地经营权流转矛盾冲突

纠纷往往与直接利益有关，而矛盾冲突概念更宽泛，有时并非涉及直

---

① 农业部经管总站体系与信息处：《2016年农村家庭承包耕地流转及纠纷调处情况》，《农村经营管理》2017年第8期。

② M. L. Cook, "The Future of U. S. Agricultural Cooperatives: A Neo‐Institutional Approach", American Journal of Agricultural Economics, Vol. 77, No. 5, Oct. 1995, p. 1153 – 1159.

③ 谢庆：《土地流转与土地流转纠纷》，《南方农村》2015年第1期。

④ 张艳玲：《农地流转，从蜜月期进入磨合期？——四川省成都市农村土地承包经营权流转纠纷情况调查》，《农民日报》2018年4月23日第7版。

⑤ 邢莹：《粮食主产区耕地流转信托发展的风险规避》，《农业部管理干部学院学报》2016年第4期。

⑥ 龙良富、黄英：《内群吸引、社会范畴与农民集体行动——基于广东S村景区土地续约事件的案例研究》，《农村经济》2020年第6期。

接利益纠纷而是涉及纠纷的根源；矛盾冲突是纠纷不能解决时的进一步发展，并牵涉更多的行动主体。从主体角度看，流转过程中的矛盾冲突包括承包户、规模经营主体、专业服务主体、村组组织与集体经济组织、基层政权、较高层政权及其土地主管部门干部内部以及之间的矛盾冲突。[①] 在承包户内部，已分化出更小的利益群体，包括市民化但仍保有承包地者、全家外出务工者、老幼留守自耕者、老幼留守商品化生活者、全家留守自耕者、自发小规模流入者等，他们拥有的资源的来源各不相同，耕地及其经营权流转收入对于他们的重要性也各不相同，进而影响他们在矛盾冲突时的态度和行为各不相同。各种专业服务者包括耕作、机械、金融、信息、保险服务者等等，他们因在经营权流转过程中的地位与作用以及介入程度不同，在矛盾冲突中的表现也各异。规模经营者包括规模经营家庭农场主体、工商资本企业、股份企业、合作企业等，由于生成方式、资本来源、经营管理理念与行为方式不同，与其他经济主体之间也会出现各种利益矛盾冲突。基层党组织干部、自治组织干部和乡镇、县及以上党政干部也属于不同的子群体，在流转中的作用和介入程度不同，在矛盾冲突中的角色也会各异。

（一）干部与承包户的矛盾冲突

在耕地经营权流转过程中，干部与承包户之间的矛盾冲突值得关注。其中干部主要是指村两委干部、乡镇甚至县级党政干部等。就（非下派嵌入性的）村干部而言，他们不属于国家官僚体系的正式成员，存在事业生涯的天花板，没有薪酬或者薪酬较低，需要靠自己以某种方式"养活"自己。因此一般说来他们是兼职性的，有自己的职业。他们有的是企业负责人、有的是致富带头人，有的是集体经济组织负责人。有一部分村干部在改革开放过程中通过发挥自己能力和抓住机会而先富起来，他们积极响应党的号召"从政"并通过两委平台为村民服务，以带动和引领村民致富。在具体事件中，很多村干部同时扮演政府代理人、村庄代理人和自身代言人，三种角色相互影响相互作用，基于理性原则尽力维护三方利益，实现

---

① 蒋永甫：《农地流转：近十年来的研究进展》，《广西大学学报》（哲学社会科学版）2012年第4期。

各方利益最大化。[1]

但其中有一部分之所以成为村干部，主要是想借特殊身份、搭政策便车为自己谋取好处和资源。近年来农村两委干部日益正规化、正式化和职业化，但越来越多的干部长期不居住在农村、不嵌入乡村社会关系，上班来下班走，其思维方式、行动逻辑逐渐与村民分异。这种"两栖干部"[2]日益难以理解农民日常生活世界意义，执行政策时更有可能不顾及本地农民直接当下利益，导致动员能力弱化，[3] 而其罪错行为所受惩罚力度相对较小。[4] 在人身依附关系破坏了政治生态、家族意识主导乡村治理的村庄，利己主义至上成了村干部腐败的诱因。[5] 在乡镇干部甚至更高层次党政干部的晋升锦标赛中，村干部行为要受上级干部发展经济实现晋升的影响，导致两委干部与村民之间在目的与行为方式方面日益出现差异，引发矛盾冲突。特别是随着国家资源下沉和项目下乡，村干部权力的"经济价值"不断上升，其行为模式已成为农村社会矛盾冲突的重要影响因素。

经营权流转过程中干部与承包户之间的矛盾冲突，首先是确权引发的矛盾冲突。目前随着确权工作的结束，这种矛盾冲突不再是关注的重点，但其后续影响仍值得注意。一些村干部在村民不知情的情况下私自做主与外村达成确权协议，有的村干部在确权过程中不负责任，胡乱应付找人代签，有的为自己多确地以领取更多补贴，甚至有的把这家的耕地确权给另一家。所有这些都导致了新的干群矛盾。

其次是强制流转导致的干群矛盾冲突。由于流转带来的潜在利益诱惑等因素，少数干部强制流转经营权造成流转主体错位和流转行为行政化，以及流转速度快于劳动力转移速度，引发干群矛盾冲突。[6] 耕地承包户应是经营权的拥有者因此应是流转主体，但一些基层干部根据所有权代理人身份而变相或直接充当流转主体，使流转行为变成行政行为。例如，北京

---

[1] 李志军、吕淑芳：《新时代村干部角色分析——基于粤西7镇16村的实证研究》，《社科纵横》2020年第1期。
[2] 吕德文：《"两栖"村干部的出现、演化及管理对策》，《人民论坛》2020年第20期。
[3] 齐燕、王处辉：《中西部村干部公职化的社会基础与实践困境》，《湖北行政学院学报》2019年第1期。
[4] 褚红丽、魏建：《村干部双重身份的腐败惩罚差异》，《中国农村观察》2019年第5期。
[5] 张光红：《新时代背景下村干部腐败的生成及治理》，《天水行政学院学报》2020年第1期。
[6] 张正河等：《县域农村产业结构调整与资源配置》，科学出版社2005年版，第95页。

海淀区七个乡镇 85 个村的强制流转比例很大，干部通过各种"软强迫"或"变相强迫"来实现耕地流转，包括声称只要签了合同就马上给钱，许以高收益获取承包户签字；或将承包合同与流转合同写在一个合同中，只在结尾处留一个签字，村民一经签字两份合同同时生效。对于仍在村从事农业生产而不愿放弃经营权从而影响到连片流转经营的农户，干部甚至不经任何变通就强制流转。有的地方耕地流转费过低承包户不满意，但干部仍强制流转。浙江省丽水市莲都区 BH 镇曾有干部为兴建农业示范园区，无视农民意愿而采取欺诈和以农民过失给其"穿小鞋"等威胁手段，强行"反租倒包"千余亩承包地，并动用公、检、法人员摧毁农民庄稼。[①] 又如彭州一些村组搞土地银行，但土地银行与村委会合一，管理层由村干部兼任。一些干部强制要求农民把耕地存入银行，但存地费、贷地费都由干部定价，流出流入方不能参与，结果是农民尽管觉得流出价格偏低仍被迫流出，流入方则因价格偏高、经营风险大而不再续约或中途毁约。其土地银行外部监管缺失、内部治理失范，干部垄断流转以寻租，村委异化为谋利企业，盈利被其私吞而风险则转嫁农民。[②] 在耕地短缺、人地关系紧张、外出务工空间下降的情况下，如果仍大规模强制耕地流转更会导致相对严重的利益冲突。一些地方甚至动用混混强制流转而导致干群冲突。[③] 有调研发现，我国耕地流转在很大程度上属于集体供给型流转，政府、村集体强制收回经营权然后集中上市流转。只有 15.9% 的农民是自愿流转，而 65.8% 是遭受胁迫或诱导的流转；政府流转定价占 77.44%，协商定价占 22.56%。[④]

第三是一些村两委干部将集体耕地私下流转以增加个人收入而引起干部群众矛盾冲突。本溪市明山区某村委主任侵占集体耕地归个人所有长达 7 年之久。河南某村干部充当工商资本代理人而把集体耕地变成"家庭农场"，不时更换家庭农场、合作社、公司的牌子，骗取国家各种补贴。辽

---

① 新华社：《强扭的瓜不甜：浙江省丽水市莲都区土地流转纠纷调查》，《新华每日电讯》2001 年 12 月 25 日第 1 版。

② 阮小莉、彭常燕：《农地流转与农村土地银行互动持续发展模式探析——基于四川省彭州市土地银行实践》，《农业经济问题》2014 年第 6 期。

③ 曾红萍：《地方政府行为与农地集中流转——兼论资本下乡的后果》，《北京社会科学》2015 年第 3 期。

④ 廖宏斌：《农村土地流转风险控制研究》，第 17—19 页。

宁省本溪市某村从2003年以来名义上采取"党支部+公司+农户"模式将村4500亩耕地用于种植药材，但村民却不享受分红，收益全都进了干部个人腰包。在黑龙江"曹园案件"中，干部与资本方勾结将耕地流转价格定得极低，使集体耕地超大规模、超长期、低成本地成为私人资产。某些村干部还会形成纵向网络并动员各种资源包括官方主流电视报纸媒体包装宣传自己的规模经营事迹，以此达到多重目的。四川某村干部刚大学毕业儿子辞去"高薪"回乡创业，集中流转数百亩耕地用于种植经济作物莲子和发展观光旅游业。该干部将集体资产注入儿子"专业合作社"，然后编造感人故事，包括该大学生不顾父母反对辞去高薪回乡创业等进行宣传，使之在短短时间内就获得各种荣誉，但该"专业合作社"不久烟消云散而留下一地鸡毛。事后表明这是一场目标多重的精心策划，通过规模化经营将集体资金化公为私，该大学生基于"显著业绩"而进入县政府并成为官员。河南H县县政府某主要官员曾通过投资某公司成为其股东，然后通过公司强行无偿流转耕地，相关村民经过多年抗争后试图要回耕地经营权，但该官员操控法院，命令公安力量对试图收回经营权的农民进行抓捕和判刑，引起公愤。复杂现实表明，基于特权的强制流转，会损害农民利益，导致民众不满和引发干群矛盾冲突。

第四则是干部扣留、骗取流转费、补贴等而导致的干群矛盾冲突。国家提供农业补贴的本意是促进农业发展、保证粮食安全和促进规模经营，但一些基层干部滥用职权对农业补贴做手脚，导致到达农民手中的补贴大打折扣。某地烟草公司给村烟叶合作社投入130万元，到账50万元，其余不知其踪。一些干部与村霸和宗族恶势力勾结，通过身份转化控制流转，强占贪污挪用惠农资金。一些地方村干部只要有利于自己的权力与利益，会同时进行耕地调整与流转。① 多个县都出现过村委会和村书记用非法手段哄骗村民，暗箱操作低价流转耕地，还把国家灾害补偿占为己有的情况，村民上访又得不到解决，矛盾冲突极大。某县6名主管农业官员，明知资本方不符合申报经营权流转专项补助资金条件，仍与其一起虚报流入耕地面积并骗取补助金逾百万元。② 都江堰某村干部把耕地集体出租种植

---

① 钱忠好：《中国农村土地制度变迁与创新研究（续）》，社会科学文献出版社2005年版，第66页。

② 尹艳娜：《农地承包经营权流转中的腐败"美餐"》，《公诉人》2012年第12期。

水果，时间长达 27 年，收入每年高达 70 万元，但截留流转收益造成农户与干部的矛盾冲突。江西专员办在涉农资金专项检查中发现，有的村干部并非种粮大户却是田亩大户（名下耕地达数十亩），没有办理过合法经营手续，属无偿占用和经营村集体耕地，他们甚至不经营耕地而只是领取补贴。①

第五是在以村集体为主体的股份制流转过程中，干部在折股量化、股份收益分配方面存在不公而导致的干群冲突。一些集体干部总是希望具有股民资格的人越少越好，但村民则要求股权均分。有的本村户口已"农转非"者可以配股，而新增人口却无法配股，导致了矛盾冲突。

第六，国家资源和项目分配不公造成的干群冲突。一些村作为试点可以密集获得各类与经营权流转相关的项目和资源，而其他村庄则没有而产生不满。特别是属于同一乡镇的邻近村组，发现自己村庄没有"乡贤"为自己说话难以获得各种资源项目时，往往会把矛头指向干部，认为干部行事不公，甚至会集体动员起来向干部和基层政府施压。在一些村庄，与流转相关的国家资源和项目获得者是与干部关系紧密的人，而真正需要者则得不到，"亲其亲、潜规则、制造同意、公示虚置"。没进入人情关系网络的农民，一些村干部往往无视其要求。一些村干部认为国家项目是靠自己争来的，通过项目开展的村级公共产品供给首先考虑自己及亲友无可厚非。一些两委和乡镇干部出于政绩需要甚至权力寻租，把各种优惠措施向外来规模经营者倾斜，间接抑制了本村农民成长为规模经营者。一些村干部不能对规模经营户使用耕地过程进行监管，听之任之，甚至为其辩护，也使本村农民心存不满和愤慨。

此外，一些外出务工农民长期抛荒耕地，按原来政策集体有权收回耕地承包权，但后来政府又规定不得收回，不得以交回承包权作为进城落户的条件。但村干部往往有强烈收回动机，以利于以集体为主体的经营权流转，因此举家外出务工和耕地长期抛荒的农户、进城落户的农户与干部之间因承包权被收回而不时产生矛盾冲突。很多地方多权同确，流转与村民集中上楼同时进行，推行农村康居工程或公寓式村民住宅小区建设，将流出经营权的农民集中到各类聚居点居住。其间农民可能出现居住和生活方

---

① 江西专员办：《村干部侵占集体土地经营权收益应引起重视》，《中国财经报》2015 年 8 月 11 日第 8 版。

式不适应,生活成本提高,副业无法开展等问题,并把这些问题归结于干部。面对这些矛盾时,很多农民往往隐忍而不会直接与干部发生冲突,但会在心中不断积累不满。[①] 忽视这些隐忍者而只策略性地满足"会哭的孩子"的诉求,又会加剧隐忍者的不满。[②]

(二)承包户与规模经营主体的矛盾冲突

虽然承包户人口占农业从业者的绝大多数,但相对于规模经营者而言却处于弱势地位。在耕地经营权流转过程中,这两种主体可以形成互利的关系,规模经营者带动承包户共同富裕;但二者也存在矛盾冲突。特别是如果承包户自主经营权得不到保障,或无法参与生产过程,无法参与共享增值收益而边缘化,二者的矛盾冲突就会显现出来。

其一是租金和收益分配矛盾冲突。在耕地经营权流转过程中,一般承包户往往只能获得地租,能够获得流转增值收益的只是少数,其收益总量与增速更无法与规模经营者相比。因此,一般农户在流转过程中,会产生一种相对的剥夺感,进而产生对规模经营者的不满。目前我国60—70%的流转租金都没有动态调整机制。而规模经营者认为,流入耕地之后要进行地力培养、设施投入,以形成一种专用性资产,承包户违背合同提高租金实际上是借此敲竹杠,而规模经营者为了保住专用性资产,往往不得不提高租金。[③] 在合作化规模化经营中,小农出力、大户提供资金、技术和市场信息等资本,有些合作社不是劳动的合作而是劳动与资本的合作。在经营管理决策上,大户具有附加表决权,真正的民主管理和共同治理较难实现。大户主导合作社,有可能分配更多的盈余,有的合作社远超40%。因此,大户根据管理、营销网络等优势,形成对小农的控制。小户因为有合约无法退出博弈,遭受某种经济强制。在一些股份化流转中,耕地折价环节与分红决策农民无法参与。股份公司经营可能破产,股权可能抵债,农民可能因此失去经营权。在耕地流转所产生的收益中,一般农户所得不断下降,纠纷不断产生,导致矛盾冲突。

其二是资源性矛盾冲突。一些规模经营主体借助带动农业产业化和农

[①] 郭翔宇:《农户与村干部土地流转纠纷的博弈分析》,《农业经济与管理》2010 年第 1 期。
[②] 李芳凡、叶杜诚:《村干部合谋腐败的机理与治理路径分析》,《领导科学》2020 年第 2 期。
[③] 汪吉庶、胡赛全、于晓虹:《土地流转纠纷中的承包地互换机制——来自浙江 C 县经验的启示》,《中国土地科学》2014 年第 12 期。

民致富等话语，占据了更多的政治资源、权力资源、社会资源，而使一般农民处于依附地位。① 一些大户可能以合作社为平台，谋取政府专项资金、税收减免等优惠。一些合作社成为外来资本套取资金的帽子，只"圈钱"却忽视农民主体地位。一些并非实际从事农业的规模经营者可能更多地获得政策优惠与资金补贴。一些地方官商关系重于官民关系，造成一般农民被疏远感和排斥感，从而产生对规模经营者的反感。耕地经营权的流转还导致一般民众被排斥在耕地的非经营性资源之外。外来经营主体由于身份限制一般不会参与建设公共基础设施，但会使用这些公共设施。② 一些地方村民集资修建的基础公共设施，往往会优先服务于规模经营者或者向其倾斜。另外在给排水、交通通行、通风采光等方面，规模经营者可能给传统农户造成不便和损害，引起矛盾冲突。资源占有的不平等，使二者之间产生矛盾冲突。例如，某大规模经营农场流入1200亩，公用道路横穿其耕地。道路两边空地的使用权，引起了争议。农场流入后在道路两边种树数千，而村民认为道路两边的种树权属于自己，于是砍掉农场的树，而种上自己的树。村民以对待陌生人的规则对待外来农场主。③ 2018年，湖南省邵阳市洞口县规模养虾大户刘正轩因当地村民"偷盗""哄抢"，"损失高达十几万元"，公安部门行政拘留3名村民。但村民说，捞鱼是村民的习惯，虾塘则不准村民捞鱼。一般农民传统上有靠山吃山，靠水吃水、免费打柴等的习惯，规模化经营后如果不能再利用这些资源，往往会产生不满和冲突。④ 规模经营者一般必须成片经营，并实行现代化管理。但是，有一些仍然留守在村的承包户农民，存在发展田园经济与家庭养殖副业的需要，其牲口家禽有时会对规模经营者的生产经营活动产生一定的影响甚至破坏。农民认为自然放养天经地义，甚至认为去他人耕地上打采草料也是自然的。但一些大户往往不允许农民如此，从而产生矛盾和冲突。有的规模经营者流入耕地时违背承包户的意愿，农民心中不顺，有时会去自己流

---

① 黄宗智：《没有无产化的资本化：中国的农业发展》，《开放时代》2012年第3期。
② 杨遂全、韩作轩：《三权分置下农地经营权主体成员权身份探究》，《中国土地科学》2017年第6期。
③ 徐宗阳：《资本下乡的社会基础——基于华北地区一个公司型农场的经验研究》，《社会学研究》2016年第5期。
④ 刘梓宪：《大学生回乡创业养虾遭哄抢？公安部门已行政拘留3名村民》，《新京报》2019年11月3日第A4版。

出的原承包地里"拿"东西。而政府如果仅以保护规模经营者的治安力量出现,"依法治村",可能引起矛盾冲突。在以前,农民把自己的这种行为称为"拾穗权",是贫困者寻求救济的措施。在河南驻马店,原承包户的耕地被大规模流转和出租给外来规模经营者种植花生,每当机收花生时,后面总会跟着数百名当地村民来捡拾机收落下的花生,即使警察来都无法阻止,并发生了"拾穗者"被卷入收割机的惨案。工商资本属于外来者,无法借助"青苗会""看青会"等组织,只能依靠基层政府来保护自己。两者的对立使农场日益放弃雇用本村农民,进一步加剧了二者的矛盾冲突。

(三)本地大户与外来工商资本规模经营者的矛盾冲突

在规模经营主体中,存在本地大户与外来工商资本大户之分。本地大户主要以传统的方式种地,经营规模一般为20—50亩。他们主要出现在1990年代中后期,借助自发流转而逐渐实现小规模化经营,成为中等水平收入的农村"中间阶层"。他们是农村内生的中坚和真正的精英,对稳定农村生产、实现粮食安全和国家政权建设都起了十分重要的作用。外来资本规模经营大户则往往拥有雄厚的资金,可以较高价格流入耕地,技术设备先进。在很多地方,本地大户与外来资本大户之间形成了相互合作的友好关系,特别是外来资本大户在市场经验、技术、设备方面给本地大户提供了很多协助。

但是,在可流转耕地比较紧缺的地方,外来资本的到来和大规模流入耕地,使本地大户面临更高的流转费压力,无法扩大规模经营,甚至可能因为承包户要求提高租金而被挤出耕地流转市场。[①] 在这些地方,二者之间存在较为严重的矛盾冲突。二者之间还会因基层干部的介入而加剧矛盾冲突。有的地方本地大户与基层干部存在密切联系或本身就是本地大户,他们联合起来排斥外来工商资本,设置各种障碍。而外来资本规模经营者也可能会通过利益输送获得基层干部包括两委干部的支持,从而大规模地流入耕地,并对本地大户形成挤压,本地大户之前流入耕地甚至不需要租金而且收益颇丰,而现在流入的耕地可能被迫退回给承包户,甚至不得不把自己承包地流转给外来工商资本大户并依靠租金生活,收入大为减少,从能人、本地精英下降为一般农户。他们心态可能失衡,也可能从一种积

---

① 杨华:《农村土地流转与社会阶层的重构》,《重庆社会科学》2011年第5期。

极稳定力量变成不稳定的力量,使乡村治理面临更大挑战。而在外来规模经营者之间,也会存在矛盾冲突。他们可能成为一种游资,极短期地租入耕地,一般租期只有一年二年,而自己没有任何生产技术、设备,全靠专业服务者来生产经营。这种非稳定的流转模式十分有害,因为流转行为深受市场特别是产品市场的影响,有可能在产品价格下降之年使很多耕地抛荒。更无从谈起耕地的改良和保护,所以本地大户和家庭农场经营者对这种游资抱有敌视态度。

在一些地方,基层干部在对待两种规模经营者时存在偏向性,重视外来规模经营户,而本地农民和家庭农场经营者被边缘化。在江南某地,一位外来规模经营者流入耕地达6000亩,拥有红外监控、物联网、智能温室等先进技术,种植铁皮石斛、金线莲等高附加值经济作物。而另一位农户流入本村20亩耕地,用于大棚葡萄家庭农场。前者成为各级领导参观、政府政策和项目支持的焦点,可获得巨额的补贴。后者则门前冷落鞍马稀,没有政策扶持、项目和贷款支持。超大规模耕地流转经营主体成为干部的面子工程,而本地大户的发展受到抑制。[1]

(四) 基层干部与规模经营者的矛盾冲突

政府干部与工商界应形成"清亲"的政商关系。在很多地方,政府干部为了经济社会的发展努力营造良好的发展环境,为工商企业和经营者提供了难得的条件。农业规模经营也是如此,很多农村基层干部非常希望发展规模经营,促进本地经济发展,并为此做出了重要的贡献。但是,在一些地方,二者之间同样存在矛盾冲突。在政府掌握资源分配主导权的计划时期,干部与企业主之间身份具有同一性。在市场化转型的过程中,市场在资源配置中日益处于主导的地位,大工商资本对地方政府及其干部具有极大的主导权和主动权,反过来又形成影响—服从关系,工商资本可将经济权力间接地转变成政治权力。政府及其基层干部的相对自主性、自治性和独立性日益受到大工商资本的挑战。政绩锦标赛体制与财政压力,使地方政府及其干部更加可能依赖于工商资本。[2] 随着国家税制的改革,国家

---

[1] 杜园园:《资本下乡与新中农争地的社会后果研究》,《西北农林科技大学》2015年第4期。

[2] 纪莺莺、范晓光:《财大气粗?——私营企业规模与行政纠纷解决的策略选择》,《社会学研究》2017年第3期。

掌握更多的资源并向农村转移，农村再分配权力精英得以再生。地方基层干部对"上面"来的资源又拥有事实上的分配权，而规模经营者需要这种资源，从而增强了基层干部的权力，形成更加复杂的政商关系。规模经营者显然要依赖于政府基层干部；而就基层干部获取政绩与收益而言，政府基层干部更要依赖于工商资本，二者之间是一种合作互惠关系。但在耕地经营权流转中，相对基层政府及其干部而言，只要工商资本的规模足够大，就会产生较大的影响力。而相对于大工商资本，地方政府和两委干部权力和地位仍相对弱小，往往不得不处于依附地位。

一些基层干部出于政绩和奖励等需要，不顾条件和能力限制鼓动一些承包农民流入耕地和扩大经营规模，使规模经营者亏损严重，甚至背负债务。也就是说，一些基层干部人为地垒大户和制造规模经营主体，答应给其贷款、补助、保证销售市场和技术支持等，但在规模经营主体投入大量资金甚至进行大量贷款之后，政府承诺的支持由于各种原因无法全部或部分实现，最终导致规模经济主体经营失败、产品滞销，损失严重。这些规模经营主体是曾经的"示范典型"，但最后却往往对干部心生不满，以致产生矛盾和冲突。①

在一些地方，政府与银行联合起来，向规模经营者主动提供金融信贷，但有些农户是在政府急于培植典型的心态下被迫进行信贷。贷款到期无法偿还或不愿意偿还时，银行与政府又借助司法力量强制执行，抵扣其各种补贴或保障收入甚至实物性财产，从而导致强烈的矛盾冲突。

一些干部在充当流转中介时采取机会主义策略，两头占便宜，低价流入并高价流出，增加了规模经营主体的经营成本。有的村干部甚至暗中发动原承包户对规模经营主体提出过高的要求，从中谋取好处。例如，有的村干部教唆农民，以流转费未到账为由阻止规模经营主体收割庄稼，最终规模经营主体不得不给予其一定"好处"，以消除村民的阻挠。2014年6月，某规模经营农场在进行机械化小麦收割作业时，被数十位农民的阻拦，因为流转费没有按约到账。但规模经营主体现场出示了汇款单，说明流转费已转账到信用社。但村民并不相信汇款单，依然不准收割，并要求延误几天转账就要先交几天的"延误费"，经营主体的收割作业被迫暂停。后经村支书出面向农民说明流转费已到账，正在根据各家各户的流转面积

---

① 贺雪峰：《小农立场》，中国政法大学出版社2013年版，第69页。

进行分配，农民才最终撤离。后来，该村支书借为该经营主体"摆平"这件事情的功劳，向规模经营主体"借款"两万元。该经营主体不仅答应借钱，还赠送其每年20亩流转费作为"感谢费"。事后了解，该事件正是该支书本人撺掇农民制造的，并通过摆平事件的方式达到了自己"借钱"的目的，也没有将自己得到的"感谢费"分给农民，农民并没有通过该事件得到任何好处，而该经营主体也十分气愤。有的干部甚至对规模经营者吃拿卡要，使经营环境恶劣，从而导致"官商"矛盾。

有研究发现，农业规模经营者可以分为高经济资本、中等经济资本和低经济资本规模经营者。前者倾向于利用行政渠道直接协商和解决与政府干部的矛盾，中者倾向于通过行会、商会等自组织或非正式途径来实现这一点。而如果规模经营主体是党员，更可能采取抗争行为。规模经营主体在面对干部侵权时，存在"怨恨接受型""忠诚接受型""回避型"和"申诉型"四种行为选择模式。而本地大户在地方政治经济体系中并无重要话语权，也无与地方政府干部谈判的筹码，更不需顾及干部面子和人情，没有政治资本和连带经济利益可以失去，所以更可能采取集体行动。[1]

（五）承包户之间的矛盾冲突

正如上文所言，承包户内部已经分化出更小的利益群体，包括市民化但仍保有承包地农民、全家外出务工农民、老幼留守自耕农、老幼留守商品化生活农民、全家留守自耕农、自发小规模流入家庭等，他们各自拥有的资源的来源不同，耕地及其经营权流转收入对于他们的重要性也不同，进而影响他们在相关利益纠纷和矛盾冲突时的态度和行为。市民化但仍保有承包地农民、全家外出务工农民属于"离农户"，他们不种地，也不参与民主治理，却要享受相关的权利。在村户往往主张已经进入城市的农户不应再享有集体经济组织成员身份和权利，也不愿意将以前流入离农户的承包地经营权归还给离农户。还有研究发现，村庄农民家庭城市化者，绝大多数均维持着半城市化状态，分化为耕者和非耕者，二者行为逻辑存在显著区别且相互冲突。耕者希望低价扩大经营规模，并渴求解决土地细碎化问题以降低耕作成本，从而增加家庭收入，最终提高进城安居能力；而非耕者则主张巩固个体地权，并希望以地权换取理想的财产性收入，与其

---

[1] 纪莺莺、范晓光：《财大气粗？——私营企业规模与行政纠纷解决的策略选择》，《社会学研究》2017年第3期。

进城安居能力无关。①

在一些村庄还存在一些"挂靠户",通过亲朋好友关系或花钱把自己的户口落到其他村庄,获得了该村户口但没有选举权,也没有各类经济权利。还有一些村庄,外来务农者常年工作和生活在村庄之中,既没有户籍也没有民主选举权利、更不能享受所在村集体资产经营收益。这样就客观地形成了长期生产生活不在村庄、不依靠耕地生存者却是村庄成员,而长期生活在村庄、为村庄的经济发展做出重大贡献者却不是村庄成员的情况。另外,生态移民与所移入村农户之间也会出现冲突矛盾。例如,曾经有30户贵州毕节生态移民被安置到江西省奉新县赤岸镇,政府允许他们流入不同面积的撂荒田。但他们在种了几年之后,该村回乡的本村人试图要回他们流入地的承包权和经营权,二者之间由此产生了严重的矛盾和冲突。

此外,还存在一些其他的矛盾,比如专业服务者与承包户和规模经营者之间的矛盾。专门从事麦收的专业户垄断收割业务,会导致专业服务者与一般农民、规模经营者之间的矛盾冲突。随着经营权抵押贷款融资的展开,极有可能发生金融服务者强制再流转经营权抵押贷款者的经营权的情况,导致金融服务者与规模经营者的矛盾冲突加剧。有时纠纷涉及的主体是多重的,原因也复杂多样。例如,2003年2月A村村委会组织孙某等15户农民将承包的田耕地205亩流转给B公司,协议约定流转期为25年,B公司用于经营苗木繁殖和建设一座房屋,每亩每年租金人民币180元,每两年提前支付一次,甲村所在镇政府对流转协议进行了有效性确认。其间B公司违反合同规定私下转包给两个第三人,而2009年该地块因修高铁被临时占用而获得一笔补偿款进而引起纠纷,孙某等认为B公司和第三人李某截留了应归农民的临时占地补偿款以及地下光缆占地补偿款。后农民起诉至法院,要求与B公司解除流转合同,B公司返还补偿款。而规划和国土资源局又在此时介入,指出205亩承包田地属基本农田,对B公司进行行政处罚并要求其拆除房屋和不得种植树苗,恢复耕地。法院据此做出合同无效判决,农民有过错而不能获得收益和赔偿。15户农民情绪比较激动,多次表示要上访,认为村委会和镇政府错误引导才致使承包地被B公司和第三人李某占用,10年之内也很难恢复流转前产量,自己利益得不到

---

① 陈文琼、刘建平:《城市化、农民分化与"耕者有其田"——城市化视野下对农地制度改革的反思》,《中国农村观察》2018年第6期。

保护。① 所有四类主体之间长期处于纠纷状态。

五 耕地经营权流转相关群体事件

(一) 群体事件及其演变

所谓群体事件，是指因为种种原因而出现一定数量的人群聚集并进行体制外的静坐、游行、示威甚至暴力性的打砸抢烧等表达不满、进行抗争，从而对社会秩序造成较大冲击的事件。群体事件又称为群体性事件、集合行为、集群行为等。多数群体事件是一种维权性质的集体行动，是利益直接相关者与非利益直接相关者共同参与的产物。这种群体事件参与人数有多有少，即便是只有一个人直接参与，但引起了众人的围观并造成严重的社会影响，都属于群体事件。群体事件可以发生在现实生活中，也可以发生在网络世界中，二者的共同特征是都会对民众关于既有现实的内在认知和外在秩序产生严重冲击。但二者的关注焦点不同，那些涉及更加抽样的利益矛盾、公共利益矛盾引起的群体事件，主要发生在网络中，或者说先发生在网络中，然后可能转化成网民线下的实际行动。而与具体的物质利益相关的群体事件，更多地先发生在现实世界中，并可能引起网络围观。

群体事件还可以分为很多不同的类型。根据原因进行分类，可以分成环境污染型群体事件、治安型群体事件、抗税型群体事件、征地拆迁型群体事件、医患冲突型群体事件、食品安全型群体事件、劳动损害型群体事件、灾害型群体事件、军人维权型群体事件等。从动态的角度看，我国的群体事件的主要类型在不断的演变，其与改革开放的历程存在密切的关联。1993 年，全国群体事件 8700 多起，参与人数达 70 多万人，平均每起约为 84 人。2006 年，群体事件超过 9 万起，参与人数高达 650 多万，平均每起的参与者增加到 105 人之多。2008 年，仅参与人数千人以上的群体事件就多达 20 多起，有些甚至多达几万人。2008 年的贵州"瓮安事件"和 2009 年的湖北"石首事件"，人数都超过了 10000。2010 年达到 18 万起，2011 年达到 18.25 万起。2013 年后，我国群体事件呈现相对下降的趋势。2015 年，群体事件数量继续下降，其中土地征用、劳资纠纷、环境污染、事故维权、房产纠纷、医患冲突、民间金融、劳资纠纷诱发的群体事

---

① 相蒙：《政府、村集体组织错误引导致土地承包经营权流转无效的赔偿责任机制》，《人民司法》2011 年第 24 期。

件仍值得关注。2016 年征地、拆迁引发的群体事件仍居高不下。① 2016 年之后，群体事件大幅下降，但治安类、征地拆迁类群体事件还时有发生。

群体事件可能发生在城市也可能发生在乡村，网络性的群体事件随着网络在乡村的普及已经日益超越城乡的边界。而从农村的角度看，农村群体事件与城市群体事件存在一些差异，也就是说有共同的原因也有不同的原因，但是随着网络化，农村的群体事件也可能对整个社会产生影响，因此也值得关注。农村的群体事件本身也有一个发展变化的过程。在改革开放初期，农村群体事件主要是与耕地的承包权发包以及耕地的边界相关的群体事件，而 1990—2000 年主要是抗税事件和征地拆迁类群体事件，而 2006 年后随着国家加强对农村的资源支持与财政转移支付，转移资源分利型群体事件日益增多，其中包括因公共产品分配不公导致的群体事件和转移支付资金"最后一公里"问题导致的群体事件。再后来，随着耕地确权和流转的普遍展开，与耕地经营权流转的群体事件日益增多，社会影响也日益扩大。

2005 年，农村土地类群体事件 1.97 万起，占全部农村群体事件的 65% 以上，其中主要是征地类群体事件。自耕地经营权流转以来，耕地产权冲突已取代税费冲突上升为农村社会不稳定的主要根源。② 其中耕地经营权流转型群体事件日益增多，流转过程中合法权利受损而诱发的集体维权事件频频发生，约占农村群体维权事件的 70% 以上。③ 据湖北省农经部门统计，2013 年耕地纠纷引起的群众上访近 2000 人次，其中集体上访达 80 多次，上访人在一年之间就增长了 7 倍。监利县某村因争地发生六次群体性械斗，涉及村民多达 300 多人。2019 年全国体育冠军举报村支书贪污腐败案，引起了全网围观，也说明与耕地经营权流转相关的群体事件在日益增多。④ 以往的学者主要讨论与耕地征地拆迁相关的群体事件，⑤ 近年来

---

① 张明军、刘晓亮：《2016 年中国社会群体性事件分析报告》，《中国社会公共安全研究报告》2017 年第 1 期。

② 折晓叶：《土地产权的动态建构机制——一个"追索权"分析视角》，《社会学研究》2018 年第 3 期。

③ 姜晓萍、衡霞：《农村土地使用权流转中农民权利保障机制研究》，《政治学研究》2011 年第 6 期。

④ 相蒙：《政府、村集体组织错误引导致土地承包经营权流转无效的赔偿责任机制》，《人民司法》2011 年第 24 期。

⑤ 廖宏斌：《农村土地流转风险控制研究》，第 150—162 页。

耕地经营权流转引起的农民集体行动和群体事件，已经日益成为学术界研究的热点。[①]

（二）耕地经营权流转相关的典型群体事件

1. 经营权强制流转型群体事件

流转以效率而承包以公平为价值取向，强行推进流转显然不利于维持社会公平。在耕地经营权流转过程中，由于多种原因导致的强制耕地经营权流转，确实导致了一些群体事件。例如 2015 年 MJ 市 YD 区的农业局引进 X 公司，在 TP 镇强推耕地流转用于建设花卉绿萝基地，该项目投资 10 亿元，规划占地 1 万亩。当地政府部门认为，这可以解决 6000 村民就业问题，并实现在家门口就业；可以提高耕地产出率和培养职业农民，促进经济发展，带动农民增收致富，特别是大幅增加农民收入；可以改善农村生活生产环境。在干部看来，农民一年种两季水稻收入才一两千元，除去成本每亩就几百元，如果村民把耕地租出不仅有租金收入，还可以有打工收入。但村民则认为，自己一年种两轮蔬菜一轮水稻或三轮蔬菜，每亩有四、五万元收入，十亩蔬菜一年有十几万元收入，而流出后每年 550 元的租金不过 200 斤大米。在没有达成共识的情况下，TP 镇政府以镇经济联合总社的名义先与 X 公司签订合同，然后才与各村小组签订经营权流转合同，且租期长达 30 年以利外来企业收回成本。前 5 年租金每年 550 元，第 6 年起每亩增加 30 元。然后由镇政府出面强行推平原来的果树和作物，形成强制流转，并造成官民的严重对立和大规模群体事件。又如 HRB 市 TH 县 XS 乡 WX 村也曾发生强制流转 48 户 6 千多亩耕地的群体事件。法院裁定政府违法，但农民无法维权。一些掌握权力的基层干部、工商资本与犯罪分子相互勾结，强行侵犯农民经营权。再如，GD 省 JX 市某镇强制流转耕地时遭到村民抵制，组织黑恶势力报复群众，进而导致群体事件。

从这类案例可以看到，干部代农民算的账问题其实很大。例如，认为农民种田收入"也就一两千元"，这显然十分粗放。一千元与两千元之间可是差了一千元。而政府给农民补助 550 元，这个数字却是十分精确。这反映出一些基层干部故意模糊农民自耕收入，而且这种货币化计算完全遵守形式经济逻辑，没有考虑自耕农平时没有货币化的、来源于耕地的直接

[①] 龙良富、黄英：《内群吸引、社会范畴与农民集体行动——基于广东 S 村景区土地续约事件的案例研究》，《农村经济》2020 年第 6 期。

物质消费。更重要的是，如果耕地没有确权确地，加之流转如果是定额租，那么强制流转极有可能引起群体事件，因为承包户有更大的担忧，害怕自己的耕地无法收回，收回时可能不再是自己原来的那块；还有就是物价上涨而地租不变，导致实际收入下降。如果基层干部还站在外来资本一边成为资本代言人，甚至采用"隐性权力"即利用灰色势力甚至黑恶势力，以骚扰、恐吓、威胁甚至暴力方式强行推行流转，会招致农民的强烈反抗。

2. 产品强制交易型群体事件

正如上文所言，耕地经营权流转可以采取合作社、龙头企业＋家庭经营，公司＋农户等模式，这种流转模式的初衷之一，在于促进承包户的生产经营能力，生产决策能更好适应市场需求变化，产品销售议价能力更强和能够以更高价格销售农产品，从而在增加农业生产效率的同时增加农民的收益。但有的龙头企业或合作社凭借当初签订的包销合约，以较低价格垄断收购，而市场销售价格可能比合约价格高出许多，农民更愿意到市场上去销售自己的产品，而龙头、合作社或公司在政府和司法力量的参与下，以尊重合同的契约精神为由，阻止农民自由销售，从而导致相关农户的反抗，并最终形成产品强制交易型群体事件。

产品强制交易型群体事件的典型，就是2008年的云南"7·19孟连事件"。孟连县较早采取"公司＋基地＋农户"的模式进行规模化橡胶种植和胶乳生产，其中有两家生产橡胶的龙头企业"勐马"和"公信"，二者原是乡镇企业，后转制为股份合作制企业，最后又转制成私营企业。2000年以来，这两家企业动员大量农户进行橡胶种植与生产，并约定按协议价格把胶乳卖给龙头企业。到2005年，橡胶的市场价格大幅上涨，从原来每吨数千元涨到2.5万元以上。但公司对胶乳收购价格5年内没有任何调整，橡胶价格飞涨和农特税取消带来的收益，完全被龙头企业独享，引起胶农不满。到2007年，胶农决定中止出售胶乳给公司，而选择自行出售给价高的市场收购者，但遭到公司派出的保安阻止，双方多次发生冲突和小规模群体事件。到2008年3月，省级领导获知后，认为这是利益纠纷，应保护最大多数人的利益。但市级及其以下政府干部以胶农破坏治安为由，说参与者是地方黑恶势力，不断动用警力打击，刺激胶农，致使警民冲突，导致警察枪杀两名农民。而这又进一步激起更大规模的群体事件。最后由中央和省政府出面，让胶农获得了一定的补偿。而胶农与公司之间从此不再相互信任与合作，合约也名存实消亡。在"7·19"事件后，专案组发现了一系列的串案和窝案，有厅级干部3人、处级干部11人、科级以下19人，涉及违法资金近1亿元，孟连县委原书记胡文彬下乡基本只去那两个橡胶公司，"直接站到老板一边"，受贿失职渎职。① 这些干部与橡胶公司交往甚密，相互间存在着千丝万缕的利益关系，私利面前不肯让步，甚至是利令智昏，最终导致了群体性事件的发生。

该群体事件表明，一些公司与农民之间签订的合约，在产品收购价格方面，不考虑物价上涨、市场价格上涨等因素，从而把价格上涨收益全部占有，导致农户产生严重的相对剥夺感。这样的契约很难说是科学的，因为其把风险向下转移给农民，把收益向上转移给公司，使农户并没有享受到耕地流转的增值收益。其实，这种合约如果规定龙头企业在收购合作农户的产品时以不低于同期市场价格、不低于成本价格收购就可以防止群体事件发生。因为这样龙头企业就承担了几乎全部的市场风险，而弱者不承担主要市场风险，符合风险分配的正义原则。

3. 耕地用途改变型群体事件

一些外来工商资本、大户在乡镇政府干部及村社两委干部支持下，成功流转耕地进行规模经营，但违反流转合同改变耕地用途，甚至使耕地可能无法复垦，原承包户通过制度化渠道反映失败而采取集体行动，从而引发群体事件。其典型的例子，就是江西省JX县JC镇SL乡农民大规模抵制流转的群体事件。2017年2月，该乡政府通过不合规范的程序流转两圩基本农田并集体出租给外来资本，甚至约定每亩租金每年200元，流入方获利后才会分红。后者在基本农田到手后，将基本农田挖塘。而该镇政府以发展地方经济为由，还将7500亩基本农田和口粮田谎报成荒山荒地流转，并引进化工企业和制药企业等，改变耕地用途。这种做法遭到承包农民的抗议，导致上访不断，而当地派出所动用混混进村恐吓农民，导致了群体事件，引起了网络围观。② 这是一种以租代征并改变耕地用途的情况，而农民只能获得极少出租费，反抗性相对强烈。如果明确是征地拆迁，他们获得的一次性补偿要高得多。

---

① 李自良：《云南孟连事件纵深：群体事件背后常藏匿腐败》，《半月谈》2010年3月3日。
② 佚名：《江西进贤县发生大规模农民抵制非法土地流转、不法分子破坏耕地事件》，乌有之乡，http://www.wyzxwk.com/Article/sannong/2017/03/377960.html，2017年3月28日。

还有一个著名的案例，那就是众所周知的乌坎事件。该事件的部分原因也是耕地被村委私下流转。进入 2000 年后，村民委员会在当地居民不知情的情况下陆续向外流转 3200 亩农地，款项达 7 亿多元人民币，而每户只获得 550 元。村委转让给丰田畜牧场的农地甚至改变了用途，以租代征出售给碧桂园搞房地产开发。2009 年 6 月 21 日至 2011 年 3 月底，乌坎农民十数次到市、省政府上访无果，于是在 2011 年 9 月起发起示威抗争行动，规模达 2000—3000 人。示威甚至逼得市政府官员出走，调动武警以武力驱散集会民众，在村内与村民发生激烈暴力冲突，警方与群众数月尖锐对抗，而该事件持续了 5 年多时间，造成了极坏的影响，甚至为外部势力所利用，上升为影响政治稳定的事件。

4. 租金拖欠和收益分配型群体事件

规模经营者如果出现经营困难等原因，长期拖欠租金无法给付时，会发生群体事件。在耕地采取简单出租方式进行流转时，流转相关各方收益分配严重不公，导致原承包户和集体成员反应强烈，也会引起群体事件。这类群体事件还占相当大的比例。例如，2009—2012 年广东村与村之间因为流转利益之争而引起的群体事件占比达 19.2%。[1] 广东省佛山市顺德区容桂街道 HQ 村的耕地在 2001 年 3 月被村干部私自以街道股份合作经济社名义与其他公司签订租用合同，后者 2014 年后不再支付租金，村民由于没有收回租金而耕地仍被占用，于是集体维权，参与人数多达 1000 人。再如，位于珠三角的中心位置的 S 村，全村实行股份合作制，耕地被租赁给外来企业耕种养殖或旅游开发。2000 年起在市镇两级推动下先后将 2000 多亩耕地流转给外来企业开发乡村旅游景区，时间是 15 年。到 2010 年，镇政府又将 300 余亩以 1500 元每亩的价格流转，租期为 20 年。但村民要价 2800 元每亩，经过村民的集体行动和抗争在 2012 年上升为 2500 元每亩。2014 年村民又聚集，要求租金调整为 3000 元每亩，但是流入方只愿意支付 2800 元每亩。村民认为租金低于预期，且镇区官员和村委干部作为发包方主导了价格商定，流入方赚取了过多的钱，因此产生了相对剥夺感和非流转主体感。他们于是集体行动，到村委会和镇政府抗议，甚至到省农业厅上访，邀请媒体报道，要求收回经营权。由于没有达成一致，2015

---

[1] 邱鸿博：《广东农村群体性事件现状及其治理》，《广州社会主义学院学报》2014 年第 1 期。

年村民迫使企业停止经营，经营者则砸毁景区所有设施，一走了之，两败俱伤。①

随着经营权的流转和规模经营的发展，因为租金问题而导致的群体事件增加幅度最为显著。特别是流转规模巨大、租金长期拖欠、地方政府无力顾及、法院判决不公或判决无法执行、规模经营者困难和无力支付、耕地难以复耕、无流转履约保证保险金，以及外部环境变坏时，群体事件更易发生。2011 年南京市高淳区固城镇 HM 村村委会流转的 3000 亩耕地涉及 645 户农民，第一年就拖欠地租。2012 年巴彦县农民出租给乡镇政府的耕地从第二期租金开始一直被拖欠，农户陷入无田可种、生活无来源的困境，政府公信力严重受损。2014 年白云区 CL 经济合作社社员因被拖欠 4300 万租金而发起了集体行动，打着横幅找"爹"，因为"欠钱的都是爹"。2018 年广安恒基坚果专业合作总社经营破产，农民长期不能得到租金，农民集体行动导致了政府的介入。2014 年长沙某镇退休刘镇长与当地农民柳某签订租地合同种植杨梅，2018 年起再未给付租金，农民多次上访无果。兰州新区秦川园区 SL 村 N 社村民集体流出给康瑞现代农业开发有限公司数百亩耕地，从 2017 年起已违约拖欠三年租金，2020 年流入方试图与村民重新签订流转费，想把地租从每亩 630 元降到每亩 300 元后，再行补支三年来的租金，引发农民集体行动。洛阳市西工区 ZL 村 N 组村民因为出租耕地给养殖场，后来场主发病身亡，养殖场破产，由于租金收不回，其将耕地等整理试图重新出租，却被养殖场主家属告上法庭，法院判决村民败诉，村民觉得法院判决不公，到处上访和网上发帖求助。蒙城县乐土镇某种植合作社于 2015 年起租用某村村民土地 300 余亩，用于农业种植。从 2015 年起连续多年没有付清农民的土地租金。2015 年 10 月至 2018 年 10 月，共拖欠农民土地租金 20 余万元，2018 年 12 月应付租金 30 余万元也没有如期支付，导致群众上门讨要，双方发生争执，群众到镇政府集体信访。② 贺兰县 XG 村委会与某合作社分别于 2017 年、2019 年签订了共计 375.4 亩土地的承包经营权出租合同，某合作社将该土地全部种植玉米，

---

① 龙良富、黄英：《内群吸引、社会范畴与农民集体行动——基于广东 S 村景区土地续约事件的案例研究》，《农村经济》2020 年第 6 期。

② 佚名：《蒙城：拖欠农民 300 余亩土地流转费历时三年终追回!》，安徽网，http://ah.ifeng.com/a/20190218/7222728_0.shtml，2019 年 2 月 18 日。

但经营不善，拖欠 XG 村委会 2018 年至 2020 年的土地流转费共计 45.68 万元，多次催要无果，造成部分村民多次上访。①

5. 规模经营环境污染型群体事件

笔者在调查中发现，规模经营者的生产经营活动确实存在环境破坏的情况。M 市城郊一外来资本流入某村庄耕地，用于农家乐和观光休养餐饮经营。大部分流入的耕地用于种植各种水果、蔬菜等，其中小部分耕地建成了大棚，种植各种热带植物，植物间安插餐桌，格调高雅别致，还向外承包婚宴。但开业不久，时常响起的婚宴鞭炮声就引起了周边民众的不满，多次沟通反映得不到解决，于是原承包户借此行动起来，四处上访仍无结果，最后与该经营者形成直接对峙和暴力冲突，规模经营者部分设施和作物受到损坏。

6. 分利型群体事件

目前国家和各级政府三农投入巨大，但其分配可能在某些地方存在不公问题。其中一些转移支付、补偿和公共产品过于偏向规模经营者或为干部私自占有，一些地方形成了一种专门定向于国家资源的分利集团，其唯一目的就是获得和占有国家的转移支付资源。这种转移支付存在的严重"最后一公里"问题，导致干群关系紧张。少数干部以欺骗手段获得转移支付、项目资源并进行严重不均的"分赃"，而一些农民为了获得项目资源进行的先期投入成本也无法收回。农民对此不满发起集体行动，由此导致群体事件。这种群体事件可以称为分利型群体事件，王福德等学者称为转移支付政策激励性群体事件。他们考察了盛村的情况，该村接连发生的六起群体事件都是因为国家转移支付资金到村后各村、各组获得不均。②随着国家资源的下乡和项目治村的展开，这类群体事件也越来越多。这种群体事件的激烈程度不如其他类型的群体事件，因为一些农民尽管看到了不公，但往往认为是一种飞来之恩惠不能获得，只能说明自己关系不硬，不会牺牲更大的成本去进行更加激烈的抗争。

（三）经营权流转型群体事件的特征和趋势

陈涛认为，农民参与的群体性事件，存在维权、谋利和正名三种目标

---

① 李姗：《宁夏：土地流转起纠纷巧妙化解促和谐》，《潇湘晨报》2020 年 9 月 14 日第 3 版。
② 王德福：《政策激励型表达：当前农村群体性事件发生机制的一个分析框架》，《探索》2011 年第 5 期。

指向。① 笔者认为，经营权流转型群体事件也同样如此，其中大部分群体事件是维权型群体事件，是为了维护既有权利或初次分配中的应有权利而采取的群体行动。谋利型群体事件主要是为了争取更多国家转移支付而产生的群体事件。正名型群体事件相对较少，主要是为了自己拥有成员身份，应该享有流转收益而进行的群体事件，包括进城农民与农村无地媳妇争取成员权与流转收益的群体事件。这些群体事件说到底是经济性质的群体事件，绝大多数是以农民自身为主体。其中大多不是基于生存问题而是相对剥夺感；当然，不排除群体事件中某些个体重拾英雄伦理和某些群体重构英雄文化的情况，也不排除无直接相关利益者借机表达。外部经济环境恶化、工商业机器换人压缩农民城市就业空间等因素，会加剧相关矛盾冲突和群体事件。乡村交通的改善以及网络化、信息化，使农民更加容易形成群体事件。在农村，土地问题已取代税费问题成为矛盾焦点，土地类群体事件也已经成为群体事件的主体。这种群体性事件在客观上也会起到促进政策调整的作用。② 自 2013 年以来，在以习近平为核心的党中央的领导下，国家政法系统日益良性发展，征地拆迁工作日益规范，农村群体事件的数量急剧下降，使得流转型群体事件呈现相对增多的趋势。这对于党和国家在新时代治理体系和能力的现代化提出了新挑战。

---

① 陈涛、谢家彪：《混合型抗争——当前农民环境抗争的一个解释框架》，《社会学研究》2016 年第 3 期。
② 于建嵘：《农民维权与底层政治》，《东南学术》2008 年第 3 期。

第四章

耕地经营权流转风险现状描述

从风险的角度看,耕地经营权流转过程中出现的纠纷、矛盾冲突和群体事件,会带来社会稳定风险,也会给每个农民个体、家庭带来人身风险等,给规模经营者带来外部经营环境风险。实际上,还存在另一个层次的风险,那就是经营权流转过程本身内在的经营风险。正如上文所言,这两个层次的风险如果不能得到治理,可能相互影响和叠加,给整体和个体同时带来风险。

一 利益相关者个体风险

（一）规模经营主体风险

贺雪峰发现,当 2008 年成都被列为国家城乡统筹示范区时,大量工商资本纷纷去当地下乡,但数年之后几乎所有下乡资本都"开着宝马进村,骑着自行车逃离",不仅一般资本跑路,实力雄厚的工商企业大多也铩羽而归。其客观后果,就是导致大量涉农项目烂尾,甚至村庄虚化。[①] 这在一定程度上说明农业规模经营是一件高风险的事情。笔者走访了多家规模经营主体,发现有相当一部分属于诚实经营农业者,规模多在 1000 亩以上,有力推动了农业现代化,促进了田园综合体、休闲农业、智慧农业的发展。但其中相当一部分也最终陷入困境甚至破产境地。农业规模经营主体面临的风险,主要包括经营管理风险、自然灾害风险、政策变动风险、社会矛盾冲突风险等。

---

① 参见赵祥云、赵晓峰《资本下乡真的能促进"三农"发展吗?》,《西北农林科技大学学报》（社会科学版）2016 年第 4 期。

1. 经营管理风险

规模经营主体如果进行设施农业，需要将大量投资用于生产设施、配套设施和附属设施建设，以及技术人员和工人工资等，投资大周期长，对自有资金规模要求较高，稍不注意就会面临资金链断裂。一些经营主体流入耕地规模超过承受能力，导致难以支付各种成本而面临亏损甚至破产风险。

现代工商企业属于科层组织，追求日益深化的分工，每个构成单元都有自己的核心专用性资产；产品和服务工序细分，看板生产，原材料库存越来越低甚至为零，时间精确到分、到秒，绩效考核能够细分到个人，内部管理和监督成本低而高效。农业规模经营主体如果照搬现代企业经营管理方式，往往不会成功。农业生产经营确有其特殊性，工业与服务业的相关规则无法适用于农业，难以科层化经营管理。在组织管理和监督奖惩方面，农业公司化规模经营主体会面临更多的挑战。这类规模经营主体内部一般存在四个层级，最高层是出资者和决策者，第二层是业务、技术和经济事务日常经营管理者，第三层是村庄代理人，主要在村中进行招工、监督和信息提供，最后一层才是所雇工人。其经营决策层有时会脱离自然条件和发展实际，眼睛看着市场，有绿色、有机、非转基因等先进理念，双脚却没有踩在地上；或过于相信创新，相信在科技的支持下能够生产特色产品，一旦试验失败则后果严重；有的在投资之前甚至没有想到还需要配套设施用地，包括机械存放、产品存贮、产品加工用地等，但流入后又无法解决这些问题，导致生产经营无法展开。[①] 其日常经营管理层可能不懂农业生产的特点和规律，外行指挥内行。所雇工人特别是本地农民工面对新鲜品种，经验失去作用，导致作物生长出现问题。在监督方面，有的把科学管理理念和现代企业监督体系简单引入，导致监督成本太高。[②] 部分领导和管理层与所在乡土社会互动不畅，难以获得低层员工的信任、合作和支持，后者往往只管获得务工收入，对规模经营主体没有承诺感和归属感。而对农业工人无法实现精确的按件计酬，激励竞争机制可能失效，导

---

① 叶前林、何伦志：《农村土地流转中的潜在风险及防范策略研究》，《农业经济》2015 年第 1 期。

② 夏益国：《美国农场的耕地集中：现状、动因及影响》，《中国农村经济》2015 年第 4 期。

致他们机会主义盛行、磨洋工现象严重，单位产出效率低下。[1]

一些规模经营主体陷入经营困难。近年来，沅陵县流转1500亩土地以上的规模经营主体，20%以上出现资金困难。有家规模经营者流入基本农田1100亩，年亏损上百万元。面积过大、不善经营、管理成本高、产量和收益低下，使其持续进入亏损状态。一些规模经营主体又不得不把耕地分批小规模再流转出去，90%都由外地家庭接手而回归家庭经营，最终形成反租倒包或先租入后外包的模式。这转移了风险，提高了效率，降低了监督成本，但也增加了农业利润分利主体。规模经营者引入家庭作为分工单元，让其"包干"负责某块耕地的日常经营并引入竞争与奖惩机制。但这种家庭本身可能又来自外地，大多属于"老板"的"自己人"，从而使规模经营成为相对封闭的系统，作为"倒包者"的家庭也存在共谋可能，如共谋压缩劳动力投入以只求最低承包费而不求下次包工等，使这种包方制和打分制并不能真正解决内部监督问题。[2]

2. 市场风险

市场风险主要是成本价格与产品销售价格波动所导致的风险。近年来粮食生产总成本呈持续快速上升之势，每亩生产成本2011年为641元，2013年为1026元，2015年为1400元。地租、人工成本升幅最快，柴油、化肥、农药、种子价格上涨明显。[3] 生产成本的不断上升，压缩了规模化经营者种粮利润空间。主要粮食亩均生产净收益在2014年仅有数十元，2015年、2016年都为负的，规模越大亏损越大。黑龙江、山东等种粮大省规模经营主体大多处于亏损状态。[4]

很多规模经营主体不得不转而从事非农非粮生产经营，而非农非粮化经营竞争也日益激烈，利润空间日益缩小，经营风险变大。竞争性的耕地经营权交易机制，导致耕地流转价格或地租上涨，资本实力不够雄厚者面临越来越大的地租压力。例如，2016年常德鼎城区流转租金从以前的

---

[1] 蒋永甫：《外部资本的嵌入性发展：资本下乡的个案分析》，《贵州社会科学》2015年第2期。

[2] 徐宗阳：《资本下乡的社会基础——基于华北地区一个公司型农场的经验研究》，《社会学研究》2016年第5期。

[3] 魏君英、何蒲明：《我国粮食价格与粮食生产成本关系的实证研究》，《价格月刊》2018年第6期。

[4] 农业部农村经济研究中心：《中国农村研究报告》，中国财政经济出版社2016年版，第203—213页。

100—200元/亩增长到500—600元/亩,后又涨到800—1000元/亩。某些规模经营者干脆暂时停付地租,试图与流出经营权者达成新的协议,调低地租。流入流出双方都陷入两难境地,承包户面对生活成本增高压力和基于希望能以更高价格出租的心理,往往不接受调低地租的要求而导致规模经营者只能破产退出。

农业产品市场价格存在巨大波动,曾经出现"火箭蛋""蒜你狠"等现象。这会刺激规模经营者非理性投资于上年高价格产品,盲目扩大规模导致来年亏损。而就世界市场看,多年来国内外农产品市场价格倒挂现象严重,国内农产品价格普遍高于进口价格,规模经营种粮主体面临严峻的国际市场竞争压力。经营规模越大,风险也就越大。尽管有政府托底,往往也不可能有效缓解这种竞争压力。例如,家具厂商徐某的家具公司年营业额超2亿元,他先是流入几十亩耕地种植蔬菜赚了十几万元,后又流入1500亩,尽管蔬菜获得丰收但滞销严重,损失惨重,几年间亏损3000万元,不得不将耕地经营权再流转。京山县钱场镇桥河村某农场2013年流入3450亩耕地集中连片规模经营,产粮260万公斤,却因市场价格下降损失近80万元。江苏盱眙县工程包工头刘某流入2000多亩地种粮,经过数年巨额投入改良耕地,使亩产相对稳定高产,但最后由于粮价下降,无法产生收益而难以为继。①

3. 自然灾害和生态风险

我国各种自然灾害较多,而抵御自然灾害的农业基础设施较为薄弱。1990—2018年洪涝灾害造成的农业直接经济损失高达4.4万亿元,2016年全国农作物受灾面积达2622万公顷,绝收290万公顷;2019年受灾面积1926万公顷,绝收280万公顷。规模经营者如果急于扩大规模,忽略对自然风险的防范或因资金紧张未能投保,当不确定性自然灾害降临时就会遭受重大的损失。②例如,某专业合作社流入了1600亩耕地,2016年受自然灾害的双重影响,亏损30多万元。③一场倒春寒可能导致核桃、苹果、花椒等经济树木花芽冻死,一次冰雹可能让树上苹果一钱不值。一场连续的

---

① 佚名:《10个农业失败案例,你死在了第几个?》,搜狐网,https://www.sohu.com/a/399733883_497270,2020年6月4日。
② 王贤、陈俊、俞俭:《贪大求快:土地流转风险凸显》,《半月谈》2014年第10期。
③ 陈爱民:《粮食价格下跌对农村土地流转的影响——以湖北荆门市为例》,《现代经济信息》2016年第18期。

阴雨天气，可能使规模经营者无法收获农作物从而陷入困境。一场大风可能使作物倒伏和大棚破坏，一场洪水可能冲走作物和鱼类。近年来我国小麦、水稻生产连续遭受严重灾害，许多规模经营主体遭受重大损失，产生悲观甚至绝望情绪，纷纷表示要退出种粮行业。①

大规模经营主体在从事农业生产时，往往高度专业化，长期种植一种作物或长期进行大棚生产，几年之后就会破坏原有土壤生态，导致病虫害容易爆发，土壤性状下降。② 这种生态风险直接影响规模经营者本人并给自己带来不确定性风险。此外，其他因生态失衡导致的病虫害也会日益增多，并带来不确定性风险损害。

2020年新冠疫情不仅使城市工商业遭受重创，也使农业规模经营主体面临极大风险。很多农产品因物流通道严重受阻，农时延误，产品无法及时销售而价格暴跌，观光休闲者只能宅于家中，因此规模经营主体生产经营停滞没有收入，但是地租、贷款利息等又必须按时支付。有调查显示，农业规模经营主体受疫情不利影响的达到86.6%，受到非常大和比较大不利影响者占63.4%，经济损失平均多达37万元。规模越大者，受到的影响也越严重，一些规模经营主体徘徊在倒闭边缘。③

4. 其他风险

三权分置办法的实施以及经营权流转的日益合同化、制度化，流入的经营权权能已经相对明确，流入经营权人的合法权益日益能够得到平等的保护。但在某些情况下，按合约经营的规模经营主体在一个投资周期内还未收回投资，仍可能面临被流出农户要回经营权而遭受损失的情况。发展是硬道理，但稳定压倒一切。经济全球化逆流、疫情等使大量农民工无法外出务工，收回耕地经营权的愿望强烈，某些农民家庭也可能遭遇挫折而无奈重回农村务农，在无其他耕地可以调拨和变通安排的情况下，"法"将让位于"理"，规模经营者不得不退出耕地经营权，投资的长期收益回报将面临较大损失。对于规模经营者而言，如果所在村庄发生群体冲突等，也可能对其生产设施造成破坏，对其作物造成损害，进而遭受风险损

---

① 李爱青：《农业新型经营主体亟待开展政策性农业保险》，《团结》2017年第4期。
② 夏益国：《美国农场的耕地集中：现状、动因及影响》，《中国农村经济》2015年第4期。
③ 朱守银：《新冠肺炎疫情对农业企业的影响及应对》，《农民日报》2020年2月22日第3版。

失。某些政策性因素也会成为规模经营者的风险来源。例如，某规模经营者流转耕地种植养猪饲料并建设猪场养猪，随着国家对生态环境的强调以及美丽乡村建设的实施，猪场需要搬迁，但流入耕地无法随之迁移，导致运输成本增加。有的规模经营者成片经营的耕地，被后建公共工程横穿而过，并被分成两部分，导致经营成本增加。

即使是有着雄厚资金支持的规模经营者，也可能因各种原因失败，"丁家猪"就是典型案例。2009年网易宣布进军养猪业，2011年9月规模达1200亩、可养2万头的现代化猪场在浙江安吉开建。2016年丁家猪开始进入公众视野，其猪"蹲马桶、睡公寓、不打针、不吃药，生活习惯比很多人都要健康"，"不但会上厕所、还有自己专属的网易云音乐歌单、每天的伙食标准是一猪40元"，"比熊猫还开心"，"粪水处理后可直接饮用"。它们这样美好的日子长达300天，悠闲自在，干净坦然。其猪身价高达十数万元，价格高达每克一元。正如某传统规模化养猪场老板所言，这是一种"必然失败的赌注"，市场供求价格铁律迫使其最终散伙，专门拍卖丁家猪的网易考拉被阿里巴巴收购。联想"柳橙"似乎要脚踏实地一些，拥有海内外9万亩示范种植基地，独创龙头企业、行业协会、政府三结合和六统一合作种植模式，但小看了农业、小看了市场，即使资金再怎么雄厚也难持久。恒大是一家大型地产企业，近年来投资千亿经营农业；2014年成立恒大粮油，集中在"大兴安岭生态圈世界黄金纬度产区"投资70亿并购22个生产基地，从选种到销售全产业链流程由恒大管控，生产"100%非转基因"、绿色、原生态的大米、食用油、奶粉等产品。但在2016年，恒大发布出售粮油、乳制品及矿泉水非主营业务剥离拍卖公告，最终以27亿成交。

规模经营者如果自身面临困境和危机，会引发一系列连带后果。他们有可能把风险全部进行转嫁，自己抽身而退，实现从风险中获取收益。他们也可能只部分转嫁风险，实行风险分摊，比如使用分成租等方式让流出方承担部分风险。他们可能以经营权抵押贷款却无法偿还，使经营权集中到银行手中；如果银行无法再流转经营权又会形成呆账坏账而影响金融系统安全。规模经营者往往处于龙头地位，龙头出了问题，其下的整个链条都会跟着陷入困境而遭受次生风险。当然，在各类规模经营者中，适度规模的家庭农场存在的风险要小得多。

（二）流出经营权的承包户风险

2017 年有 7070 万个家庭流出耕地经营权，数量庞大的家庭如果遭遇风险者达到一定比例，所产生的后果会相当严重。当然，风险只是一种可能性，风险治理首先是防止这种可能性。

1. 长期失去经营权的风险

就目前情况看，经营权流转相关制度还不够完善，在经营权流转过程中，流出方存在可能长期失去经营权的风险。在确权不确地、不明确四至、承包权具体地块不明确到户的地方，农民得到的只是有姓名、面积数量与期限的经营权流转凭证，属于纸面确权。经营权实际上收归集体，由集体整治后租赁给第三方或以股份形式加入股份公司，被连片集中经营，一切边界标志都被消除。经过数年之后，相关承包户往往无法确定自己承包的具体地块，无法自主流转，更无法监督用途，实际上被剥夺了经营权。在耕地经营权以入股方式进行流转时，如果股份公司亏损，经营权可能被用于偿还债务，并因此流转到债权人处，直到债务偿清之前，承包权人实际上不能收回经营权，因此股份制流转有可能使承包户更长期地失去经营权。有的地方确权不确地流转率高达 87.26%，使大量承包户面临这种风险。

以经营权作为抵押获得贷款的措施，对于流出经营权人也存在这样的风险。耕地经营权因抵押贷款无法偿还贷款者，会被私人担保者、公立担保机构以及银行收走而再流转。在这种情况下，经营权的流转主体不再是承包户，担保机构和银行更能说了算，原承包户将很难收回自己的经营权，也造成面临实际上长期失去自己经营权的风险。在一些地方，承包户可以在担保机构的担保下以经营权贷款，条件是如果到时无法还款，由担保机构代还，但经营权则由担保机构拥有。这在一定程度上使更多的农民敢于贷款，但也可能使更多农民面临失去经营权的风险。[1]

还有，承包农民即使收回了耕地经营权，由于原流入方长期改变耕地性质或耕地质量恶化，难以复耕，实际上也会造成失去经营权风险。的确，经营权流转似乎只是过渡性质安排，已流出耕地的老一代农民通过城市化和社会养老保障，已经不太可能收回耕地经营权，而他们的下一代并

---

[1] 佚名：《中信托土地金融大棋局机遇同时伴随高风险》，《中国房地产报》2014 年 3 月 3 日第 A04 版。

无多少会有收回愿望。但是也有一些出自农村的年轻人在外就学、务工和经商之后，愿意回乡创业，成为新农人，其中有一些因自己耕地经营权被流出，不得不向他人流入耕地的经营权，由此形成复杂的流转关系，带来很多不确定性。

2. 耕地经营权流转费风险

如果规模经营者经营不善、亏损和破产，无力支付流转租金而跑路，纠纷与矛盾无法解决，承包户就面临不能获得流转收入的风险，并由此遭受经济损失甚至影响到基本生存。这种风险有的可能是规模经营者恶意拖欠导致，恶意拖欠者实际上是人为对流出方制造风险并从中获取收益。例如，2019年3月庆阳市某镇获得世行项目，扶贫办对外招标规模经营者流入耕地种植苹果树近700亩，涉及132个承包户。到2020年4月耕地流出已一年有余，农民却迟迟收不到流转费，集体上访到正宁县政府。政府回复说2019年7月初县扶贫办对项目进行了初验，正在申请世行项目管理部验收，如果验收通过后将立即向群众兑付流转费。① 在这个案例中，且不说先流转耕地后而长期拖延支付流转费已违反政策，是否真支付流转费还要看验收结果，具有很多不确定性风险。

如果没有相关方的参与监督，规模经营者可能拖欠流转费，把流转风险转嫁给流出经营权的原承包户。少数基层干部明知事实清楚，也不主动出面解决。法院在处理类似纠纷时，坚持不告不理，对没有签订流转合同的流转费纠纷不提供司法保护。在这种情况下，往往需要党组织直接参与治理才能解决。

3. 失业风险

在改革开放后一段时间内，农民无法外出而耕地紧张，农村适龄劳动力在一年之中处于闲置状态和隐性失业者较多。一些地方政府出于改变小农经济落后状态，而主动推进整批流转耕地经营权。其中一些农民因为年龄、认知等原因不能或未能外出而只能在本地从事耕种，更习惯于小农生产经营方式，规模经营者往往无法接纳太多农村劳动力，过快的耕地经营权流转可能给他们带来失业风险。一些规模经营者当初为了顺利流入耕地

---

① 中共正宁县委办公室：《关于土地流转未支付流转费的求助的回复》，人民网，http://liuyan.people.com.cn/threads/content? tid=7272318http://liuyan.people.com.cn/threads/content? tid=7272318.2020-04-22 10:49。

经营权，承诺解决相关农民就业问题，流转成功后也会在一定时间内雇用流出方来务工，但因劳动成本高而逐渐寻求机器替代，逐渐不再雇用流出方，使流出方处于无业状态。大多规模经营主体为了节约人工成本和管理成本，都会积极实行机械化，其结果是可能导致更多农民失业。①

流出经营权而外出务工的农民也可能面临失业风险，他们事实上进入了更大的劳动力市场进行市场化就业，面临正常的失业风险。每年大约有5%的农民因外出无法找到工作而只能回乡，2008—2009年金融危机期间就有2000万失业农民工回村，而耕地经营权流转在短期内往往不具有可逆性，导致这部分农民面临严重失业风险。随着国家对环境生态的重视，很多地方环境污染严重的小企业都普遍进行技术改造，流出耕地的农民在本地市场也面临失业风险。在一些地方，耕地经营权流转导致了原承包户的无业化。目前由农机合作社或专业服务队完成的耕地面积已超过50%，智能无人技术日益运用于农业，日常照看管理甚至可以远距离监控和操纵智能机器来完成，退出生产经营过程的农民数量在迅速增多。陈锡文认为，工商资本下乡应重在从事农业产前、产中和产后的服务工作以及农产品加工和营销环节，而不应与农民争夺耕地经营权，不应消灭家庭承包经营，否则将使大量农民从"业主"蜕变为雇工，甚至失业。②

自1980年代中后期以来，农村季节性"闲人"、非充分就业人口或者说"剩余劳动力"就日益增多。这类人口群体占整个农村劳动力比重1984年为22%，2015年为45%，2016年为46.9%，而2018年为49%。2016年第一产业就业人员2.40亿，而实际只需要1.27亿，有1.13亿属于剩余劳动力。③ 据CSS的2008—2015年的数据显示，农村无业阶层从2008年的14.36%上升到2015年的22.6%，④ 即该阶层有1.36亿人。2015年全国农村60岁以上的老年人为1.06亿人，去除老年人口后，2015年大约有0.86亿的农村无业人口。根据CGSS的2015年数据，2015年农村15—59

---

① 张佳星：《知气象、管病虫：AI让农场主乐当"光杆司令"》，《科技日报》2019年10月31日第5版。
② 陈锡文：《工商资本下乡后农民从业主蜕变成雇工》，《共产党员》2010年第9期（上）。
③ 赵卫军、焦斌龙、韩媛媛：《1984—2050年中国农业剩余劳动力存量估算和预测》，《人口研究》2018年第2期。
④ 王春光、赵玉峰、王玉琪：《当代中国农民社会分层的新动向》，《社会学研究》2018年第1期。

岁，连续 12 个月及以上没有工作的、非学生适龄劳动力人口占 10.4%，即有 0.6 亿的无业人口。① 如果把年龄上限提高到 65 岁，CGSS 的 2015 年数据与 CSS 的农村无业人口数据并无太大差异。至于 2016 年以来农村无业人口规模，目前并无准确数据可以推算，但耕地经营权流转的加速，农村无业人口规模和比重无疑会上升而非下降。

随着机械化农业、设施农业与智慧农业的发展以及专业性生产服务组织的增多，大量农业劳动已转变成机器操作，农业生产日益向非劳动密集型转变，对劳动力的需求也在大大下降。这也大大增加了留守农民的就业压力。无人机正在取代人工来照看农作物长势、水位，防治病虫害、驱鸟、防盗等；无人智能农机可以由一人遥控操纵完成耕地、播种、插苗、除草、收获、包装、运输等环节。农业智能化是历史性进步，但对于失业农民而言显然是一种风险，需要从国家层面重构福利制度才能得到缓解。

此外，流出经营权的农民还可能面临社会文化风险。一些原本囿于思想观念没有外出务工的农民，随着经营权流转也可能离开农业外出务工，进入城镇生活。在此转换过程中，他们不能及时融入新环境而面临社会排斥，既有社会支持网断裂而新的难以重构。这会使他们面临能力剥夺以及贫困风险。② 安全感下降而风险感上升，内心会焦虑不安。看重耕地意义和习惯农耕生存生活方式的年龄较大的农民，有独特的心理特征和行为习惯模式，其确定性与安全感来自耕作了一辈子的土地，随着耕地经营权流转会出现本体性焦虑感，难以理解城市生活的价值和意义，难以形成新的身份认知、社会认同以及行为模式。经营权流转会冲击这部分农民，使他们受到消费主义、流动现代性、外来文化的冲击，面临文化冲突与震荡的风险，会感觉痛苦不堪、精神萎靡，"隐退"与迷茫并存。而流出耕地经营权并能够转移就业或务工的农民，从拥有承包权的"业主"变成雇用工人，失去了管理权、决策权、处置权，可能会感受到社会地位的下降，③甚至有学者认为这是在重现"小农无产化叙事"，④ 并影响其下一代的生存

---

① 根据中国综合社会调查（CGSS）2015 年统计数据。
② ［美］阿马蒂亚·森：《论社会排斥》，王燕燕译，《经济社会体制比较》2005 年第 3 期。
③ 田丰：《逆成长：农民工社会经济地位的十年变化（2006—2015）》，《社会学研究》2017 年第 3 期。
④ 张建雷、曹锦清、阳云云：《中农经济的兴起：农业发展的去资本主义化及其机制》，《中国乡村研究》2016 年第 1 期。

和发展权。

(三) 其他个体风险

官员干部是一个"高风险"职业，特别是今天更加不确定的社会对其能力要求越来越高，能力不足可能给他们带来"职业风险"。而网络化、信息化和网民的监督，使他们的行为更可能被置于人民监督之下。上级地方政府的奖励和激励措施，以及各种预期收益好处，刺激基层和两委干部积极推进经营权流转，在流转过程中成为实际主体，因此必然要承担一定责任，面临众多风险。当规模经营者无力支付租金又无法返回经营权时，基层干部就成为矛盾焦点与问责对象。基层干部为解决规模经营者融资问题，超出财政承受能力强行担保贷款，可能导致金融政策扭曲和财政金融风险，而个人也可能被追究责任。[①]

经营权流转过程可能加剧农村女性在社会中的不平等地位。外嫁女的承包经营权不能随婚姻迁移，但一般情况下也不会向娘家索要，限于空间距离往往也无法回来参与经营。她们可能无法获取耕地补贴、流转费收入、股份分红，以及承包权换社保、经营权换社保等政策优惠。据统计，失地农民中妇女占七成，而失地女性就业下降率是失地男性的3.54倍。[②] 两性的不平等通常会内化为家庭内部夫妻双方的不平等，使妇女在家庭中处于更加依附的地位。对于男女事实平等的价值目标而言，这无疑是一种风险。

随着耕地经营权流转和规模化经营，农业生产日益化学化和机械化。这可能带来安全生产事故，如农机操作事故、交通事故、农药事故等呈现上升趋势。2016年全国农机交通事故达1004起，造成133人死亡；农机操作人员操作旋耕机等失误引发的事故641起，造成48人死亡、179人受伤，其中多为重度伤残。很多农机缺少安全装置，没有操作安全培训，操作人员劳动风险极高。例如，某乡在春耕生产过程，由于旋耕机操作失误造成的右腿高位截肢就多达4例，其他重大伤残事故17起。[③]

---

① 王德福：《市场化抑或政策性：农地经营权抵押的实践逻辑与反思》，《湖北社会科学》2016年第2期。

② 孙良媛、李琴、林相森：《城镇化进程中失地农村妇女就业及其影响因素——以广东省为基础的调查》，《管理世界》2007年第1期。

③ 农业部农业机械化管理司：《农业部办公厅关于2016年农机事故情况的通报》（农办机〔2017〕2号），2017年2月23日。

二 整体风险

耕地经营权流转和规模化经营可以促进农业现代化、市场化，提高农业生产力和市场竞争力，从而增进整体安全，整个社会的、国家的和全局的安全。但相关纠纷、矛盾冲突、群体事件以及上述各类个体风险，也会对整体安全带来冲击，导致整体风险。例如，有的省份一年承包经营纠纷就达数万起，甚至出现比较大规模的群体事件，严重影响社会整体稳定安全。整体风险主要包括国家耕地安全风险、粮食安全风险、生态安全风险和社会稳定风险等。

（一）国家耕地与粮食风险

与国土面积相近的国家相比，我国可耕地总量比例相对较低，人均耕地面积比较少，2016 年全国已经开垦的耕地保有面积为 20.24 亿亩，[①] 耕地总量红线为 18 亿亩，由于各种原因既有耕地面积不断下降，每年平均减少 700 万亩左右。其中各种建设用地占 21%，灾害毁地占 17%，非农化耕地占 62%。[②] 退耕还林工程也使耕地面积大大下降。[③] 如果按某些学者"大国大城"的设想，到 2030 年城镇化率要达到 70% 左右，还需损耗约 2000 万亩优质耕地。[④] 而从实际耕作面积看，2012 年左右实际耕作面积达到历史最低点，2016 年后有所增加，大致在 17.85 亿亩左右（参见图 4-1）。

在耕地经营权流转过程中，规模经营主体出于追求利益最大化需要，往往希望非农化经营。正如上文所言，在北京郊区，大棚的非农化现象严重，特别是大棚改成出租屋，引起了中央高度关注而不得不进行专项整治。2018 年占用耕地违法建设的"大棚房"就达到 11.4 万个。[⑤] 就全国来看，一些农业龙头企业将部分流入耕地用于建设办公场所和储藏、加工车间等基础设施，也改变了用途。一些地方政府对规模经营者的非农化行

[①] 王立彬：《全国耕地保有面积为 20.24 亿亩》，《中国县域经济报》2017 年 7 月 24 日第 1 版。
[②] 陈百明：《中国耕地数量下降之剖析：1986—1995》，《地理科学进展》1998 年第 3 期。
[③] 杨德才：《对耕地流失的调查及反思》，《农业经济问题》1995 年第 7 期。
[④] 汤怀志：《呵护耕地健康 筑牢优质粮仓》，《中国自然资源报》2020 年 5 月 29 日第 3 版。
[⑤] 卢静：《全国专项整治行动查出 11.4 万个违建"大棚房"》，《农民日报》2018 年 12 月 20 日第 1 版。

第四章　耕地经营权流转风险现状描述

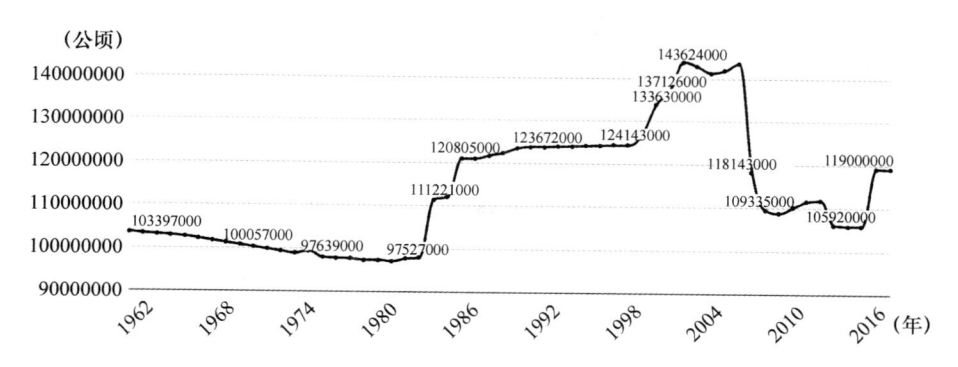

(公顷)

图4-1　中国耕地面积总体走势

资料来源：前瞻数据库。

为放任纵容，甚至与企业合谋获取利益。根据相关规定，在耕地不得不被用于其他用途而非农化时，必须实现占补平衡，但实际上一些地方存在占而不补、占多补少、占优补劣、占整补零等现象。越是经济发达的地方越是占多补少，占补力度与积极性日益下降。[①] 耕地流转过程中暗中改变用途的耕地往往得不到补充，从而使实际用于农业的耕地总量进一步下降。

我国耕地质量越来越接近可耕作的安全红线。经营权流转对耕地质量的影响，往往取决于规模经营者在流入耕地后，是采用科学的方法改良土壤和用生态的方法进行生产，还是进行掠夺性的、品种单一的、依靠化肥的方法进行生产。集中经营更可能机械化作业，增加地下水的开采，进入地下水的重金属更可能随灌溉进入土壤。规模经营者也更可能采用转基因技术，改变土壤微生物群落。在调查中发现，有规模经营者使用来自养鸡场的粪肥，使耕地抗生素含量严重超标。规模经营者以租赁方式经营耕地，由于产权终究不是经营者的，为了获取更多的利润，极有可能掠夺性使用流入耕地，造成肥力下降、土壤板结。在调查中发现，有的规模经营者对流入耕地与自有耕地的态度不同，对流入耕地只用不养，高强度地利用。规模经营者对于短期流入的耕地与长期流入的耕地态度也不同，对前者往往只重用而不重养。有的研究甚至认为，在今后15年内，我国耕地安

[①] 韩璐：《新时代耕地占补平衡的逻辑根源、模式探索与管理创新》，《中国土地科学》2018年第6期。

全风险将会集中暴发。①

耕地总量、耕地质量和实际耕地面积如果出现问题,将直接影响到粮食安全,包括平均口粮安全和质量安全。无论是家庭承包经营户还是规模经营者,近年来种粮的比例都在下降。规模经营主体流入耕地普遍存在非粮化、非农化现象。非粮化包括把流入耕地用于种植经济作物、生态旅游、水产养殖等。②例如,一些公司以发展现代农业的名义流入耕地,但只留出一小部分种植粮食作物以应付检查,而把大部分用于种植蔬菜、瓜果、药材、花卉等,或用于建设集水果、娱乐、餐饮、旅游于一体的生态旅游区,甚至有的直接用于工业生产。据统计,2012年底46%的流入农户和54%的流入面积都是用于非粮食生产,发达地区甚至在70%以上。在外来工商资本规模经营主体流入的2800万亩耕地中,只有6%用于种粮,而家庭农场种粮比例相对更高。③2014年流转的4.03亿亩耕地,只有2.29亿亩真正用于种粮。④2014—2015年原来种粮的耕地在流转后非粮化的比例达82%。在四大粮食主产区,耕地流转非粮化率高达61%。成都市只有20%流转耕地用于种粮,其中还包括油料。有的地方企业和大户没有一户是种粮的。⑤河南是我国第一产粮大省,其中滑县、永城、鹿邑、邓州、舞阳、唐河等产粮大县,耕地非粮化率高达55%。⑥根据国家统计局官网数据,2019年全国两大主粮水稻和小麦播种面积已经比2015年减少4.35亿亩,比2016年下降了4.75亿亩。

"非粮化"趋势是经营主体理性选择的产物,将长期持续下去。⑦种粮的机会成本和非粮化的机会收益,国家粮食保护收购价不能显著提高种粮收益,民众食物消费结构升级,都促使规模经营者放弃种植粮食转而种植比较收益高的水果蔬菜或转产肉禽养殖等。很多规模经营者开始流入耕地

---

① 汤怀志:《呵护耕地健康 筑牢优质粮仓》,《中国自然资源报》2020年5月29日第3版。
② 王丽丽:《基于粮食安全角度的耕地撂荒问题研究》,《农家科技》2013年第10期。
③ 易小燕、陈印军:《农户转入耕地及其"非粮化"种植行为与规模的影响因素分析》,《中国农村观察》2010年第6期。
④ 农业部经管总站体系与信息处:《2014年农村经营管理情况统计总报告》,《农村经营管理》2015年第6期。
⑤ 根据《中国农业发展报告》(2012)整理。
⑥ 河南科技大学"农村与区域发展"创新团队:《产粮大县耕地"非粮化"现象及其防控》,《中州学刊》2017年第8期。
⑦ 陈印军、向雁、金轲:《论耕地质量红线》,《中国农业资源与区划》2019年第3期。

时会选择种粮,但经历了成本高、利润低的"教训"后就会逐渐退出或逃离种粮,将耕地返包给家庭经营或将资本转移到种粮链条的前后两端,但更多的则是直接将耕地非粮化非农化。① 而即使是家庭承包经营者,随着其主要劳动力年龄增长和体力下降,无法承担种粮所需重体力,也日益选择耕地非粮化经营。

耕地的非粮化边界应在何处,也就是说每年种粮面积最低应是多少,似乎并无一个明确的答案。因为尽管种粮面积在减少,但随着科技的进步粮食总产量基本保持稳定,还有就是民众食物结构升级和多元化,粮蔬肉比例已接近4∶3∶3,② 对"主粮"的消费在下降,种粮面积似乎也应适当降低。从购买力角度看,低收入者如果传统主粮购买力不足,购买主粮的支出占其支出总额比例过大,就可能存在粮食安全问题。总之,粮食安全是一个既简单又复杂的问题,需要从科学技术、国际市场、消费结构等因素综合考虑。近年来流转耕地非粮化现象的普遍性,引起了党和国家的高度关注,2020年11月国务院提出种粮面积、粮食生产能力和产量三个指标不得下降,才能确保粮食安全;指出"部分地区""一些地方""一些经营主体""一些工商资本"大规模流转耕地改种非粮作物的行为是错误的。大规模的非粮化必然会影响粮食安全。

(二) 经济风险

耕地经营权流转可能导致的整体经济风险,包括金融风险、财政风险、社保基金风险等。农业规模经营者存在非理性地扩大投资规模的冲动,在资金不足时用经营权获取巨额抵押贷款,一旦无法还贷将导致债务危机,甚至经营权流转市场信用崩溃,农业生产经营将出现波动,进而引起国家经济动荡。农村发展银行、农村信用社力量本来比较薄弱,地方各级政府为规模经营和经营权抵押贷款设立的担保基金实力并不雄厚,自分税制以来地方政府财政长期面临赤字压力,拖欠挪用教师工资的案件时有发生。所有这些情况,都使我们必须警惕经营权流转相关的金融风险。规模经营者以经营权贷款存在一些不规范的地方,有的地方为了促进规模经

---

① 陈靖:《进入与退出:"资本下乡"为何逃离种植环节》,《华中农业大学学报》(社会科学版) 2013年第2期。

② 黄宗智:《中国的隐性农业革命(1980—2010)——一个历史和比较的视野》,《中国乡村研究》2010年第2期。

营者和承包经营家庭的融资，降低了贷款门槛和简化了贷款程序，例如贷款者只需告知银行种粮补贴、社保等账号即可申领一定数额的贷款。如果不能偿还，银行将按月用这些政府补贴进行扣抵。每个经营主体获得的这种贷款额度相对较小，但总体规模很大。如果国家财政不能按时发放补贴，银行金融风险就会大大增加，无法偿还贷款者本来就经营困难，如果再失去财政补贴，生存或经营就更难展开。截至 2018 年 9 月底，全国 232 个耕地经营权抵押贷款试点地区贷款总额达 964 亿元。① 据来自银监会、保监会的数据显示，截至 2018 年末，全国金融机构涉农贷款余额达 33 万亿元，同比增长 5.6%，普惠型涉农贷款余额 5.63 万亿元，增长 10.52%。② 2019 年全国农村金融机构包括农村信用社、农村合作银行、农村商业银行贷款余额达 19.07 万亿元，其中有一部分属于经营权抵押贷款余额。目前银行坏账已逼近红线，而农商行坏账率最高，不良贷款率达到 4.22%，已经超过了安全警戒线。

耕地经营权流转还可能带来国家财政风险。这主要体现在中央和地方各级政府为经营权流转提供财政补贴、奖励、项目资金，但经营权流转产生的收益如果不能与之相称，国家财政收入将长期无法得到来自规模经营收益的补充，从而可能导致财政补贴支出难以持续。2006 年，国家财政用于农业补贴的支出达 370 亿元，而 10 年之后的 2016 年已达 1.8 万亿元。③ 2016—2020 年共发放补贴近 10 万亿元。如此庞大的补贴支出，需要有持续的财政收入作为支持。从总体上看，目前我国财政赤字是常态，2019 年已达到 3 万多亿元，其中有很大一部分是用于农业补贴导致的。庞大的补贴刺激了农民进行农业生产经营，拉动工商资本投资农业资本经营。但问题在于现实是复杂的，在实践中有很多规模经营者专门定向于获取来自政府的补贴，而其名下的规模经营只是名义性的，或者很快有名无实，大量的种粮补贴并没有真正达到种粮者手中，而是平均分配给各家庭承包户。

在经营权流转的过程中，一些地方出现了以承包权换城市户口和住房、以经营权及其收益换养老保险的实践。这种实践的目的在于解除农民流转经营权的后顾之忧，使他们可以不用缴纳养老保险就可以在一定年龄

---

① 以上数据均源自政府相关网站和官方报纸报道，具体出处不再一一罗列。
② 董翀：《乡村振兴投融资保障机制研究》，《中国延安干部学院学报》2019 年第 4 期。
③ 吴小锋：《我国农业补贴的演变及优化方向》，《农业工程》2018 年第 9 期。

后领取养老金。但这必然增加国家社保基金的支出压力。征地拆迁过程中有相当一部分人在没有缴纳社保的情况下转为领取社保者，使未缴纳社保基金而领取社保者数量更多，降低了社会养老保险系统的可持续性和确定性。

（三）社会稳定风险

农村不稳定则整个中国社会难言稳定，影响不稳定的因素是多样化的，其中包括社会无分化或分化过度，适度的分化加上适当的整合机制则有利于社会的稳定。改革后一段时期内农村社会职业结构日益分化，但贫富分化并不明显，主要是因为相对富有农民大多会离开村庄进入城市，留下的农民家庭收入水平有一定程度提高，但财富无明显分化。随着改革的进一步推进，李强认为中国甚至逐渐出现了倒"丁字形"结构，底层占63.2%，其中农民占91.2%。[①] 农村社会结构开始出现"断裂"，经济、政治和社会资源日益集聚于权力精英和经济精英手中。陆学艺综合个人对组织、经济和文化资源的占有情况研究了改革开放后耕地经营权流转前也就是1980—2000年左右的农村社会分层，发现这一时期农村存在农业劳动者（63.4%）、农民工（12.2%）、雇工（3.0%）、知识分子（1.1%）、个体工商户（6.5%）、私营企业主（0.8%）、乡镇企业管理者和农村管理者（0.9%）、乡村脱产干部（0.6%），以及外来工人（8.1%）和无职业者（3.3%）等阶层。贺雪峰发现，在出现流转和规模化经营后农民分为五个阶层，即离土阶层、半工半耕阶层、在乡兼业阶层、普通农业经营阶层、贫弱阶层。[②] 王春光等人基于CSS的2008—2015数据以及相关田野调查资料，发现农村阶层呈金字塔形分布，从高到低分别是干部、企业主、个体户、打工者、兼业务农者、纯务农者和无业者，干部存在一定的阶层固化，个体户和打工者普遍向下流动而向上流动的空间越来越小。[③] 罗兴佐发现，近年来浙江绍兴、宁波等发达地区农村已分化为四个阶层，年收入50万元以上的富人阶层（15%）主导村庄利益分配，年收入10—30万元的中上阶层（25%）依附于富人阶层企业进行产品加工销售并支持富人

[①] 李强：《"丁字型"社会结构与"结构紧张"》，《社会学研究》2005年第2期。

[②] 魏程琳：《中国乡村的去阶层分化机制与社会稳定》，《南京农业大学学报》（社会科学版）2017年第1期。

[③] 王春光、赵玉峰、王玉琪：《当代中国农民社会分层的新动向》，《社会学研究》2018年第1期。

治村，年收入 5—10 万元的中下阶层（40%）多在村庄内打工，年收入不足 5 万元的贫困阶层（20%）处于边缘位置并对村庄利益有强烈诉求。① 这些研究表明随着时间的推移，中国农村各阶层收入日益分化，贫弱阶层出现，阶层社会距离拉大，农村社会稳定面临新的挑战。

经营权流转不仅导致村庄职业分层结构再造，也导致各阶层社会关系变迁，一个新的精英阶层在形成，而某些阶层在边缘化。随着经营权流转而在村庄形成的新精英阶层，作为中上阶层日益渗入党政系统，富人治村和治村富人的逻辑相互结合，动态地垄断村庄资源，在金融贷款、公共产品等资源获得、政治参与机会方面具有一定优势。精英阶层的组织化日益提升，49.69% 参加了相关协会或联盟。② 在一些村庄，地方政府和外来资本与村庄内生能人和规模经营者之间，能人和规模经营者与中农和普通小农之间，正在形成"吸纳—依附"关系。中农和普通小农则处于最低依附地位，获得最小份额的农业收益，成为规模庞大的弱势阶层和边缘阶层。③ 随着规模经营门槛日益提高，普通传统承包户越来越无法积累足够资本扩大经营规模，而只能从事雇佣劳动获得工资，外加相对低廉的地租收益。④ 耕地集体所有权和经营权得到实化和强化，所有权经营权主体地位强化而承包权主体地位弱化。⑤ 外来工商资本流入经营权规模化经营模式，更容易导致原承包户边缘化。随着技术的发展，这类规模经营者对农村劳动力依赖性下降，日益不需要村庄社会关系基础支持，也就减少了为维持与农民社会交往关系的投入，反而可能"吞噬"村庄。一些外来规模经营者到来后往往会迅速完成对村庄的再造，剥离农民与村庄原有的密切关联并使之成为村庄"空挂户"，自己则成为飞地并使边缘群体更加边缘化。

有的研究发现，农村精英阶层与一般农民阶层之间日益存在经济、权力和文化区隔，但最初并不存在社会区隔。⑥ 不过近年来，村庄中的先富者因产业离不开村庄而不得不"在村"，与其他村民共处物理空间，但日

---

① 罗兴佐：《阶层分化背景下的农村基层党组织建设》，《长白学刊》2018 年第 1 期。
② 杨华：《当前我国农村社会各阶层分析》，《战略与管理》2010 年第 6 期。
③ 赵晓峰、赵祥云：《农地规模经营与农村社会阶层结构重塑——兼论新型农业经营主体培育的社会学命题》，《中国农村观察》2016 年第 6 期。
④ 张梓榆：《农户经营特征分化与农地经营权流转》，《现代经济探讨》2018 年第 1 期。
⑤ 朱冬亮：《农民与土地渐行渐远——土地流转与"三权分置"制度实践》，《中国社会科学》2020 年第 7 期。
⑥ 仇立平：《回到马克思：对中国社会分层研究的反思》，《社会》2006 年第 4 期。

益有着不同的社会空间。规模经营主体特别是外来规模经营主体与流出经营者的原承包户出现了一定程度的社会区隔,二者之间难以发生实质性的联系交往,村庄上层朋友圈、婚姻圈、消费圈关系紧密,对中下层具有排斥性,[①] 生活消费方式以及文化意义世界都日益疏离于其他群体。二者之间即使有社会交往也基本上是表层性的,跨越区隔的社会关系网络无法起到资源在阶层间流动的中间桥梁作用。农村阶层内部价值认同更为相似,阶层内部意识正在萌生。[②] 农村中下层自我评价较低,自我身份认同度也较低,流出经营权者的政治参与积极性显著降低。[③]

经济状况决定家庭结构、婚姻制度和社会关系结构。人民公社时期的集体化经营消解了家庭组织生产角色,削弱了父权对家庭的控制,农村社会为国家行政所整合。[④] 改革开放以来,农民日益具有实用主义色彩,互惠行为减少,血缘亲缘关系日益碎片化。随着耕地经营权的流转和社会区隔的加深,以传统家族关系以及共同体规范为基础的村庄整合系统日益失灵,村庄社会秩序更加脆弱。村庄内部利益群体日益分化并各自采取一种规范评价体系,特别是流出经营权的原承包户对规模经营主体可能采取另一种规范评价体系,使损害规模经营者利益的行为得不到规范。在规范失灵的情况下,他们更可能潜意识地采取"弱者的武器"进行对抗,特别是偷盗"飞地化"规模经营者的农作物,暗中破坏生产经营设施等。而这又会导致规模经营主体的进一步飞地化,更愿意借助两委权力、司法力量来保护自己的利益,由此强化既有的对立。长此以往,可能形成两极化结构,对农村社会和整个社会稳定产生不利影响。

(四) 生态风险

耕地特别是基本农田对全社会的生存与发展而言,具有重要的生态功能,特别是具有气候调节、净化环境、涵养水源、固土保肥、营养物质循环等功能。但随着耕地经营权流转和规模经营而来的耕地非农化以及耕

---

① 朱静辉:《土地资本化与农村阶层再分化——一个沿海村庄的阶层结构变迁分析》,《南京农业大学学报》(社会科学版) 2016 年第 3 期。
② 田先红:《阶层政治与农民上访的逻辑——基于浙北 C 镇的案例研究》,《政治学研究》2015 年第 6 期。
③ 付振奇:《土地经营权流转是否影响了中国农户的政治参与》,《公共行政评论》2019 年第 3 期。
④ 王天夫:《土地集体化与农村传统大家庭的结构转型》,《中国社会科学》2015 年第 2 期。

面积的减少，对耕地生态功能影响很大，可能严重影响生态安全。耕地面积减少导致的生态价值损失值得关注，在北方特别是华北地区，冬小麦在春天往往能减少沙尘污染，夏玉米等能够吸收降水和恢复地下水资源。设施农业特别是大棚作业可能起不到这样的作用，温室大棚面积达到一定比例后，所在地的冬季日平均温度会显著上升。在丘陵地区，规模化经营可能消除坡地田坎而连片经营，加剧水土流失；为了更加充分使用耕地，很多以前的冬水田不再蓄水而改种油菜小麦等，春耕全靠水库来水，这对当地的生态影响也很大。规模经营主体种植品种具有大面积单一化趋势，也在一定程度上会影响耕地生物多样性。

从某种意义上看，某些规模经营主体特别是某些外来工商资本下乡从事规模种养业的经营主体，是在对农村进行一场"生态剥夺"。他们通过生产风险获取收益转嫁损害。有的规模经营主体为获取收益而经营特异品种，甚至从国外引入特异品种，逸生而造成生态灾难。从规模经营主体和专业服务主体农机能源结构看，目前所使用动力能源仍主要是柴油，尾气污染较为严重。

三 个体风险与整体风险相互影响态势

个体和整体概念具有相对性。在村庄共同体中，家庭是个体而村庄是整体；就人类而言，国家是个体而人类是整体。个体风险是指个体可能遭遇的不确定性和由此带来的风险损害，而个体性风险是指个人因素导致的个人自己、他人、群体或整体的风险，系统性风险是指系统性因素导致的对个体、群体和整体的风险。正如绪论所言，有时个人安全与整体安全存在冲突，要个体安全则可能影响整体安全，要整体安全也可能影响个体安全。国家主义和集体主义者往往更强调整体安全，必要时可以牺牲个体安全。个人主义者则主张个人安全至上，为了整体安全不得牺牲个体安全。在实践中个体安全与整体安全往往较难调和。整体需要特定个体作为代理人，后者可能存在利益偏向性，有意识地界定何为风险和何为非风险，何为整体安全和何为个体安全，并牺牲某些个体的安全。风险感往往具有主观性，安全需要满足的标准也难以统一，传统票决制会忽略处于少数的个体的正当安全需求，例如核电站、垃圾处理场、化工厂的选点都存在这个问题。从时间维度看，个体和整体都存在近期和远期安全之分，个体短期安全可能以牺牲整体长期安全为代价，整体短期安全可能以牺牲个体短期和长期安全为代价，个体的长期安全可能与整体长期安全一致。不同层次的个体与整体可以通过合作博弈、民主协商防止个体理性导致集体非理性，防止以整体长期安全过度抑制个体近期需求，实现个体与整体的短期安全和长期安全的均衡，实现个体安全与整体安全相互促进、良性循环，防止个体风险与整体风险叠加和形成恶性循环。

耕地经营权流转和规模化经营必须考虑不同层次个体和整体的短期和长期安全。在家庭承包责任制下，承包户尽管收益很少但风险也较少，国家面临近期和远期的风险。耕地经营权流转在近期可增加承包户的收益，一些承包户还可以通过城镇化、市民化转型而不再具有农民身份即通过上升而终结，实现长期的安全。适当的经营权流转和规模化经营，也可通过提高农业生产力和竞争力、改善耕地质量和生态状况而使国家整体获得更多的安全。因此，从理论上分析，在正确的观念、完善的制度法规和治理机制的支持下，可以实现个体安全与整体安全的良性循环。

就当下的情况看，问题是个体安全与整体安全还没有得到很好的兼顾，没有形成良性的循环。原承包户面临各种短期不确定性风险，包括经营权收回不确定性、流转费收入不确定性、居住方式和生活方式改变、消费市场化、社会关系变动、文化震荡冲击等，导致国家整体近期社会稳定风险增加。一些规模经营主体不仅近期面临各种经营风险，长期预期也具有不确定性，并使整个国家面临长期的耕地和粮食、生态环境等风险。一些流入耕地经营权进行大规模经营的工商资本个体，存在生产风险、攫取收益和转嫁风险的情况。一些规模经营主体在谋取国家补贴的同时，并不进行真正的农业经营。它们把国家资源当成了重要分利来源，把增进自己收益的方向定位于生产经营活动之外，而不是定位于努力创新技术、改善组织结构和提高生产力进而提升产品产量与质量，并最后通过销售产品来获取收益。其结果可能是影响社会总财富的增加，扭曲政府政策目标。更严重的是，规模经营主体的经营风险可能转化为承包户个体的风险和整体的风险，而这些风险反过来又会成为规模经营主体的外在风险，进而造成个体风险和整体风险的叠加。

第五章

耕地经营权流转风险原因分析

在耕地经营权流转过程中出现的纠纷、矛盾、冲突甚至群体事件，各类相关个体和整体的可能风险，以及风险叠加的状况，有着多重的内部和外部原因，其中包括相关制度的不完善、治理体制机制的不健全、农业金融保险的相对滞后，以及资本逻辑过度渗入流转过程等。

一 耕地制度矛盾或缺陷

（一）制度、制度矛盾与制度缺陷

制度包括正式制度与非正式制度。正式制度包括成文的宪法、法律、政府规则、条令、条例、政令、办法等。非正式制度概念比较广泛，包括影响人们行为的思想观念、规范、习俗、习惯、传统、做法（practice）、文化等因素。非正式制度大多是演化生成的，一些习俗、惯例、做法等非正式制度，通过正式的确认和文字化而演化生成正式的制度，但大部的正式制度都是由权力和知识精英设计生成的。

演化生成的非正式制度是小群体成员在漫长的社会互动过程中形成的。如果有违背者或不遵守者，其机会主义行为或败德行为信息会在小群体熟人网络中迅速传播，熟人会不再信任他、不再与他合作，更不再与他进行互惠交往。这不仅使其物质利益受损，社会地位声望甚至心理安宁也要受到影响。因此，非正式制度往往未"文字"化，内在于人而不需要外在强制就具有效力，能够有效制约和使能小群体成员。但非正式制度的缺陷在于其是不断试错的产物，并无外在强制执行者，成员只有通过违反后招致的消极后果才会领教其力量，以事后惩罚实现事前预防。这种小群体网络内部治理机制，需要成员相对稳定，只能在较小范围内发挥作用，如果成员具有流动性则这种以熟人社会为基础的网络机制和非正式制度就会失效。但即使是在流动现代性世界中，也会存在小群体和熟人社会，包括网络空间中的小群体，因此非正式制度始终会发挥一定的作用。整个社会实际上是由无数小群体构成的，甚至存在立体化的小群体结构，从而形成一种立体分层的合作秩序。

设计生成的正式制度在很大程度上是权力精英出于某种目标和价值导向，在明确意识、观念和理论的指导下，在"专家"的"科学知识"支持下制定出来的。大多数正式制度都是设计生成的，往往考虑不到各地具体的实际特殊情况，甚至会偏向于某种利益群体而忽视另一些利益群体的利益。但是，设计生成的制度往往有外在的强制力量来保证实施，因此适用范围更大也更能应对成员的流动，在开放而流动的环境中可以更好预防机会主义和败德行为，也更能对行动者发挥重要的使能作用。

制度生成之后存在维持、扩散传播、移植和创新、衰亡的过程。从时间上看，制度生成后首先需要得到维持，以便在一定时间内较为稳定地存在并为成员认可和接受。从空间上看，制度生成后还会向外扩散和传播，从而使更多的人受到其影响或支配。而制度所影响的空间范围越大，其自身在一定时间内就越是安全，因为处于制度竞争的优势地位。一些群体会主动从他处移植制度以实现自身的发展，但如不考虑自身实际而照搬移植外来制度，其效果可能适得其反。制度在生成之后，也有一个随时间和环境的改变而变迁的过程。由于制度背后涉及特定利益问题，一种制度总有与之相应的"既得利益者"，因此制度的变迁涉及利益的调整，只有在"既得利益者"整体和长远利益受到重大威胁且有"内部开明者"倡导动员时，制度创新才会实现，否则会陷入路径依赖。制度的创新是既得利益者内部成员之间、既得利益者与利益相对受损者之间、利益受损者内部成员之间博弈均衡的过程。

制度之间会发生结构性冲突和矛盾。在宪法、法律、政策、条例、决定、通知等正式制度之间，在习惯、习俗、传统、风险、仪式等非正式制度之间，以及在正式制度与非正式制度之间都可能存在矛盾和冲突。在同一时空中，针对同一种行为，可能存在不同的正式制度进行规范，这些制度往往由不同的主体来制定，因此导致制度的矛盾和冲突。旧的制度没有废止，新的制度又制定和实施，也会导致新旧制度的矛盾和冲突。在现实生活中，某些现象相对复杂，基于不同视角设计的制度都有其合理性，但在客观上会造成制度矛盾。在特定时空内，非正式制度之间的矛盾相对较少,因为其是演化生成的;但在不同的空间中,非正式制度之间往往会出现矛盾和冲突。当行动者在这两种空间移动时,就会感受到文化差异,如果不能"随乡入俗",就会产生内在的角色矛盾或外在的行为矛盾。

正式制度可能源于非正式制度,但也可能变成非正式制度。二者之间可能存在共存互补的关系,也可能存在相互对立相互替代的关系。正式制度与非正式制度之间的关系,实际上是国家与社会、"精英"与"民众"、"专家"与"常人"、"科学知识"与"地方性知识"之间关系的反映。正式制度的过度扩张,实际上也是国家权力和政府理性、专家理性的过度扩张。社会空间被过度压缩,从表面上看正式制度似乎因此力量彰显,但实际上正式制度要想在实践中得到实施,需要有一个从专家理性向民众感性的转换过程,更需要得到非正式制度的支持和配合。民国时期送法下乡,不仅破坏了传统乡土社会,更使现代法律在乡村无法落地,最后导致乡村陷入无序混乱状态。因此,二者相互支持、共存互补,才能更有效地调节人们的行动,社会秩序就更为良好。

如果制度不能完全调节或不能正确调节实践,那么就存在缺陷。制度不管是演化生成还是设计生成的,都可能随着实践而变迁,如果制度变迁的速度滞后于实践的进程,就会出现制度空缺或缺失。最严重的制度缺失和制度空场就是所谓的霍布斯丛林,每个人对他人都是一种不确定性的风险因素。

耕地经营权流转之所以存在纠纷、矛盾、冲突和风险,其原因之一就是最根本的价值导向、顶层的制度设计框架和具体的制度安排存在前后不一致甚至相互矛盾的地方。相关的正式制度不健全甚至缺失,正式制度与相关非正式制度之间没有形成一种相互支持相互补充的关系,从而使相关主体行为得不到有效的规制和支持,就会导致各种纠纷、矛盾、冲突和风险。

(二)耕地制度矛盾与缺陷

改革开放以来,党中央关于农业农村的核心指导思想观念,既是基于农业农村实践问题和经验的总结反思,又会随着全国和世界形势发展而不断调整。从这种思想观念的演变过程看,存在着曲折和起伏,其间也存在不同的思路。其中值得注意的思路之一,就是以龙头企业为核心促进农业的产业化,这并不涉及耕地的经营权流转问题,承包户根据龙头企业的需要来生产农产品，实现农业产业化，承包家庭仍然是经营具体主体。另一种思路就是不动承包权、经营权，展开托管经营，代管代耕，农民掌握耕地使用经营权的主动权。第三种思路就是经营权流转，形成适度规模经营主体，一般的没有资金、技术的传统农民退出经营主体地位，由外来工商资本或者本地精英进行现代化的农业生产经营。目前，中央的指导思想观念赞同用流入经营权抵押贷款，但也有的主张以经营权收益而不是以经营权本身作为抵押进行贷款。有的1号文件强调将承包家庭劳动力从土地上解放出来，获取经营权流转费的同时获取务工收入；有的1号文件则强调农民要获取流转后的产品加工环节的收益，农民要获得更多的收益份额。关于经营权流转的指导性思想观念，本身就是一个不断发展调整的过程，在较短的时间里可能存在一些模糊、不确切甚至矛盾之处，有时甚至会出现思想路线的激烈斗争。这直接影响到经营权流转相关个体可能存在政策不确定性的风险。

思想观念是最高层次的制度要素，在其之下是法律法规政策层次的制度要素。而经营权流转方面的相关法律法规政策，还存在一些矛盾和不一致之处，也存在滞后和缺失。有的法规规定耕地所有权属于集体，承包权和经营权本身属于债权，不可以用于抵押或再流转给他人。有的法规认为耕地经营权是用益物权，可以用于抵押贷款。承包者是耕地的用益物权主体，享有占有、使用和收益的权利，可在承包期的剩余期限内将土地经营权采取转包、互换、转让等方式流转。值得注意的是，很多法律条款也还没有将承包权和经营权分离开来，显然已经滞后于实践。

不仅既有相关法律法规存在一定的缺陷，而且不同法律法规之间还存在一些矛盾。例如，《农村土地承包法》视经营权为债权而《物权法》视经营权为用益物权，前者有利于保护承包户的利益，后者有利于保护流入方的利益，导致二者之间容易产生制度性矛盾。《土地管理法》规定集体经济组织以外的主体流转耕地时，须经村民会议三分之二以上成员或村民代表同意；但《最高人民法院关于审理农业承包合同纠纷若干问题的规定（试行）》又指出，发包方违背集体经济组织成员大会或成员代表大会决议越权发包的，如果承包人已投入大量资源，则不支持终止合同。某些集体领导正是通过造成既成事实来流转耕地，导致干群冲突。有的法规明确不得以撂荒为由收回承包地，已收回的要退还；有的又规定不得强制收回而尽量促进其流转。依据《农村土地承包法》和《合同法》，耕地流转的增值价值归承包户；但根据其他的法律，则可能由全体村民共享。[1] 司法机关在裁判经营权流转纠纷时，主要援引《物权法》而非《土地管理法》，《农村土地承包法》几乎没有成为法院裁判所援引的依据。[2] 这类制度矛盾不仅使纠纷的司法处理难以服众，也导致结案率低。此外，还存在上位法与下位法之间的矛盾。

在国家法律与政府政策之间也存在一些矛盾。《承包法》规定，脱离耕地的农民转让自己耕地，受让方与集体要重新签订合同。但国家政策为了保护承包户的承包权，同时为了促进城镇化，规定农民进城定居不以退出承包地为前提，进城定居肯定是脱离了耕地，但却可以不收回。结果使原本因务工与购房入城转让承包地的人，为了获得补贴等再次回到农村索要耕地，导致大量矛盾与纠纷，更使更多的农民选择不放弃耕地承包权而同时享有两种身份。对于人口众多，资源稀缺的中国来说，这肯定是一大挑战，不利于规模化经营，因为这增加了经营收益享有主体。还有，耕地由具有村社成员资格平均承包的法规，与后来"增人不增地，减人不减地"的政策之间存在矛盾，使视耕地承包经营权为集体成员身份权的意识形态话语与规模化经营话语发生矛盾冲突。有的法律仍禁止经营权流转，而政府政策已允许经营权抵押贷款。国家法律往往是较早主流价值观念的产物，而政府政策往往走在了前面，体现的是新的理念观念。这种法律与政策之间的矛盾是社会发展过程中必然出现的现象，但如果不及时协调，会引起相关主体的行为冲突。

政府政策之间也存在矛盾。有的政策坚持以家庭经营为基础，流转过程中要以农民为主体，要适度规模经营等。但是，有的政策主张推进工商资本为主导的规模经营，各项优惠都倾向于后者。有的政策不断激励地方政府加快推动流转，又试图控制其强制流动和谋利冲动。[3] 所有这些都会直接影响相关利益主体的行动，他们的行动似乎都有法律和政策依据，从而加剧了耕地流转的纠纷、矛盾、冲突。

在正式的法律法规政策与非正式制度之间的矛盾冲突则更多。例如，

---

[1] 谢琳、罗必良：《土地所有权认知与流转纠纷——基于村干部的问卷调查》，《中国农村观察》2013年第1期。
[2] 李广德：《农地流转纠纷的类型构造与司法治理》，《山东社会科学》2017年第4期。
[3] 吴毅、陈颀：《农地制度变革的路径、空间与界限——"赋权—限权"下行动互构的视角》，《社会学研究》2015年第5期。

《承包法》规定，婚后从夫居的女性如果在嫁入地没有承包地，那么原承包地就不能收回，以及离婚或丧偶妇女的原承包地不得收回，但是一些村庄仍然根据传统做法无视这些女性的权益。[1] 又如，"增人不增地，减人不减地"的政策更是使出嫁女在夫家不能分得新地，在娘家一般不可能保有承包权，因为中国农村传统大多如此。一些村庄根据乡村习俗，继续耕地承包权的调整。特别是在男女性别失调的地方，为了增强"婚姻市场"的竞争力，一些村庄仍然会给新娶媳妇分配耕地和股份。很多村庄都存在改变该政策的强烈要求。[2]

更重要的是，目前针对经营权流转相关的行为，还缺少具有针对性的专门而系统的法律法规来调节和规范，现在大多都是一些粗线条的规定，因此存在制度性的缺失。在耕地确权，经营权出租、转让、入股，合同违约，耕地流转规模、耕地用途管制以及非农非粮化监督，经营权价值评估，经营权融资抵押，入股主体资格，经营内容监管，保险保障，妇女权益保护，代耕代管等环节，以及租金形式、流转服务体系、流转过程监督等问题上都还没有完备的法律。在政府行为、禁止强迫流转等方面缺少辅助性制度法规支持。关于工商资本流转经营权的资格审查、项目审核和风险防范制度、银行或担保机构所收抵的经营权再流转等诸多环节，缺少专门的制度法规。还有，对于流转服务平台的性质、地位、职能也缺乏统一界定。在耕地流转过程中的生态环境保护方面，特别是农业化肥农药投入总量、农田灌溉水质标准、土壤环境质量退化检测方面，缺失可依循的标准。[3]

二 基层治理体制机制不健全

随着耕地经营权流转，农村基层社会结构发生巨大变迁，资源分配方式、社会权威与信任体系、村庄公共需求都在发生转型。对于经营权流转所需公共服务，包括流转双方信息查询和征信系统、相关主体技能和能力提升培训、风险应对与保障等方面，既有"乡政村治"基层治理框架已难

---

[1] 柏兰芝：《集体的重构：珠江三角洲地区农村产权制度的演变》，《开放时代》2013 年第 3 期。

[2] 邵夏珍：《三农研究"增人不增地、减人不减地"与"长久不变"》，《光明日报》2015 年 12 月 16 日。

[3] 李嵩誉：《土地流转中的环境规制研究》，《法学杂志》2019 年第 11 期。

以适应。

（一）村庄治理面临的挑战

在改革开放后逐渐形成的"乡政村治"的乡村基层治理框架中，村民自治是十分重要的组成部分，其自身经历了不平凡的实践探索，并在农村发展过程中发挥了重要作用。不过，在一些地方，少数作为村委主任的富人将村庄公司化，垄断村庄的政治、经济和自然资源；一些村民村庄政治参与效能感日益低下，不严肃行使选举权，贿选现象时有发生，家族势力影响村委选举。村委干部腐败异化问题较为突出，少数村庄黑恶势力严重，使得国家不得不进行运动式治理。村民自治内部运行机制不健全，民主议事、决策、监督形式化。国家司法力量未能及时高效介入为村民自治保驾护航，自治边界之外的国家法治力量没有直插最基层和社会末梢，司法保障不足导致黑恶势力日益猖獗。

随着耕地经营权的流转，工商资本、大规模种养专业户、专业服务组织、家庭农场等新型规模经营主体在农村的出现，村庄基层治理及村民自治的主体、内容、方式都发生了巨大变化。其中包括治理基础日益市场化，治理边界日益开放化，治理过程日益契约化，非集体成员参与程度日益强化。[①] 这使得很多传统上属于村民自治的内容，都在向村庄治理转移。耕地经营权流转的各个环节，包括相关法律、政策、规范的实施，补贴的落实、公共产品的配置、确权、是否流转、流转方式选择、流入方租金支付水平与支付方式、耕地用途监管、流转收益的分配、环境生态状况、经营权抵押贷款等，几乎不再仅仅是村民内部的事情，而要涉及外来的利益主体，需要村庄治理来完成。

面对村民自治存在的各种问题和挑战，党支部书记兼任村主任"一肩挑"的趋势日益明显。到 2022 年，其比例要达到 50%。这无疑是一条很好的捷径，使得基层治理被混混、家族或宗族势力操控的可能性下降，能够确保党在村庄治理中发挥重要领导作用，使上级党委和政府的政策和任务能够更好实现。但是"一肩挑"的村干部角色存在多重性。他们是党在基层的代理人，拥有话语权优势和合法政治权威；是政府的代理人，拥有"公权力"；是基层自治组织的代理人，必须充当本村的利益保护者角色，掌握村规民约的订立、修改和废止；也可能是集体经济组织的代理人。另

---

① 徐克勤：《土地"三权分置"下的农村治理研究》，《党政干部论坛》2018 年第 5 期。

外，在"富人治村"的村庄中，他们还可能是规模经营者的代理人，作为工具理性的行动者为自己企业谋取利益。一肩挑的村党支部书记和主任甚至可能把党和政府的各种主流话语意识、相关惠民政策和项目，都作为他们谋取私利的旗号，同样导致基层村庄治理"内卷化"。一些地方"四议两公开"制度形式化严重。在这种模式之下，党建引领村民自治和基层治理就成了关键之关键。村民自治存在异化需要加强党的领导，好的村党支部书记榜样、事迹层出不穷，但一些村党支部书记本身同样存在各种问题，村内部党员本身就少，有的地方发展党员裙带化、家族化趋势明显，村党支部书记违纪、违法、犯罪、黑化的案例同样时有发生。

对于耕地经营权流转拖欠流转费的现象，大多数地方都依靠流出方个人力量寻求解决，由于处于与流入方不对等的地位，有的纠纷主体之一本身就是村干部，流出方个人维权困难。没有自治组织支持的、未法团化的集体维权，他们很有可能采取体制外的集体行动，甚至采取极端行为，导致群体事件，影响农村社会稳定。

对于流入主体特别是规模经营主体的资格审查和公示环节存在缺失，即使有也是村干部等少数几人进行简单的了解，如果存在利益输送那就更谈不上资格审查了。承包者个体也很少会主动要求对流入方的资金规模、技术水平、经营理念、社会信用等进行审查，他们属于弱势一方，往往难以有这样的勇气和意识。而村民自治作为维护成员利益的集体行动平台，却没有切实发挥这样的作用，大规模的流转往往是由村干部说了算。例如，2015年某市人民政府规定，流入30亩以下耕地者不需审查，30—100亩的由乡镇（街道）组织审查，100—500亩的由乡镇初审而市业务主管部门复审，500亩以上的经乡镇（街道）和市业务主管部门初审复审后，报市政府审查。审查内容包括流入方的主体资格、征信情况和资金技术实力、营销渠道等关系农业持续经营能力的指标，还要审查其经营项目是否符合农业产业布局规划等，最后将审查结果告知流出方村委会和所涉农户。村委会和村民小组审查外来工商资本确实超越其能力，但应被纳入政府审查过程并进行监督，将政府和村民力量相结合，更有利于对流入方资格进行公正、合理、全面的审查。

流转后耕地用途发生改变是一种十分常见的现象，其原因之一就是村庄治理的缺失。2019年自然资源部和农业农村部《关于加强和改进永久基本农田保护工作的通知》以及地方各级政府的相关文件，都十分强调对农田的保护，严格限制非农化。但它们特别强调发挥政府主管部门的作用，政府主要负责人是耕地保护第一责任人；其所构建的动态监管体系，主要依靠技术手段和县级政府干部。县级以上自然资源主管部门进行日常监管，派驻地方的国家自然资源督察局进行监督检查并问责干部。在这样的治理安排中，很难看到基层自治和治理力量的参与。耕地用途改变是很容易发现的，如果能够如城市社区网格治理那样来监督耕地用途，就能够更好确保耕地用途不被改变。

在经营权再流转方面，时常出现经营权私下再流转而所有者和承包者不知情、抵押贷款虚构所有权和承包权所有人知情同意的情况。例如，某育种大户未经张某等村民同意，私下将其承包地之经营权再次流转给养牛场，甚至有村干部自己私下再流转的案例发生。2015 年三河市某村支部书记以 75 万元的价格私下将 10 亩耕地流转给他人而谋利。① 如果有健全的基层自治和治理机制，就不会发生这样的事件。

经营权抵押贷款融资环节，也没有充分发挥村庄自治的作用。经营权抵押贷款融资需要发包方和承包方的书面同意，但其所带来的增值收益承包户一般享受不到，加之出于安全考虑，承包户一般不会同意。即使承包户同意经营权抵押贷款，也存在一个经营权价值评估问题以及第三方担保资格审查、经营者偿还能力审查等问题。如果村庄自治机制没有运转起来，干部可能收受好处而权力滥用，承包户个人则无力进行真正的参与审查。如果承包户个人能够借助基层自治的各种机制，对相关环节实行民主集中制决策，那么潜在的问题和风险就会少得多。

此外，在耕地确权、经营权是否流出决策、承包经营权股份作价评估、专业服务者的选择、各种利益相关主体之间的矛盾纠纷处理等问题上，目前普遍存在重视专业技术部门、政府各部门及其干部、司法与专业仲裁机构的作用，处理这些问题的"常人方法"以及村民自治机制所发挥的作用有限。而其背后的重要原因，就是这些机制没有真正建立起来或者不适应新的形势而无法发挥作用。村民自治本身就存在问题，使其更难以应对耕地经营权流转带来的新挑战。

---

① 佚名：《河北 6 市最新查处！原副市长被双开、多人被撤职》，河北新闻网，http：//m.hebnews.cn/hebei/2019 - 06/22/content_ 7422632. htm2019 - 06 - 22，2019 - 06 - 22 15：10：42。

（二）政府内部治理体制偏差

1. 干部政绩考核和激励机制偏差

我国地方上下级党委（政府）干部之间存在委托—代理关系，委托人授予代理人权力，而代理人直接对委托人负责。这种基层党委和政府内部的纵向委托—代理关系，客观上在基层造成下级干部只对上级干部负责的情况，下级干部十分重视上级对自己的考核和激励。而基层政府横向各部门在一定程度上业务相互分割、多头治理，或界限分明，互不配合，扯皮推诿，消耗了治理资源，降低了治理效率。

在耕地经营权流转方面，经营权流转面积往往作为考核基层政府的重要指标，但在流转质量、耕地是否非农化、农田保护等方面一般没有硬性指标。不全面的考核体系促使基层干部强制推动耕地流转。畸形的政绩观和简单化的政绩考核方式，使一些地方政府通过搞反租倒包强制流转，损害农民生产经营自主权和利益。一些基层干部把流转作为政绩工程，掩盖强制流转弊端、伪造政绩，甚至暴力威慑弱势农户，成为流转酷吏。由于乡村内生的规模经营者大多财力有限，难以大规模流入耕地经营权，于是财力雄厚的外来工商资本就成了基层政府干部的宠儿，对于后者的要求可能无原则的响应，对其违反流转合同的行为不能积极制止。一些地方政府积极树立本地区规模经营样板，而一些企业明知规模经营农业获利的可能性也许很小，但鉴于优惠条件和补贴资金，以及能够配套生产办公建设用地和异地配套房地产开发用地等巨大优惠，便积极参与大量的流转耕地。地方政府和基层干部有强烈的动力强制推动经营权流转，并日益成为耕地流转的主导者，人为垒大户，引发经营者与承包户的各种风险，也给社会带来各种潜在的风险。[①] 而对于与耕地经营权流转相关的社会纠纷、矛盾冲突与群体事件，一些干部以压制的手段、机会主义的策略进行防堵，试图延宕经营权流转矛盾冲突，最终可能导致更加严重的风险。

2. 基层干部角色错位

改革开放以来，乡镇政府职能在不断转换。在80年代中后期乡镇企业异军突起之时，一些村和镇政府日益"公司化"，成为从事多种经营的"实业公司"，干部日益类似于公司董事长，公有或集体企业管理者则类似于厂长或车间主任，但仍然具有公益的性质。后来尽管乡镇企业改制与基

[①] 宋淑：《对土地流转乱象要给予充分警惕》，《经济视点报》2014年7月10日第5版。

层政府干部分离,但基层政府追求自身利益和成为谋利型政府的趋势没有改变,其中有些逐利行为日益压倒了公益角色,并通过控制辖区土地等资源获取收益。[1] 市场转型理论认为,近年来市场资源配置作用日益突出,市场精英逐渐成为资源配置主体,基层干部直接参与资源配置和生产经营管理的权力式微,[2] 但边燕杰和罗根提出的权力持续论、罗纳塔斯提出的优势转化论、周雪光提出的政治与市场同步演化论、李路路等人提出的权力精英再生理论,都认为政府干部仍然保有资源配置权力。

分税制和免除农业税、独生子女放开生育二胎等,使基层干部动员资源的机会减少,一些基层政府干部因此工作懈怠,抱怨自己"上管天、下管地、中间管空气","上面不负责,群众不理解,自己夹在中间两头受气"。他们认为自己责任很大,权力很小,特别是掌握的资源分配权力越来越小,于是消极不作为。可见,这些基层政府干部在很大程度上都没有实现真正的观念和角色转换。在既有的思维和行为惯性下,随着项目下乡和耕地经营权的流转,一些干部又变成"分利者",以至于在"血拆""血征"之后又出了"血转"。其做法包括低价强制流入高价流出从中赚取差额;利用规模化连片经营机会,搞阴阳合同虚报面积,夸大投资数额和规模经营面积,获取上级政府各类补助补贴;滥用职权直接对各种农业补贴做手脚,挪用侵占;在强制流转的基础上,主动改变耕地用途;在选择流入方的过程中,为提高流转价格对流入方资格和使用意向不加严格审查;在耕地占补方面弄虚作假,编造耕地增补数据,导致被占用基本农田未及时补充,获取巨额换地指标收益,据统计约 8.71% 补充耕地是以非耕地冒充,以劣充优和重复计算。[3] 这些基层干部腐败违法案件往往处于国家政策的"最后一公里"处,发生在国家治理能力最薄弱的末端,惩治难度大。

此外,对 GDP 政绩的追求、晋升的激励、为了缓解财政压力以及为了财政分权制度下地方政府的收益,甚至为了个人逐利,都是基层干部职能

---

[1] 丘海雄、徐建牛:《市场转型过程中地方政府角色研究述评》,《社会学研究》2004 年第 4 期。

[2] 边燕杰编:《市场转型与社会分层:美国社会学者分析中国》,生活·读书·新知三联书店 2002 年版,第 183 页。

[3] 钱锋:《土地出让金审计:多地官方制假土地证抵押融资》,《中国经营报》2015 年 5 月 15 日第 02 版。

异位、强制推进耕地经营权流转的重要原因。① 地方政府决策问责机制不完善，导致基层政府干部在流转中的行为相对随意，选择性作为和不作为现象较为突出。②

在耕地经营权流转过程中，一些地方政府干部不仅存在越位争利行为，同时也存在缺位和不作为。③ 在没有利益可图的事项上，他们很少自觉承担起应尽职责。例如，对耕地流转各个环节特别是耕地流转后用途是否改变不尽监督之责，搞"文件式"执法，不落实督查责任。有一家流入耕地进行大规模经营的公司，以各种理由改变耕地用途，进行非粮化甚至非农化，政府有关部门下达了书面限期整改通知书，但没有实际执法而是纸面执法，需要等到媒体曝光才采取有效措施。一些基层干部没有好处不作为，有的以罚代管了事，被处罚对象是否真的进行了整改，则不得而知。

3. 耕地经营权流转"土地财政"化

基层政府之所以积极推动耕地经营权流转而引发系列问题，除了上述原因外，还有出于改善财政收入状况和支出压力的考虑。在工商业经济相对落后，财政收入不足和公共支出压力较大的地方，多年来征地拆迁出售用于房地产开发是获取财政收入的重要途径，这些卖地收入大多被用于公务员工资、教师工资以及相关公共事业支出。据统计，区县政府违法征占耕地宗数和面积，有的地方达到63.8%和52.8%。④ 近年来，随着新增人口逐年下降、城市住房空置率上升、党和政府抑制炒房、各地限购政策的出台，以征地开发实现土地财政的空间在缩小。为了应对财政支出压力，地方政府急切想要发展本地经济，如果本地农业能够实现规模化经营，产出增加，相关工商业也会发展，税收自然增加。这是可以理解和应该支持的。但有的基层政府干部急功近利，为了获取中介费、管理费、流转费提成，以及农业生产经营相关的工商税收，整治后与需要用地指标的城市兑换的巨额收入，强行动员流转以改善财政状况和缓解财政压力，使卖地财政从出售所有权变成出售经营权。在此过程中，经营权流转极有可能演变

---

① 梁若冰：《财政分权下的晋升激励、部门利益与土地违法》，《经济学》2009年第1期。
② Sun Xin, "Selective Enforcement of Land Regulations: Why Large-Scale Violators Succeed", *The China Journal*, No.74, July 2015, pp.66-90.
③ 杨彬：《承包经营权流转中政府引导行为的法律规制研究》，《农业经济》2020年第4期。
④ 倪星：《耕地资源流失中的地方政府行为研究》，《湖北行政学院学报》2006年第6期。

成以租代征。如果耕地被征用，农民还可以一次性获得数额较大的补偿；但以租代征使相关农民每年只能获得数百元或数千元的流转收入，却长时期失去耕地经营权。出于土地财政的需要而由政府主导的经营权流转，可能导致城镇化早产，外出农民工难以在短期内要回耕地，从而加剧矛盾和冲突。介入强制耕地经营权流转的地方政府级别越高，流转规模越大，导致的矛盾冲突和风险影响也可能更大。

三 社会组织不发达和参与治理程度偏低

合法性社会组织的存在对于基层社会治理十分重要，合法性社会组织最重要的特征就是超越了工具理性的逻辑，而在具有相似的经济社会地位成员之间奉行信任、互惠互助、相互支持的逻辑。合法性社会组织越是发达，社会成员间的现代性社会资本就越丰富，弱关系互惠行为就越常见，成员间就能够以低成本获取非重叠信息，包括知识、技术、经验和市场等信息，相互帮助并提高决策水平和经营能力；模范行为就更能够扩大影响，失范行为就更可能受到制约，彼此就能够更加相互认同进而增加地位和角色的归属感，实现内心的安宁和减少焦虑感。因此，合法性社会组织能起到政府和市场无法起到的作用，即使是从事经济活动的市场化行为主体，也会积极参与属于自己的社会组织。

党和政府必须对农村黑社会组织及其渗透进行严厉打击，但农村合法性、非宗教类社会组织总体上并不发达，发展也不平衡。随着耕地经营权的流转和社会阶级阶层结构的分化，形成了各种经济社会地位相同或相近的利益群体，但这些利益群体的社会组织化程度总体上并不高。农村社会组织除了行政化色彩极强的村委会及其相关附属组织外，包括纯民间的各类专业协会、维权组织、民间纠纷调解组织等并不发达。2007—2014年全国13个农业大省农村社会组织平均分别为1647、1878、2003、2159、2289、2426、2325和2294个。[①] 这个数字与省平均近2万个行政村相差甚远。从农村社会组织的村均占有量、人均占有量以及各类组织的占比来看，社会组织都呈现出数量偏少、规模偏小且发展不均衡

---

① 谢舜、王天雄：《中国农村社会组织发展的内在动力和约束条件》，《江汉论坛》2017年第7期。

等特点。① 而严格说来，每个村庄都应该有多个合法的、非宗教性的社会组织。笔者在四川省 AY 县进行了调查，发现这里在村级空间范围内除了村民自治组织系统之外，技术协会、法律政策学习教育组织、生态保护志愿组织、生活互助组织、妇女协会、老人会等都不存在。先富者、创业成功者帮助后富者和新创业者的互助性组织也很少。促进社会组织产生的孵化机构更是少见。这说明村庄社会组织的发展还有很大的空间，当然有一些社会组织的活动范围可能跨越某几个村庄，或者形成社会组织联会以及类似于总会—分会的组织体系。但是有一些社会组织每个村庄都应该成立一个，才能发挥更好的作用。

从利益相关者理论和多中心治理理论角度看，农村合法性、非宗教类社会组织在协助基层政府完成征地拆迁工作和缓解利益主体矛盾的过程中扮演着不可替代的角色。② 但既有的农村合法性、非宗教性社会组织的代表性、服务性和利益维护性，以及自主性、自足性、参与功能还没有充分发挥。③ 村庄社会组织的发育水平较低和功能发挥不足，必然影响村民的政治参与，影响到规模经营主体的经营能力，影响到耕地经营权流转风险的治理水平。

四 农业金融保险系统不完善

（一）金融贷款具有偏向性

2006 年之前我国农村金融机构包括信用社、村镇银行、农业银行等，其主要任务是吸收农村存款支持城市建设，农村得到的金融支持力度小且范围有限。④ 2006 年后情况有了很大改变，国家提出普惠金融发展战略，通过货币信贷政策、差异化监管政策、财税政策促进农村金融发展，国有与商业银行都加大了对三农的金融支持力度。国家通过政策引导金融机构扩大支农支小再贷款额度，推出可持续的普惠金融产品、建立"银担保"风险共担的金融服务体系等等。这些措施的目的之一，在于使各类农业经

---

① 郝日虹：《农村社会组织须"增量提效"》，《中国社会科学报》2015 年 5 月 20 日第 A01 版。
② 彭正波、王凡凡：《西南民族地区农村社会组织参与村寨治理的路径分析——以贵州西江千户苗寨"老人会"为例》，《贵州民族研究》2017 年第 10 期。
③ 蔡潇彬：《中国社会组织高质量发展：困境与路径》，《新视野》2020 年第 3 期。
④ 张斓弘：《国有商业银行发展农村金融业务路径研究》，《商业经济》2020 年第 6 期。

营者特别是村庄内生的承包家庭和规模经营者获得金融支持，进而能够引进技术、设备和良种等来开展现代化经营。政府、担保机构、银行和农业经营者共同出资建立农业金融基金，并引入网络技术和人工智能提高农业金融贷款申请审核、贷款风险担保、贷款发放效率，已成为当前农村金融工作的趋势。

但目前农村金融贷款仍存在一系列问题。从全国范围看，根据中国人民银行中国农村金融服务各年报告，可以发现银行金融系统向农村的贷款余额比率常年在27%以下。各种金融产品不能差异化定价，对低收入农户而言贷款利率仍过高。一般农户很难获得政府和相关担保机构的贷款担保，存在贷款排斥。银行因为农村征信系统不完善，识别困难与供给成本高，并不愿意接受一般农民的大额贷款申请，相反更愿意向具有法人资格的外来工商资本贷款，造成贷款实际用途非农化比较严重。

外来工商资本经营农业所具有的优势，不外乎具有资本或资金、创新性的观念、风险意识和创业精神、科学技术、市场信息或销售能力，其中最重要的因素就是观念和资金。村庄农民经过引导和培育可以树立所需要的观念，但往往没有足够资金来聘请职业经理人，引入先进管理经验、技术装备等，较难实现规模化经营并占有增值收益，使自己无法占据经营权流转全过程的主体地位。就金融贷款而言，金融资本的本性，以及对分散农户放贷的风险识别成本、监督成本相对较高，客观上导致金融机构不愿意向一般农户发放贷款。同理，相对于外来工商资本规模经营者，村庄内生的规模经营主体获得金融机构的贷款更难。如果金融系统与村庄治理结合起来，能够掌握一般农户的准确征信信息和减少监督成本，就会改变对外来工商资本规模经营者的偏好，改变金融贷款锦上添花，实现雪中送炭。

（二）农业保险相对滞后

新中国农业保险其实起步较早。1950年中国人民保险公司就已开展农业保险业务，主要是开展农作物保险，并在1958年以前获得了很大发展。此后直到1982年之前农业保险都被停办，1982年业务恢复后到1996年之前都是以政府为主导，具有政策性保险性质。1996年以后，随着整个保险业的公司化、商业化、市场化，因为风险大、保费低、赔付高和效益差，处于次要地位的商业化保险业逐渐退出了农业保险。到2003年，全国农业保险公司农业保费收入几乎可以忽略不计。2004年后我国重新重视农业保险，政策性农业保险开始恢复，商业农业险种逐渐增多，保额、保费补贴、管理费补贴逐年提高。2005 年开始推行中央财政农业保险投保补贴试点，2007 年开始补贴农业保险保费试点。2012 年以来，全国水稻、玉米、小麦等作物投保均可享受中央财政补贴，当年农险保费规模达 240.6 亿元，农业保险大灾风险分散机制和再保体系逐步建立。2013 年全国进行了农业保险保费补贴绩效评价，以提高保险补贴效益；将农业保险扩大到农机、农房等设施。2016 年要求对虚构虚增保险标的、同一保险标的多次投保、虚假理赔、虚假退保、挪用侵占保险金等行为进行规范。到 2019 年，农业风险保障达到 3.6 万亿元，农业保险保费收入 670 亿元，保险理赔及给付 528 亿元。不过，其中养殖和林业占据了很大一部分，而种粮损失理赔额度较低。[①]

但是农业保险还不能很好适应经营权的流转。规模经营者仍然普遍存在重经营、轻风险的情况，参加农业保险的动力不足。保险公司尽管已设置 170 多项农业保险项目，但涉及耕地经营权流转的保险项目较少，没有及时新增与之相关的保险项目，不能满足经营主体多样化保险需求，保险公司没有设置适用于耕地经营权再流转、经营权贷款再保险、流出经营权者失业和医疗养老等方面的特别保险项目。一些规模经营主体为了节约成本或出于资金压力，甚至连流转费保险都未购买。而规模经营主体投保属于自愿性政策，不具有强制性。

在农业投保、定损、理赔、政府投保补贴和保险费补贴等环节，基层治理的作用没有得到应有的重视，成本过高使保险公司难以展开相关保险业务，政府相关补贴也因此难以精准到位。在经营权流转和规模化经营之前，承包户高度分散、耕地细碎、标的分散，投保时保险公司的信息成本、谈判成本、签约成本、监督成本过高，保险理赔时保险公司查勘、定损、理赔等成本也会很高，由此导致的理赔时效差，降低了保险公司和农民双方的积极性。规模化经营使这些问题得到缓解，有利于农业保险的开展。[②] 但新的问题在于，一些规模经营者遵循的是资本逻辑，采取机会主义行为合谋骗取国家补贴。一些保险公司不仅要以政府保费补贴为前提才

---

① 陈娟：《试论我国农业保险的发展对策》，《科技信息》2013 年第 12 期。
② 沈杰：《农地确权、流转经营与我国农业保险业的发展》，《云南农业大学学报》（社会科学版）2017 年第 3 期。

提供农业保险业务，甚至还会与基层政府合谋套取国家农业理赔费补贴。[①]有的基层政府干部让较富裕农户和规模经营者在年初为其他农户垫付保险费，垫付者在年末获得保险公司返还的全部保费和利息，而获得的政府补贴则与保险公司瓜分。农民在形式上购买了保险、缴纳了保费，地方政府又完成了上级任务而又不用支付相关配套资金。但保险公司并不会发生真正的理赔行为，造成巨额财政资源浪费，规模经营者和一般农户得不到保险补贴政策的好处，农业的发展得不到保险的保驾护航。

五 资本逻辑过度渗入

资本的逻辑体现在两个方面，其一是资本化逻辑，其二是投入—产出最大化逻辑。资本化的逻辑主要是指货币化和获取货币化收益。在持有资本逻辑者看来，任何自然、社会事物在转化为资本之前并无价值。例如，尽管森林具有重要生态价值，但对于资本家来说，森林只有通过投资，砍伐下来进行出售变成货币并再行投资获益才有价值。资本化逻辑使原本不是商品的森林、人的情感、空间在产权明晰之后作为商品出售，变成货币和资本，然后再进行投资循环而产生剩余价值。[②] 这是一种资本原始积累逻辑，并不会考虑事物的自然生态、社会道德规范、情感和文化意义层面的价值。

投入—产出最大化逻辑则使资本所有者总是希望以最小的投入获取最大的产出，从而获得最大超额剩余价值，而在此过程中将社会成本和外部不经济转嫁给他人和社会。因此资本的力量尽管十分重要，但必须限制资本逻辑的过度扩张。资本逻辑过度扩张必然导致贫富两极分化、社会的非正义、丛林法则盛行。从风险与安全的角度看，资本逻辑过度扩张必然导致某些人生产风险、转嫁损害而谋取收益，甚至使整个社会陷入困境和危机。资本逻辑追求近期利益而忽视长期利益，当此种投资近期利益率下降，就会进行另一种投资，资本逃走后曾经繁荣的地方会陷入衰退和枯竭状态。因此，在利用资本来发展生产力的同时，必须对资本工具理性逻辑进行限制、引导和规范，对收入分配进行调控，适度关注整体利益、长期

---

① 王海娟：《政策性农业保险的交易成本困境及其优化路径》，《华中农业大学学报》（社会科学版）2016 年第 4 期。

② [美] 大卫·哈维：《新自由主义简史》，王钦译，上海译文出版社 2010 年版，第 183 页。

利益以实现可持续发展。

外国资本和外地资本的进入可能会给本地带来先进的技术和管理经验，但其社会责任感相对较低。资本存在良资与恶资之分，那些拥有资本、同时能够运用技术来促进生产力的发展、遵守法律道德情操、具有良知良心、创造更多社会财富的民营企业家，对于社会的发展十分重要。工商资本下乡进入作为弱势产业的农业，可以主要参与耕地整治过程，利用资本优势改善耕作设施条件，然后再流出获取流转价格差价。可以选择公司加农户的方式，用以获得公司所需要的原材料，同时将农业生产经营过程还原为以家庭为单位展开。可以自己出资、农民以耕地入股进行股份制经营，让农民具有主体资格从而在生产经营中积极主动负责。这些情况都在某种程度上保留了原承包户在农业生产经营和收益分配中的部分主体地位，减少了生产经营风险。

那种不择手段包括通过高科技垄断获取非正当利益的资本显然是恶资，恶资的过度渗入会造成严重的后果和风险。有些民营资本在某些方面可能为国家、为社会和民众做出了重要贡献，但在另一些方面可能存在恶行。因此应对其加以制约，以发挥其长处同时限制其恶行。恶资流入耕地经营权后，出于资本逻辑会希望尽快从流入耕地经营权中获取最大收益，一些工商资本投资于农业特别是小麦和水稻的生产是以一年为周期进行的。其投资时往往选择最好的耕地，以最低投入掠夺性地利用此地块，然后第二年又会去选择更好的耕地进行耕种。而更严重的是，传统农业特别是粮食生产恰恰难以实现短期内利益最大化，一些外来工商资本要么选择非粮化，转产高附值的经济作物，操作概念并定位于一些所谓的高端产品生产，结果市场需求狭小而不能持续经营；要么选择非农化，流入和整治耕地的目的是为将来的房地产、观光旅游等项目做铺垫；要么圈而不种，为的是谋取经营权用以抵押银行低息贷款、套取政府补贴，并把这些资金用于非农业经营获取更高的收益。正是由于这样的原因，国家实际上并不鼓励城市工商资本到农村"拿地"。

一些工商资本甚至滥用法律契约精神谋利。他们介入耕地经营权流转后，会聘用律师和建立法律部门，主导经营权流转合同的订立。他们主导订立的合约对流出方的义务要求往往是刚性而实在的，而权利部分则是虚化的。有的甚至有意把正式合同化为非正式合同，借助"村规民约"而不是国家法律来确定双方权利。因为操控村规民约更为容易，可借村民自治组织或集体之手来确立对自己有利的条款规范。有的流转合同居然约定流出方自己必须在一定期限内领取流转费，过期不领取造成的后果由流出方承担。一些工商资本为了能够流入经营权，在合同约定时，许诺给村民很多好处，但这些许诺往往并不能兑现。比如，某公司的流转合同约定，公司在三年内为每个家庭安排两个劳动力就业，人均工资不低于每月 1000 元；3 年后相关农户的口粮、蔬菜统一由公司免费供应，根据公司效益逐年增加分红比例及职工工资待遇，力保人均收入达 2 万元以上，力创人均收入 5 万元。但实际上，公司根本无力安排众多劳动力就业，也无法保证职工工资的增加。口粮、蔬菜的免费供应更是无力实现。公司只是基本能保证租金发放，才免于引发强烈不满。[①] 而对于某些较真的农民，公司会与之进行机会主义的博弈，即选择各个击破，以减少总支出。那些没有合法抗争能力和资源的农民，利益得不到保障，会积累不满和怨恨，并可能在某个时刻以"围观的方式"表达出来。因此，一些农民确实缺少契约精神，但也有一些恶资会有意亵渎契约精神。

当然，耕地经营权流转风险还有其他的一些原因，如国际环境和世界市场的动荡、自然灾害等等，这些原因与村庄治理直接关联性较小，就不再加以讨论。

[①] 焦长权、周飞舟：《"资本下乡"与村庄的再造》，《中国社会科学》2016 年第 1 期。

第六章

耕地经营权流转风险的村庄复合治理：观念与制度

耕地经营权流转风险的治理，需要树立以农民为主体的观念，完善相关法律法规制度。在此基础上，形成以村庄为空间单位的多元主体复合治理框架和具体运行机制，有效缓解流转过程中的关键环节上的"最后一公里""最后一米"问题，才能缓解相关纠纷、矛盾、冲突和风险。本章主要探讨耕地经营权流转风险治理的观念和制度前提。

一 确立系列正确观念

（一）农民主体观

2016年1号文件指出，必须把坚持农民主体地位、增进农民福祉作为农村工作的出发点和落脚点。在耕地经营权流转和适度规模经营中坚持农民主体地位，意味着规模经营者的平均收益尽管可以大大高于农民平均收益，但在总量上看经营权流转收益的大部分应归于广大承包户。这也意味着经营权流转和规模经营的具体过程，必须以农民承包户为主体，承包户不能在该过程中被边缘化。如果农民不能平等参与相关流转决策以及生产经营过程，将难以保障收益共享；并使农民失去参与农业现代化规模经营的能力，更不可能成为规模经营的主体。

1. 确立农民耕地产权主体观

三权分置办法的制度设计已经明确了耕地的所有者是村集体，承包权属于作为村集体成员的农民承包家庭，而经营权属于合法获得这种经营权的人，如果承包者没有把经营权流转出去，那么经营权人应是农民承包家庭，如果流转出去其拥有者就是非承包者的经营主体。承包经营权是从所有权中生发出来的，而经营权是从承包经营权中生发出来的，而不是直接从所有权中生发出来的，经营权人应直接对承包权人负责。再说，耕地的所有权人属于村集体，这个集体就是由村民成员构成的集体，所以说到底村成员才是耕地的真正所有者。耕地属于村集体资产，如果进行股份制改造，那么这种所有权可以直接体现在作为股东的村庄成员身上。因此，村集体作为所有者，绝对不能表明村干部包括村主任或村党支部书记或集体经济负责人是耕地的所有权者，相反他们只是作为所有者的村庄成员构成的集体的代理人，不管他们是以何种方式成为村党支部书记、村主任，都只是集体所有权的代理人，其决策必须得到村民代表大会、村民代表议事会的许可。而且，不能借少数服从多数的民主集中制原则，来剥夺任何承包户的成员资格、承包经营权。因此，农民是耕地产权主体包括了三个方面，一是作为村的天然成员构成村集体的一部分而成为耕地的所有权主体，二是作为村的天然成员拥有改革开放以来所获得的耕地承包经营权，三是在经营权流出的情况下享有耕地的承包权。

作为村庄成员的农民家庭以耕地实际所有权人、承包权人和经营权人的资格参与耕地所有权、承包权和经营权的占有、使用和收益分配。耕地因为集体所有权的出售、转让而获得的收益，均由作为集体成员的农民家庭直接享有或间接享有，也就是说集体出售耕地所有权的收益中，被集体代理人截留的那部分必须用于村集体公共公益事业，而不能随意进入村委员成员或基层政府干部的口袋。一个村集体的任一成员承包的耕地所有权被出售，实际上涉及所有村集体成员的耕地所有权变动，因此都应获得一定合理的收益。村庄耕地所有权的变动，被征地的一户或几户农民在所有权补偿方面应与其他村民一样，额外获得的补偿应是失去承包权和经营权的补偿。

耕地经营权流转当然要以农民为主体。经营权的流转涉及是否流转的决策、流转方式的选择、流转费用的定价，以及流转后能否参与在自己承包耕地上的劳动和就业、对经营权流转后耕地使用情况和用途是否转变的监督、经营权是否进行融资抵押贷款或再流转、经营权流转后耕地增值收益的分享等诸多环节。在所有这些环节上，都要体现承包农民的主体地位，他们可以自己履行也可以委托他人或集体代理人履行这些权利和义务。在耕地经营权流转的过程中，党必须发挥领导作用，政府必须发挥推动和支持作用，但耕地经营权是否流转、选择何种方式流转、流转价格的确定，承包户必须掌握决定权，而不能由干部掌握。不同的耕地承包户因为年龄、教育与技能水平、养老保险状况、非农收入比重、金融信贷资源、耕地区位和交通状况的不同,会有不同的流转决策,应尊重承包户流转决策的多元性。① 尽管流入主体因此会面临与多个流出主体进行交易,需要花费更多的交易成本,但可以防止一刀切的强制性整批流转。发挥流转中介的作用,通过中介来完成市场化流转交易,可以实现承包农民以自己意愿做出流转决策,以市场交换主体完成自主交易,② 同时流入主体又可以通过市场来选择能够实现连片经营的耕地。

承包农民家庭的产权主体地位,不因其时空位置而改变,也不因其经济社会地位而改变,唯一能够改变其产权主体地位的是其自己的选择或抉择。农民是否外出务工、购买城市住房和城市医疗养老失业保险,是否将农村户口迁入城镇应由其自主抉择,不得强制其放弃耕地产权主体地位。对于抛荒耕地的承包权人,也不得随意剥夺其承包经营权,村干部应当履行职责协助这部分村民流转其耕地,并确保其各项权益不受侵害。在耕地经营权流转期间,极少数农民承包户可能遭遇特殊情况而不得不回乡务农,该承包户、流入其经营权者、村干部等应通过协商方式解决问题,使前者有地可耕;引入保险系统来减少规模经营者在流转合同期限未满时不得不返还经营权给原承包户时遭受的损失。

2. 确立农民农业生产经营主体观

农民是耕地的产权主体但并不一定是经营主体,一些农民离开耕地外出务工,显然不再是相关耕地的经营主体。但是,对于那些希望在农业中就业的农民而言,必须保证其生产经营主体地位。如果经营权流转和规模化经营使得绝大多数仍在农村务工、从事农业生产劳动的农民变成了别人经营耕地上的雇工,那么他们显然在生产过程中被边缘化了,丧失了生产经营主体地位。我国要大力加强农村人口的城市化,为农村耕地规模化经营创造空间和条件,但我国毕竟是人口大国,不管人口城市化水平有多高,农村仍然要承载相当一部分人口,从长期看仍会有4亿—5亿人生活在农村,2亿—3亿人在农村就业。如果经营权流转使这2亿—3亿人成为长期在他人经营耕地上劳动的雇工,那么就使他们失去了生产经营过程的

---

① 李庆海:《农户土地租赁行为及其福利效果》,《经济学》2011年第1期。
② Giacomo De Luca and Petros G. Sekeris, "Land Inequality and Conflict Intensity", *Sekeris Public Choice*, Vol. 150, No. 1/2, 2012, pp. 119 – 135.

决策权，并处于依附和边缘地位。

那么这 2—3 亿农民能否都保持农业经营主体的地位？以 3 亿农民和全国全部承包耕地 21 亿亩记，平均每个农民只有 7 亩耕地；如果以家庭计，三口之家的农民家庭为 1 亿，那么每个家庭可承包经营近 20 亩的耕地。这无论是对于农业本身而言，还是对于中国和世界上很多国家而言，家庭平均耕作 20 亩耕地，可以说是适度规模经营了。因此，我们完全可以保障农民的经营主体地位。农业的现代化和农村的振兴，完全应该也能够以农民为主体。随着农业的现代化特别是智能机器人在农业中的应用，20 亩的规模显然无法满足大规模智能机械化作业的要求，无法体现出大规模机械化种粮的优势。但这并不会阻碍农业的现代化和大规模机械化作业，其办法就是大力发展专业技术服务组织。由专业技术服务组织来完成具体的生产过程。一般情况下，特别是在人口相对密集的非连贯农垦区，专业技术服务组织不应自己流入耕地，而应专门提供生产和技术服务。整个经营决策应该由承包户和流入适度耕地的家庭农场主来行使。因此，确保农民的经营主体地位，最好的选择就是大力发展家庭农场，同时大力发展专业服务组织。无论是基层政府及其干部还是农村集体经济组织代理人，无论是外来工商资本还是离城入乡的"有为青年"，应主要成为专业服务者和成为辅助者，而不是直接流入耕地和与农民争地。这样才能防止农村出现庞大的雇工阶层。而政府特别是基层政府的根本职责，就是要使农村劳动力向城市流动出现"刘易斯拐点"之后仍留在农村的农民尽快成为农业适度规模经营的主体。[①] 如果农村一方面是肥头大耳、衣着光鲜、出有宝马的新型规模经营主体，另一方面是在其流入耕地上劳作的雇工仍保持着一幅罗中立画笔下的"父亲"般的面孔，那么经营权流转改革不能说是成功的。

当然，农民家庭适度规模经营主体的经营权，已不是传统意义的完全经营权了。为了适应专业化服务组织的规模化生产作业优势，经营决策必须与其他家庭农场主体相协调，农民共同让渡部分经营决策权，其目的仍是为了自己获取更大的收益。而在一些不适宜大规模机械化作业的山地丘陵，经营者自有小型农机，更是一种典型的以农民家庭为经营主体的适度规模经营家庭农场模式。

使农民家庭成长为适度规模经营主体，是世界性的选择。日本、欧洲

---

① 王东京：《振兴乡村产业要以农民为主体》，《经济日报》2019 年 10 月 14 日第 16 版。

各国尽管农地私有但均维持农民家庭经营主体地位，社会相对稳定；而拉美诸国则因农地过度集中导致畸形城市化和社会动荡。其可以解决委托—代理、信息不对称和契约不完备等问题，避免团队生产过程中个人贡献无法精确分解观测、无法按个人真实贡献付酬而导致的偷懒和机会主义，从而减少监督成本。以家庭为基础的规模化经营能够将经济效益和社会效益最大化，使生产行为更加嵌入社会网络，生产者能够自我激励和约束。以家庭经营主体形成的团体或协会可以共同应对市场，减少市场供求与价格波动对家庭经营的冲击。以农民家庭为基础开展适度规模经营，能更好地避免农村的空心化，使基层自治获得中坚力量的支持。与工商资本规模经营相比，家庭农场更有利于耕地保护。[1] 政府应从让适度规模经营的家庭农场成为农业规模经营主体出发，防止工商资本成为规模经营主体的大多数。[2]

　　农民家庭到底有无实现适度规模经营的能力？答案是肯定的，农民中也有"精英"，他们会进行理性的生产经营决策，恰亚诺夫和斯科特笔下的农民是特定历史阶段和制度环境下的农民。而农民实际上也是一个企业家，同样精于计算，行为决策也以利益最大化为目标，他们会比较机会成本，会最优地配置自己的资源。农民只不过是一个抽象概念，具体的每类农民甚至每个农民之间都存在差异，即使是小农如果有足够的资源也可以理性地、市场化行事。我们要保护农民不受资本和权力的过度侵入，避免农民遭受其他精英的侵害和随意强制、改造和规划。随着条件的变化，农民同样会逐渐具有现代市场化背景下的生产经营能力，通过一定时间的适应、模仿、学习，他们会掌握和应用现代经营理论和技术。

　　在培育以农民家庭经营为基础的适度新型规模经营主体的过程中，相当一部分农民家庭要离开农业而进入二、三产业。其中有一部分家庭其成员年龄相对较大，随着年龄的增长本身就将不再是农业生产经营主体，政府通过各种方式为他们提供养老和医疗保障，丰富他们的休闲生活，让他们安度晚年，是最佳的选择。这些家庭中较年轻者实际上大多并不愿意从事农业生产而倾向于在城市工作，让他们把耕地交给留在农村的农业精英

---

[1] 赵丹丹：《农村土地流转对农户耕地质量保护选择行为的影响研究》，《价格理论与实践》2017年第11期。
[2] 贺雪峰：《小农立场》，第X页。

家庭来经营并领取一定的流转费,并不会使他们产生被边缘化的感觉,因为他们已经完全跳出了农业生产经营过程。

应重视以农民家庭为基础的适度新型规模经营主体之间的合作,使他们产业集群化,可以形成集群竞争优势。还应促进农民家庭的分业化发展,让一些农民家庭从事农业生产经营的各个环节的专业化服务,使农业专业化社会化服务组织也家庭经营化。例如,有的可以专门从事信息决策咨询,有的可以专门从事耕种服务包括机耕、机播、植保、机收服务,有的专门提供产品市场销售服务,还有的可以从事农产品加工服务。这样就可以家庭经营为基础形成新型农业产业综合体。农业家庭经营的产业集群化往往具有社会网络资本基础,能够实现家庭生产经营与市场要求的有机对接。[①] 工商资本应积极投资并支持农民家庭成为专业化服务主体并可从中获取收益。

3. 确立农民增值收益分配主体观

农民和农民集体是耕地产权的主体,也是农业生产经营的主体,在耕地经营权流转增值收益分配上,也应该是重要的主体。耕地经营权的流转有多种形式,在非典型的耕地经营权流转形式,包括经营权入股经营、龙头企业或公司加农户、农业合作社经营等流转形式中,享有承包权者应是这类经营权流转增值收益的重要主体,是流转的主要受益者。这类耕地经营权流转的增值收益,主要部分应该归承包耕地的农户。耕地经营权股份化流转而产生的增值收益,应按股分红给农户,而不能把大部分收益分配给资本性股东、技术性股东或经营管理性股东,后三者的平均收益可以高于普通农户,但普通农户所得收益总和应占大头。公司加农户模式严格意义上可能没有经营权的流转,但存在产品方面的收购合同,公司可能一方面压低收购价格,另一方面将市场销售收益占为己有,形成一种市场交易垄断地位。针对这种情况,应让最底层的农户享受市场价格上涨的部分收益。合作社的类型多样,包括生产合作社、机器和技术合作社以及供销合作社,其收益的分配都应民主、公开和透明,以确保普通农户的利益。

对于典型的耕地经营权流转,特别是将经营权以托管、直接出租等方式进行的流转,其地租应尽量采取分成租并动态调整。流入方要通过保险

---

① 付伟:《农业转型的社会基础:一项对茶叶经营细节的社会学研究》,《社会》2020 年第 4 期。

等方式确保农民获得最基本的出租收益,地租应采取实物计量、市场价结算、货币化方式给付。这样在一定程度上可以使承包农民享有流转的增值收益,确保收益分配的主体地位,缓解收入分化。耕地流转的目的之一是实现农民增收,流转收益的大部分要为农民所享有。

在经营权流转过程中,应注重大多数农民的收益和就业问题,实现农业的"包容性增长"。地租或级差地租的水平应具有相对的正义性。例如,某乡某村修了一条公路,使附近耕地流转价格上升、经营成本下降和收益上升,那么这些增值利益如何分配?显然,公路如果是政府出资修的,而政府修路资金最终来自民众,那么新增地租应为民众享有。如果修路资金来自外来工商资本规模经营农业者的私人资本,就应尊重私人资本对耕地地租增值收益的占有比例。如果修路资金是政府可以动员和承担的却仍由私人资本来修路,那政府可能存在利益偏向性,私人资本控制公共产品供给并攫取地租增值利益。如果政府没有能力动员民众修路,而只能借助私人资本力量,那么私人资本获得较大的增值利益是合理的。但私人资本不能永久占有增值收益,应有一个时间限制。如果私人资本正是因为促进耕地权流转才投资修路,那么这种资本所有者可以享受更多的流转增值利益和级差地租。

耕地经营权流转增值收益的分配要遵循共享和合作博弈观念。家庭农场、普通农户应能够参与行业协会、龙头企业、合作社等组织的农产品加工和营销环节,分享产业链延长的增值收益。耕地经营权在采取股份制方式流转时,应明确资本股利润分配的比例上限,要对经营权股采取特殊保护措施,建立经营权股东享盈不负亏的分配机制。合作博弈观念要求经营权流转过程相关主体构成利益共同体,通过发挥各自优势而增加财富总量同时增加各方经济收益。如果耕地经营权流转导致一批超大规模经营者和富翁,而为数众多的农民只能领取基本流转费,生活水平并没有明显改善,那么耕地经营权流转意义就会大打折扣。

以基于农民家庭的适度新型规模经营为主体的观念,要求党和国家干部改变行为模式,调整各种惠农政策。党和政府应通过各种方式,重点促进在村农民家庭向新型规模经营主体转变,向家庭农场主转变,而不是急功近利地引入外来资本搞超大规模的农场经营。对于后一情况,上级政府不应给予奖励刺激,而应鼓励和表彰那些不辞辛劳、踏实干事、不走捷径带领本地农民家庭走向规模化经营道路的干部,使他们赢得晋升的锦标赛。政府的各种补贴、扶持资金都不应过度倾向于外来工商资本企业，而应倾向于本地"中农"。要防止下乡资本反而获得大量资金扶持，工商资本下乡的优势本来就是其资金丰富，资金不足就不应下乡。那种以自己的少量资金流入大规模耕地经营权，然后用经营权作抵押获取大额贷款，又将这种贷款转移到其他行业而不直接经营农业的现象，实在是资本逻辑过度扩张的表现。其不仅使真正的农村经营者得不到政府支持，更可能造成基层政府和村组织被资本俘获而异化、使内生的农场主处于不利地位。

4. 牢固确立农民村庄治理主体观

随着耕地经营权的流转，农村阶层结构在不断的分化，各种利益群体逐渐形成。近年来尽管村民自治遭受了各种挫折，但村民自治组织和各种农民社会组织始终是村庄治理的重要参与主体。即使是在推行一肩挑的村庄中，村民自治组织仍是基层治理的重要参与主体。工商资本支持下的规模经营主体在所在的村庄当然应是重要的参与主体，它们应主动融入所在村庄社区，但不应控制或主导所在村庄自治和治理，特别是要防止外来工商资本规模经营主体把村民自治和村庄治理作为攫取私利的平台，化公为私。相反，应将本村内生的规模经营主体特别是家庭农场主视为村庄治理重要参与主体，发挥他们的经济优势和治理才能。这样就可以增强村组织相对于外来工商资本的相对独立性。

总之，农民的终结是一个漫长的过程，我国耕地少而农民多的情况在短期内不会轻易改变，耕地经营权流转和规模化经营必须以农民为主体。在减少农村人口、促进农村人口城市化、促进农业现代化和规模经营、缩小传统农业从业者而扩大各类"新农人"的同时，不能以牺牲农民的利益为代价，不能以农民作为踏板[①]来实现整个农业和国民经济的竞争力提升。

实际上，在各地耕地经营权流转、规模化经营的实践过程中，农民已经行动起来开始自觉维护自己的主体地位。面对工商资本下乡对耕地等生产要素的日益垄断和对本地农民的挤压，一些村庄分散小农开始组织起来。珠海市斗门区 X 村和 S 村在遭遇下乡资本挤压后，村民们动员起来重建了村集体经济组织，改分散经营为专业合作社经营，村集体统一经营组织，为每个农户提供农资、技术等服务和保障，规范农户生产并帮助他们扩大了生产利润空间，壮大了村集体经济和提高了村集体服务农户能力，

[①] 毛丹：《村庄前景系乎国家愿景》，《人文杂志》2012年第1期。

从而最终实现了农民的生产经营主体性。① 而正如上文所回顾的，经济发达的上海郊区农村，特别强调发展本村家庭农场。有的民营资本意识到不能与农民争夺经营权的流转，而主动退出并转移到为农业提供专业技术服务的领域及农产品加工领域，或者积极引入高新技术经营现代化农业，走出了一条与普通农民规模经营相区别的发展道路。

在理论上还需要重申的是，农民的终结是一个以农民自身为主体的自我超越而终结的过程。增强培育农民的主体性并非逆流而动，他们中的精英中坚将日益成长为适度规模经营的家庭农场主，采用现代技术和专业服务而非主要依靠雇工来实现规模经营。他们中的其余部分会日益转化为市民。他们将获得应有的回报而不再是小农。② 他们转化为市民和家庭农场主的过程，可以利用资本的力量，但绝对不是让资本成为主体，农民重新经历痛苦的无产化过程。③

（二）科学耕地观和粮食安全观

1. 确立实质耕地观

传统认为耕地就是饭碗，神圣而不可破坏。在改革开放过程中，耕地观在不断改变，日益形式化。随着城市建设、交通建设、工商服务业的快速发展，越来越多的耕地被占用，平均每年 400 万亩耕地被用于商品房、道路、开发区、公园绿地等的建设。政府提出要实施最严格的耕地保护制度，加强土地整理和复垦，实现占补平衡，划定永久基本农田，严格限制农用设施占地，建立全国性的和跨省的市场化占补机制。但随着近年来城市群战略的实施，城市边界在无限制扩张，大量农田消失在城市建筑森林之中，补充的是边远的、质量差强人意的耕地。耕地概念形式化严重，认为两块空间和条件不同的耕地，可以在功效上相同或相等。而实质的耕地观则认为，一块上等的耕地往往具有不可替代性，东北的黑土地是无法用整治复耕的宅基地来补充的。

而在一些地方，政府面临财政支出和经济发展的压力，不得不实施土地财政，耕地的价值要让位于其他需要。凡是城市开发扩张所及之地，具

---

① 杜园园、苏柱华、李伟锋：《主体化：工商资本下乡后的村庄应对机制——基于广东省珠海市 X 村和 S 村的调查研究》，《云南行政学院学报》2019 年第 6 期。
② 《马克思恩格斯全集》第 26 卷，人民出版社 1995 年版，第 263—275 页。
③ ［英］戴维·麦克莱伦：《马克思后的马克思主义》，李智译，中国人民大学出版社 2017 年版，第 48 页。

有开发为商品住宅价值之地，都有可能被征用开发和占用。而开发价值高的商品房往往是海景房、江景房、水景房，这类房屋所需要的土地往往是水边江边之地，属于江河长期冲击而成的最为肥沃耕地。这类耕地被占用后，很难找到同样质量、同样水利条件的耕地来补充。在我国的很多城市，都分布在河流冲击而成的平原或江河交汇之地，其城市的扩张首先占用的就是最好的耕地，由此造成的质量最好的耕地被占用的情况十分严重。永久基本农田的保护有时也会沦为形式，甚至有的地方政府刚刚给耕地确权和给农民颁发了承包经营权证，确认农民承包的是永久基本农田，就因外来投资需要而以发错证为由收回新发的承包经营权证，并由其他耕地来进行占补。特别是由当地政府来保护永久基本农田，有点类似于自割其肉，效果并不明显。

之所以出现这样的情况，与我们的耕地观有关，我们需要确立新的耕地观。我们需要更加重视耕地的实质价值。也就是说，一块耕地其最重要的价值在于生产食物，这种生产食物的功能具有一定的不可替代性，从而具有重要的社会功能。一块耕地还具有重要的生态价值。耕地被占用后即使采用面积更大的耕地来补充，可能仍然无法弥补其价值损失。耕地总量动态平衡观必须加以完善。在加强基本农田保护的同时，对于区域平衡甚至跨省平衡必须考虑生态价值和实际粮食等产量平衡，特别是不得导致总的农业生产力的下降。我们不仅要保证面积平衡，还要保证产出力平衡，也就是说自然条件好的耕地被占后，如果用自然条件差的地方的耕地来补充，就不能是简单的面积相等，而是以产出力相等来计算，所以补充的耕地要更多；更重要的是，要考虑到耕地的生态贡献力平衡，半干旱地区的耕地不能用来补充沿海沿江地区的耕地，而只能用自然条件相似地区的耕地进行占补。更好的做法应是保有生态条件和自然经济条件较好地区的耕地，其他用途则更多向非耕地区域集中。随着现代交通技术和设施的改进，城市用地向不宜耕地索要，因为土地的经济社会价值可以人为的建构和改变，而耕地的生产和生态价值人力往往难以改变。

树立科学的耕地观念，不仅是经营者的责任，也是政府作为耕地保护者的责任。在此过程中政府有必要确立系统的耕地评价体系，在具体的时空中充分考虑特定耕地的生态、经济、社会保障、文化等价值。其中耕地的经济价值并不能以简单的货币化价值来衡量。① 我们要在观念上把生态价值、社会价值与经济价值统一而不是对立起来,要平衡生态价值、社会价值、经济价值之间的关系。特别是经济价值不能以生态价值为代价,要抑制资本逻辑向耕地的过度渗透。②

2. 确立科学的粮食安全观

粮食安全可以分为绝对安全和相对安全。绝对安全是指主粮不仅总量充足,而且人口平均主粮能够满足每个社会成员的基本生存需要;也就是说,如果所有社会成员日常生活一日三餐都以主粮为食物,主粮能够满足成员的需要;如果政府按人口平均分配主粮,所有人都能获得基本的生存,那么就不存在粮食安全问题。但是,在今天,人们往往都是通过市场购买来获得粮食,如果把购买力因素考虑在内,市场供应充足,没有人购买不起主粮,那么粮食就是安全的。如果粮食价格上涨,超出了一部分人的购买力,那么粮食就存在不安全问题。当市场上某些人和某些群体由于购买力更强,出于对主粮的需要,会以更高的价格购买主粮,导致供不应求,价格上涨,而一些群体因为主粮价格上涨而无法购买时,就表明已经存在粮食安全问题。相对安全则是指在食物消费结构中,由于有其他替代性消费食物存在,使人们对于主粮的需要量下降,主粮市场价格较低,低收入者能够购买主粮并满足基本生存需要。

目前中国面临的是供给侧结构的调整,人们生活水平在逐渐提高,对大米、面粉等植物蛋白的需求总体呈现下降趋势,而对动物蛋白类食物的需求在上升。这一方面会将部分粮食用于养殖,同时一部分耕地会被非粮化。在考虑粮食安全时,应考虑食物之间的替代性,以及民众的食物结构变化。我们应将肉食、果蔬也考虑在内。只有这样才能因应食物需求结构的升级,促进农业产业结构的升级。而且,随着技术进步,城市也可生产果蔬,一些城市无土栽培技术所生产的果蔬已占据一定的比例。从耕地经营权流转和增加收益以提高农民收入的角度看,过度强调粮食安全特别是主粮安全会限制耕地的非粮化,这不仅不利于供给侧结构升级和响应人们需求水平的提高,也不利于流转耕地产生更多的经济收益来支付更高的租

---

① 蔡立东:《农地三权分置的法实现》,《中国社会科学》2017 年第 5 期。
② [美]麦克·布洛维:《公共社会学》,沈原译,社会科学文献出版社 2007 年版,第 73 页。

金和提供更多的增值收益用以分享。因此，应确立适当的粮食安全观，包括建立植物蛋白和动物蛋白总量安全观，兼顾整体安全与个体安全之间的均衡，基本生存与更高收益的均衡。

（三）正确的民营资本观

就最一般层次而言，深受马克思主义理论影响的学者会批判资本的剥削性质。不过，西方的一些思想家则对资本和资本家存在不同的看法。例如，亚当·斯密、马克斯·韦伯、熊彼特等人都强调了资本家的重要作用。斯密认为工业资本家通过引入分工而大大提高了生产力，从而促进了国民财富的大大增加。他还认为，商业资本家通过在低价处买进在高价处卖出，从中赚取了差价，但客观上促进了货物的流动，使价高处的物价逐渐下降，从而拉平价格差异，促进他人的收益，因此在增加自己收益的同时也增加了别人桌子上的面包。他还强调真正的资本家都有"道德情操"，怀有同情之心。而韦伯则更是对资本家精神十分强调，视之为西方世界得以兴盛的原因。这种资本家精神来自新教伦理，也就是入世救赎，只要进入工商实业界能够合法挣取更多的钱，创造更多的财富，那么就可以成为上帝的选民。就我国而言，在建设时期要重视发挥民族资本在建设中的重要历史作用，保护其合法经营收入权益，坚持按要素贡献分配原则，同时反对官商勾结和投机违法行为。

联系到民营资本、工商资本在耕地经营权流转中的作用，我们对于资本也应持有同样的立场。对那些与权力相勾结，并不真心经营农业而是谋取补贴、谋取土地使用权、恶意拖欠流转费和掠夺性使用耕地的资本，必须加以抑制甚至打击。但对于真心投资于农业的社会资本，即使是其资本力量较弱而面临各种挫折或挑战也应给予支持；同时要重视资本下乡给农村带来新的观念、技术、管理经营和市场理念功能。对那些资本规模庞大、试图在农业领域进行一些新的试验的资本，比如上文提到的联想、恒大、网易等进行的尝试和一些涉及概念操作的行为，不宜支持也不禁止，但如果他们占用过多的耕地等资源来生产过于"高端奢侈"、小众的、仅供极小部分高收入群体的产品，就应进行干预和规范。总之，在现阶段我们应充分发挥良资的作用来促进农业的规模化、现代化经营，但不应因此使农民失去主体地位。

而哪些工商资本是良资，哪些资本是恶资，就是一个经验性的问题了。要鼓励工商资本到农村进行企业化的种养业和技术服务、产品加工，①同时应制定工商资本进入农业的详细制度和规则，使其必须满足相关的要求、资格和条件；使其流入耕地后不改变耕地的用途，并且对于耕地的日常使用能够得到监督；使其用经营权抵押贷款的目的在于获得资金来经营农业，并只能用于农业经营。其中更重要的，就是要组建包括政府、专业机构和农民集体经济组织、农民代表构成的多元治理主体，并对其行为进行监督。对于工商资本进入农业经营的行为，建立负面清单制度。但说到底，这依然离不开基层治理的支持。

（四）风险分配正义观

在耕地经营权流转的过程中，我们应尽量减少风险的发生，但想要零风险和绝对安全是不可能的。作为需要依靠自然来实现生产经营的农业来说，不管科学技术有多进步，总是会遭遇自然风险。在产品市场全球化与生产逆全球化并存的时代，国内国际市场波动都会很快影响地方市场，给农业生产经营者带来风险。生态保护与经济增长之间的矛盾日益突显，政策性限制日益趋向严格，某些生产经营项目可能因为生态环境保护需要而被取缔关闭或需要转型升级，给农业生产经营者带来政策不确定性风险。在坚持效率优先、兼顾公平的分配原则下，收入分化、相对剥夺感以及利益群体冲突必然存在，由此会给农业生产经营者带来风险。

既然有些风险是不可避免的，那么需要面对的问题就是风险分配，也就是说风险损害到底最终应如何分担。谁是风险责任者就应承担相应的风险损害，无法找到责任者的风险应由大家平均来承担，这似乎是合乎正义的原则。但是弱者抵挡风险损害的能力似乎不如强者，让已面临生存问题的人再去承担富有者一样的财产损失，似乎又是非正义的。因此似乎应根据不同主体承受能力来分配相应的风险损害，特别是对一些无法避免的风险损害应进行如此分配。例如，在经营权流转的过程中，某承包户家庭将经营权流出给规模经营者，后者三年连续遭受重大自然灾害而颗粒无收，造成规模经营者不仅无收益、成本无法收回，而且员工工资也无法支付，耕地流转费无法按时支付，银行贷款无法偿还，国家和社会粮食安全受到影响。这种自然风险损害到底应该由谁来承担？显然，完全由于承包户来承担是非正义的，也就是说承包户完全失去经营权流转收入是不公平的；

---

① 《习近平谈治国理政》第 1 卷，外文出版社 2014 年版，第 70 页。

但一点不受损失显然也是不公正的,因为即使是其自己耕种,也会同样遭受这样的自然风险。同样,员工工资(有些地方这类员工的工资和奖金是年结)一分也拿不到,显然是不公平的,因为自己付出了劳动。完全由政府来为规模经营者兜底,垫付流转费、员工工资、银行贷款及利息,对于所有纳税人显然是不公平的。让贷款银行承受所有贷款损失,容易形成坏账甚至造成金融危机,危及储户存款安全,显然也是不公正的。因此,面对这样的风险损害,首先应保护弱者的起码生存,无论如何也不能完全拖欠流转费,但应免除一定的流转费;应支付员工部分工资,经营者应承担大部分的风险,政府应给予经营权人一定的救济,而银行要免除贷款利息和延长偿还期限。在没有考虑保险因素的情况下,我们应使特定的风险损害进行合理分散分担,在风险分配的过程中实现分配正义。

风险分配正义需要有保险体系的保障,没有这样的体系就极有可能形成财富向上累积而风险向下累积的局面,导致风险最后由弱者承担,并引起因为风险分配不平等而导致的风险冲突,影响社会整体安全。我们首先需要预防风险的产生、防止风险的生产,然后在风险产生后要合理缓释和分散风险损害后果,后者的重要途径就是集众人之力共同承担风险后果,通过保险体系来实现横向多主体,纵向不同阶段的风险正义。经营权流转费保险、农作物灾害保险、农业产量保险、农业产品价格保险、农业劳动人身安全险、农业经营设施设备保险、耕地数量质量损毁险、农作物和设施盗抢险等等,以及激励投保的保费财政补贴,可以起到缓释和分散风险损害后果的作用。经营权流转各方树立保险观念,积极购买各种保险,政府加强相关保险风险补贴也十分重要。但是只有经济发展到一定程度和民众收入达到一定水平之后,才有投保能力,政策性和商业性保险公司提供的保险项目才会更加丰富,覆盖范围才会更广,理赔时效才会更快和赔偿额度才会更高。因此,风险分配正义问题在引入保险因素后,实际上转化为一种投保能力的问题,投保能力差异是各种传统不平等的产物。要实现风险分配正义,首先应减少各种传统的不平等,特别是使所有行动者能够有相近的保险购买力,而政府保险补贴可以起到平衡这种购买力的作用。另外,即使引入政策保险和商业保险因素后,同样要考虑风险分配正义问题,特别是自负损失部分的分配要尽量公正。

二 厘清耕地三权权能

产权权能即产权主体的权力、权利与责任、义务,它们都从属于建构的逻辑,[①] 因时空、社会文化环境、社会关系、信任状况而异。三权分置产权结构并非中央政府根据某种理论理性地设定的,而是对各地实践的总结、归纳与推广,因此是在演化生成的基础上设计生成的,有一个不断发展和完善的过程。完善耕地三权权能并加以法律化制度化,有助于规范相关行动者的行为,减少矛盾、冲突与风险。

(一) 完善和落实集体所有权权能

今天世界大多数国家或地区实行的是耕地个人私有制或家庭私有制,还有一些国家的耕地属于国家所有,另一些国家的耕地则属于自然形成的地方共同体所有,而中国的耕地则属于具有行政性质的行政村组集体所有。就中国台湾而言,其曾以平均地权思想为指导,将土地按质量分级,按级限定农民的耕地数量,而农民大多属于自耕农,因此台湾地区总体上是耕地的小土地所有制。1980 年代后期,中国台湾一些地方形成了小地主、大佃户的状况,通过让老年农民退出农业等方式,逐渐扩大了农业的经营规模,但后来在所有权方面日益走向了大土地私人所有制。在人口密度极高的台湾地区,大土地私有制阻断了农业对剩余劳动力的吸纳,社会分化加剧。这是台湾社会问题日益严重的原因之一。美国的国情十分独特,主要是对印第安人种族灭绝之后,乡村地广人稀,凭借最终毫无正义可言的掠夺和所谓的大开发,"造就"了占据极大规模耕地的农业资本家,他们的耕地是私有的和可继承的,他们尽管大多是家庭经营,但主要依靠的是高科技和化学石油,以及大量的季节性劳工,劳工的人数规模比农场主的规模要大得多。日本则是人多地少,大部分耕地也是个人家庭私有,二战后也确立的是自耕农体制,每个家庭的耕地不能超过 45 亩,但家庭平均占有耕地约为 12 亩左右;1980 年代日本放开耕地买卖,工商资本可以买入耕地进行经营,面积没有限制;不愿意出售自己耕地的农民也可以自己流转或信托流转经营。正是这种私有化和放开经营规模,使日本农村贫富分化日益严重。英国以耕地私有的自营家庭农场为主体,其平均规模在

[①] 曹正汉:《产权的社会建构逻辑——从博弈论的观点评中国社会学家的产权研究》,《社会学研究》2008 年第 1 期。

1050 亩左右，规模较大。英国在历史上发生过血腥的羊吃人的圈地运动，这种规模经营农场本身就是资本剥削和积累的产物。德国同样是以大规模私有化农场为主，平均规模高达 450 亩。俄国耕地也主要是私人所有，其中很多耕地为城市资本私有，私有农场的规模极大。目前世界上主要国家都出现了农村人口日益减少，耕地日益集中起来进行规模经营的情况，但这些国家主要实行的是耕地私有制。

相比之下，中国的耕地归村组集体所有，而村组集体属于一种行政区划共同体，这种集体所有权有着自己的公正原则和依据。西方产权理论以抽象的个人概念为基础，假定个人是自己及其劳动的所有者，所以劳动创造所有权，甚至认为个人满足其自身生存的劳动所必需的工具和资源也应由个人占有。这种自由至上主义的私有制理论主张先占先得，在人口增多和资源有限的情况下往往导致先天不公正和起点不公平，所有者的后代个体没有付出劳动，却拥有耕地；没有耕地者的子女尽管付出更多的劳动，却仍然没有所有权。社群主义则认为，劳动所得之外的外部资源应平均分配，其所有权应公有或集体所有，以防止个人能力、环境际遇等差异因素导致的财富积累差异以及进而导致的大私有制。耕地产权制度要受制于特定历史、社会和文化传统，而且在特定条件下，共有产权制度同样高效。马克思主义产权理论则从实践出发，针对私有制导致的不公，主张耕地的共同所有，并不得市场化交易。[①] 而耕地归村组集体共同所有，是我国人口众多而资源有限情况下的必然选择。主张耕地所有权归承包家庭个人所有的观点，也许出发点是好的，因为其看到了集体所有权代理人异化，导致承包户的耕地承包权、经营权、集体成员所有权被随意侵害而得不到应有补偿的现象。但是如果引入耕地私有制，近期看确实能够更好地保护农民的权益，但从长期看可能导致耕地兼并和大批农民失地。赋予农民耕地私有权而不许自由交易，会导致农业的小农经济化，随着人口的城市化又会导致耕地的抛荒；耕地私有而不可交易还会导致一些农民因家庭人口增多和分家析产后的耕地细碎化。中国实行耕地所有权村集体所有制，是基于国情、历史以及宏观、微观目标后的合理选择。我国的"明星村"如华西村、南街村、河北晋州周家庄乡、西藏双湖县嘎措乡，以及山东平度为代表的两田制、贵州湄潭县"生不增、死不减"模式、浙南温州模式、广

---

① 李风华：《理想地权：一个思想实验》，《哲学动态》2012 年第 10 期。

东"南海县"股份制改革等，都始终坚持了耕地集体所有制，并获得了显著的发展。

对于我国而言，耕地的集体所有制最根本的问题在于，如何确保每个成员享有耕地的集体所有权而不会出现集体所有权代理人越权，如何防止集体所有权沦为集体代理人的个人所有权。我们不仅要防止村庄集体代理人个人或小群体私自决定集体耕地的狭义所有权，包括耕地的买卖；更要防止他们在承包权、经营权和收益处置权方面私下决定。这是做实耕地集体所有权的前提。而实现这一目标的途径有多种，包括集体耕地产权股份化，集体经济组织变"股份公司"，村民变股东，一切决策交由股东大会；另一途径就是加强村民基层自治制度建设，一切决策由村民代表大会和议事会决策，党支部负责大的方向领导和代表大会或议事会的召开，代表大会或议事会负责决策，监事会负责监督，而村委负责执行。这样的安排能较好的防止集体所有权的异化。

耕地集体所有权属于村社成员共同体物权，耕地所有权的变更权、承包权的调整权、经营权的流转知情同意权、收益的分配权，都应由村集体所有成员共同拥有，并不存在主体不明确问题。实践中出现的主体虚化往往不是耕地所有权制度出了问题，而是村庄集体内部治理结构出了问题。这要求村庄集体领导民主产生，对成员负责并落实集体成员权利，村委会或集体经济组织领导与村民之间是委托—代理关系，而非庇护—忠诚关系。集体所有权包括集体成员民主决策、民主监督等政治和治理权能。集体代理人在耕地上的一切权能，都应通过民主方式赋予。村庄集体内部必须形成能够代表村庄集体成员利益的治理结构，形成真正的权力代表作为法定的集体所有权权能执行主体，并确保所有权能而不得越权与失职。耕地集体所有权权能包括发包、调整、监督、收回等承包经营权权能，监督承包户和经营主体对承包地的使用并防止抛荒、毁损、非法改变用途权能，承包户经营权流转知情同意权能，都应该以民主集中决策为基础。

耕地之所以坚持集体所有权，不仅是要实现相对平等和稳定的目标，更是为了实现规模化、高效率的目标。集体共有不同于个体私有的地方，就在于要发挥集体在提高农业生产力、规模化经营、降低流转交易费用和稳定流入方预期、提高承包户流转过程博弈能力等方面的作用。因此集体所有权的权能包括集体所有权代理人执行经过真正的民主协商后做出的集体决策，对进城农户、外出务工农户、年老无力经营农户的耕地经营权进行组织化流转；也可以根据民主集中制决策，由集体收回耕地经营权统一经营或流转给本村成员规模化经营，对于不愿流转者通过协商调换承包地，从而在实现连片经营的同时兼顾自耕农的利益。村两委干部和村集体领导不得绕过集体民主决议程序来决定耕地经营权的流转，必须坚持成员民主议事，使成员具有知情、决策和监督权，坚持三分之二以上多数决定原则和撤销权，不得自作主张；对处于少数的村集体成员的利益，必须以协商的方式妥当处理。村集体所有权权能还包括经营权流转的部分剩余索取权，以用于村公共交通和水利设施建设，以及技术培训、社区治理、文化活动等公共服务。但这些权能同样要归于村民大会和代表大会的议事决策机构，而非村两委干部本人。只有这样才能算得上真正落实了集体所有权，才能真正保障村集体成员的利益。要保证集体主体不被个人主体取代，唯一的路径就是加强基层民主建设。

耕地集体所有权权能并非一成不变，而是会动态变迁。在确立耕地集体所有权的最初数年里，集体不仅占有耕地的所有权，而且也在一定程度上拥有经营权和收益分配权。在改革开放后的一段时间里，集体所有权权能大幅收缩，因为使用权、收益权都已经转让给了承包户。随着大量农民工外出务工和人口的城市化，一些耕地抛荒后又被集体拿回了经营权和收益分配权；而随着有意识的规模化经营和新型集体合作社的建立，一些村集体更是主动拿回了经营权和收益处分权。一些村集体接受村民委托，作为中介流转其经营权，村集体不直接组织经营和不拥有经营权，也只充当经营权流转中间人作用而不参与收益分配，但是当村集体将耕地经营权流转给外来工商资本时，可以收取一定的管理费。在这种情况下，集体所有权权能还应增加流入方资格审查责任、耕地用途和使用监督责任、合约履行监督责任以及维护承包户权益责任，居间协调流入方与承包户之间的利益矛盾，防止流入方损害承包户的利益，增强承包户的博弈能力，同时引导农户超越小农意识和地方本位主义。在今后相当长的时期内，集体所有权权能要本着培育村庄内生的适度规模化经营的家庭农场来定位。村集体遵循民主治理原则，进一步巩固耕地确权成果，将原承包户承包的耕地面积、质量和四至信息数字化并存入数据库，以确保耕地无论如何整治、经营权无论如何流转，原承包户始终能够明确知道自己耕地所在具体方位，确保在迫不得已的情况下能够收回自己的承包耕地；要主动维护已脱离农村和农业生产但仍保有承包权的原村集体成员的利益；要集中规划好在村农户经营项目并促进其扩大经营规模，积极引入专业服务组织以实现家庭经营农场能够购买各类专业服务。总而言之，村庄成员在利用集体所有权来实现规模经营、引入先进科学技术和社会工商资本的同时，能够确保自己的主体地位。

（二）稳定承包权权能

农民是拥有耕地所有权的村组集体之成员，通过村民大会等来行使和实现自己对耕地的所有权。与此同时，自实行家庭联产承包责任制以来，农民基于集体成员身份而拥有耕地的承包权。这种成员身份是基于出生、婚姻或迁移而取得的，村组集体成员身份以自然居住为基础、以出生和婚姻等因素加以确定。外来务工者、投资经营者、买房居住者、外来经商者不能成为村组集体成员，也就没有耕地的承包权。即使"承包"了集体经济组织无人承包的耕地或四荒地的村外人员，也不能取得村集体成员资格，取得的是"经营权"。如果农民作为村庄成员的身份没有改变，其拥有的耕地承包权就不被剥夺。农民对特定具体的耕地地块的承包权期限最初规定是30年，到期再行调整，2013年后国家又规定对特定地块的承包权再延长30年，后又很快明确将不再对具体地块的承包权进行调整。十九大后，耕地承包期又延长到2057年，以期抑制碎片化趋势，促进经营权长期流转和适度规模经营。也就是说，以后依然在农村的农民承包户对特定地块的承包权没有期限的限制，除非某个家庭不再有人口存在，特定地块的承包权才会被村集体收回另行调整发包，否则将长久不变。

为了鼓励农村人口的城镇化，《关于完善农村土地所有权承包权经营权分置办法》《国务院关于进一步推进户籍制度改革的意见》《中华人民共和国土地管理法》都明确规定，对原来属于村组集体成员、拥有集体成员身份，但进城落户、拥有城市住房和享有城市医疗、社保、教育资源而成为市民者，"现阶段"不得强制收回原村社集体成员的耕地承包权。但是，对于"现阶段"的期限是多久，笔者认为，取决于经济发展水平和国家有能力出台更优惠政策，吸引绝大多数这类已经进城者自愿放弃承包权。进城农民放弃承包权应是在经营权流转后的国家面临的又一大任务，例如可以根据确权面积，由国家直接逐年发放给这类人口群体相当于其耕地经营权流转费的福利资金，并确立金额动态调整机制。这部分人口群体放弃承包权后，规模经营者可以减少分利环节，有利于提高其生产积极性。

"现阶段"我国将存在两类享有耕地承包权者，一类是在村承包户，另一类是不在村承包户。在村承包户应享有典型的承包权，包括身份化的用益物权、保有或流出次级用益物权性质的经营权、集体收益分配权、承包地位维持权、分离对价请求权、征收补偿获取权、有偿退出权、继承权，以及耕地监督使用权、到期收回经营权、再续承包权、再流转限制或同意权等。具体说来，对这类在村农民的承包耕地，集体除了不得强制收回外，未经同意不得集中整治流转。承包者有权决定是自己耕种、流转经营还是参与各种合作经营；有权自主决定自己的经营项目、经营方式和管理方式；有权自主确定流转价格高低、流转费支付方式和渠道；有权自主处置流转经营所取得的所有收益，集体不得变相截留。在未将经营权分离出来的情况下，有权以经营权作为抵押获得银行贷款，以及以国家耕地直补等作为担保获得小额贷款。如果以经营权入股，享有法定优先股权利，也就是依法获取股份公司应有分红，股份公司如果破产清算可免于承担股份公司债务，且应优先分得剩余资产份额。作为在村村组集体成员，有优先流入同村耕地经营权的权利；有对自己承包并不经营的耕地用途和使用方式的监督权，包括对外来经营主体、合作社、专业服务组织使用耕地情况的监督权利和责任；有同意还是反对自己承包地经营权流入方将经营权用于抵押贷款等的权责，在经营权流入方有正当理由进行经营权抵押贷款时，不得进行无原则反对。在村承包户还具有根据村成员资格和承包权人资格参与本村基层民主自治的权利和责任，包括参与村民大会、竞选村民代表和村委成员的权利责任，有参选集体经济组织领导者的权责，也有参与村民议事会、监事会的权利和义务。在村承包户基于承包权，还是新农村建设、美丽乡村建设、"新农合"医疗保险等的当然权利与义务主体。最后，在村承包户也享有退出承包权的权利，如果其没有将经营权流出，还享有上文所说的所有经营权权能。

另一类不在村承包户，他们虽然享有承包权，但主要职业活动、主要收入来源、常年居住地与生活空间都已经脱离农村，因此他们享有的耕地承包权权能显然应比在村承包户的要小。他们享有承包权退出激励奖补，在国家出台有利的鼓励政策和措施后，在道义上应积极响应国家引导，及时退出承包权。由于常年不在村无法经营耕地，所以往往只享有承包权，而不享有经营权，经营权可以自主流转给他人或委托给他人或集体代为流转，享有流转收益。在流转自主决定权方面，要弱于在村承包权人，村集体可以收回经营权、进行整治后成片流转。应将耕地使用用途等监督权利和责任让渡给村集体或其他被委托人。由于不在村，应委托他人完成基层民主自治的各种事项，但不宜参选村委和村集体经济领导人。承包经营权的继承条件应更加严格，如果不在村农户迁入的是小城镇，那么在承包期内父母死亡的，子女可以继承承包期内的耕地承包经营权，但如果迁入的是设区的市且有固定职业，子女似乎不应再享有耕地承包权。村组集体对这部分人口群体可以收取适当管理费，以支持在村承包户参与基层治理和村庄自治。从长期看，这类人口群体在获得国家相当福利资金的情况下，其耕地承包经营权可由集体收回统一流转给规模经营者，流转收益应归在村集体成员共有。

（三）平等保护经营权权能

保有经营权的承包户和流入经营权的规模经营主体，依法平等享有经营权权能，平等履行相关责任和义务。首先，经营权权能包括依法合法自主经营权。依法获得经营权者，在合约期内只要不改变耕地用途，不掠夺性地使用耕地，种植还是正常休耕、种植何种作物，种植粮食作物还是经济作物，只要符合承包经营合同或流转合同规定，由经营权人自主决定。对于承包经营权人即保有耕地经营权的原承包户，不得抛荒耕地两年以上，否则集体有权收回经营权进行流转，流转收益由承包权人享有，集体收取一定的管理费。对于流入他人或集体的耕地进行经营者，不得连续休耕或弃耕两年以上，否则经营权由村集体收回，并要求流入方赔偿相关耕地抛荒期的基本产出，经营权返还原承包户由其另行流转或由集体代为流转并收取一定的管理费。而正常经营者的耕作权或耕作经营权，任何人都不得随意的收回和干预。[1] 经营权人的经营活动在与所在村村民副业经营发生冲突时，有依法维护自身合法权益的权利。

其次，经营权人有获得相关补偿的权利。其中最重要的一种情况，就是相关耕地被征用，用于城市建设或者公共交通建设等，则经营权人有权获得一定的补偿，包括青苗费、固定生产设施投入补偿以及其他附着物补偿。属于经营权人投资的固定设施如大棚、水井、变电器、滴灌设施等，应补偿除去折旧费后的余额，同时要考虑补偿经营者的机会成本。如果因为修建高速公路而将规模经营者的耕地分割开来，影响了经营者的连片经营，所增加的经营成本也应得到合理的补偿，补偿期应覆盖剩下的合同流

---

[1] 孙宪忠：《推进农地三权分置经营模式的立法研究》，《中国社会科学》2016 年第 7 期。

转期，合同流转期结束后，承包权人或所有权人应与流入方重新签订流转合同，最好将高速公路两边的耕地流转给不同的经营主体。如果经营权人又是承包权人，也就是承包户自己经营耕地，也享有相关补偿的权利。

再次，经营权人有获取相关补贴的权利。种粮等国家补贴应由实际经营权人获取，经营权人还依法获得购买农机、耕地改良、水利设施和大棚设施建设、农业保险投保、雇用当地村集体成员等政府财政补贴。对于承包权人自己行使经营权者、村庄内部流入经营权经营者，以及基于技术或经营组织管理制度创新而流入经营权经营者，由于受到自有资金的限制，领取的补贴应比外来工商资本领取的补贴额度更高，而纯粹依靠自己强大的资本进入农村流入耕地经营权者，由于他们本身并不缺少资金，所领取的补贴额度应低于前者的三分之一到三分之二；外资进入我国农业经营者，补贴额度应更低或者不享有补贴。

第四，经营权人依法享有有条件的经营权抵押担保权利。政府和村集体应加强对外来工商资本的资格和条件特别是资金状况的审查，排除自有资金实力不雄厚的外来工商资本流入经营权的可能性，从而降低其使用经营权抵押贷款的可能性。而经营权人一旦拥有经营权，就享有有条件的经营权抵押贷款的权能。这里的有条件，包括经营权人应征得承包权人和所有权人的同意，而且抵押担保期限不得超过本轮承包期剩余期限，贷款不是用于一般的生产经营活动，而是主要用于技术升级等有利于农业现代化的项目。需要说明的是，有的学者认为，之所以将经营权分离出来，其根本目的就是要以经营权进行抵押，为农业发展获取资金。[①] 这样的看法显然存在偏差，因为放活经营权的目的绝对不是为了融资，而是为了实现规模化经营。规模化经营的方式也不仅仅是简单的流出经营权，还包括合作社经营或股份制流转。在实践中，一些地方已经进行了有益的探索，例如不是以经营权作为抵押发放贷款，而是以政府补贴作为担保或者以经营收益作为担保，以减少经营权担保贷款所带来的风险和连锁反应。过于宽松的经营权抵押贷款很有可能成为某些工商资本获取资金的便宜渠道，而不利于农业的长期稳定发展，不利于家庭经营为基础的规模化经营。在流入

---

① 张占斌、郑洪广：《"三权分置"背景下"三权"的权利属性及权能构造问题研究》，《西南大学学报》（社会科学版）2017 年第 1 期。

经营权进行贷款和担保方面，相关各方必须慎重决策。① 因为当经营权在承包户自己手中时，很少有人主张经营权的抵押权能，但在集中到流入经营权主体手中时，一些人又强调这种抵押权能。其背后的原因值得深思。

第五，经营权人依法享有有条件的再流转权利。拥有经营权者在经发包人和流出经营权的承包权人的同意后，可以再以流入的经营权入股入社，再行流出给第三方经营，或者委托给相关组织再行流转。一般说来，初次流转时的流转合同都应约定须经流出方同意，流入方才能再行流转。如果流入方在合同未到期时要求再流转，承包方或发包方往往不应同意，因为如果再流转出去，承包方和发包方监督难度会大大增加，风险会大大增加，利益分配链条会拉长，而且再流转表明经营权人经营可能出现了某些问题，合约的信任基础受到削弱。因此再流转环节应充分重视承包方和发包方的知情同意权，流入方的再流转权的条件要比流入方经营权抵押贷款权能条件更为严格。有的学者主张经营权再流转可不经过承包权人同意和告知承包权人，再流转流出流入方签订的合同仍然有效，但如果后来承包权人知情后，其可以选择同意，也可以选择不同意而终止其双方的再流转合同。② 这种观点也有一定的道理，相当于原流入方代承包方寻找了新的流入方，有利于外出务工者持续在外务工，同时其流转费等收入不会中断。但是，这会给再流入方带来很大不确定性，也会潜在一些纠纷和矛盾。因此，还是必须遵守须经承包方同意的规定。再流转经营权需原承包方同意，并不是妨碍经营者私权，而是承包权的固有权能，也是防止重大风险的重要措施。③

第六，严格保护合法经营权主体的收益权、产品处置权。目前不少地方出现了农民哄抢和变相哄抢规模经营主体特别是外来工商资本规模经营主体农作物果实的情况，对流入主体造成了较大的损失。正如上文所言，甚至出现因为本地村民在规模经营主体机收时拾荒而被机器卷入而死亡的情况。这可能表明一些地方经营权流转确实存在较大问题，有可能是在不具备条件的情况下强制流转的经营权，农民失去经营权而不得不如此。但

---

① 唐忠：《改革开放以来我国农村基本经营制度的变迁》，《中国人民大学学报》2018 年第 3 期。

② 王洪平：《民法视角下土地经营权再流转的规范分析》，《吉林大学社会科学学报》2020 年第 1 期。

③ 高圣平：《新型农业经营体系下农地产权结构的法律逻辑》，《法学研究》2014 年第 4 期。

也存在承包者同意流出经营权后，看到流入经营权人丰收而心生羡慕进而采取侵占行为。对于这种情况，政府应严格保护合法经营者的收益权，教育农民确立契约精神；同时也应促进相关农民的城镇化，提高他们的收入。基层党委政府和村两委干部应抓住这个难得的机会，让农民看到规模经营的好处，鼓励他们向规模经营者学习，积极向规模经营主体转化。

第七，确保经营权的继承权能。在承包期内和在流转合同规定的流转期内，法定的经营权人由于疾病、身故等原因，其自有的或流入的经营权作为一种用益物权，可以由其亲属继承。不过经营权的继承与其他财产继承不同的地方是，经营权继承人愿意继续经营农业并且具有经营能力。否则，耕地可能被抛荒，设施和机器可能被闲置，经营可能失败。目前已经发生一些规模化经营权人死亡，继承人没有经营能力而陷入困境，相关方没有及时介入，导致耕地荒废，经营者没有收益，债务日益积累，流转费无着落的案例。因此，相关各方包括政府、村集体、承包户应对经营权继承人进行评估，对其经营状况加强掌握，及时预警，以免在其经营出现问题或困难时影响到经营权流转费的支付，造成社会不稳定；在确保经营权继承权能的同时，对无恰当继承人的经营权流转事项及时介入，必要时劝其继承人退出经营权，并给予适当经济补偿。

此外，流入经营权人如果坚持了合法经营，可以凭先期设施投入而享有优先续租权。经承包方同意，流入方可投资和改良土壤，建设附属配套设施，流转终结时可以视情况获得一定的补偿。有一些耕地在流出的经营权收回欲再流转时，其承包期限可能只有短短几年就要到期，因此收回后再流转的期限会受到影响。对于这种情况可以借鉴传统社会所有权转手而租佃权不受影响的做法，实行经营权与承包权两本账，各自核算而互不影响。这样可以缓解那些承包期即将到期的耕地经营权流转难问题，而现在关于流转期限不得超过承包权剩余期限的规定，似乎没有考虑这一问题；不过随着承包权无限延长的政策倾向，这类问题在逐步减少。耕地承包权和经营权内部在时空上还可以细分，形成复杂的时空结构安排。例如，一块耕地的经营权可以进行时间段和空间上的细化和分割，进一步区分出空间租和时间租等，形成在不同空间和时间中有不同的经营主体、更加复杂的耕作制度，而这些主体之间应互惠互利，有利于经营权人进行更加专业化的经营。

耕地的所有权、承包权、经营权三权权能之间应相互制约、相互促进，形成动态平衡关系。承包权、经营权权能不得侵犯所有权权能，以防止经营权流转和规模化经营失去内生的集体合作经营的可能性，并发挥集体预防各种流转形式中可能存在的问题和风险的作用。① 耕地的经营权不是实体物权，而只能是次生的用益物权。② 也正如有的学者所指出的，我们要坚持集体所有权权能以满足集体公共产品需求，坚持承包权权能以满足成员生存保障需求，坚持经营权权能以满足农业发展和现代化的需要。③

三 完善经营权流转相关制度体系

长期以来，耕地经营权流转主要依靠粗线条的行政性政策规范来调节，例如"承包权30年不变""增人不增地，减人不减地""承包权长期不变""农村人口城镇化不以退出承包经营权为前提"等，成为经营权流转的主要支撑性规范。这造成经营权流转过程中相关各方行为难以得到更加有效的规范。④ 在今天，经营权流转仍缺少系统、细化的法律法规等制度体系的支撑，相关的实体法和程序性法律规范都还没有出台。制度与行为之间存在密切联系，没有完善系统细化的制度体系，也就难有可供切实遵循的行为模式。在经过一定时期的经营权流转实践探索之后，确立系统完善的法律法规制度体系已十分必要。

（一）细化耕地评测制度

在耕地经营权流转过程，缺少对耕地质量和经营权价格的评测制度，极易导致相关机会主义行为，以及纠纷、矛盾甚至冲突，因此应制定和实施细化的、可操作的耕地评测制度。

首先，应建立和加强耕地评测的领导和管理机构。应在国家和地方各级农业农村部、厅、局等设立专门的耕地评测领导和管理机构，例如可以在国家农业农村部耕地质量处下设耕地评测领导机构，负责指导耕地测量制度和指标体系的制定和完善，负责扶持和加强"耕地质量标准化验室"之类的分析测试中心的建设，鼓励社会资本和专门技术人员从事耕地质量

---

① 张路雄：《耕者有其田：中国耕地制度的现实与逻辑》，第5页。
② 折晓叶：《土地产权的动态建构机制——一个"追索权"分析视角》，《社会学研究》2018年第3期。
③ 邓大才：《中国农村产权变迁与经验：来自国家治理视角下的启示》，《中国社会科学》2017年第1期。
④ 钱忠好：《中国农村土地制度变迁与创新研究（续）》，序第2页。

评测专业服务等等，并加强与国家立法机构的合作，促进耕地评测制度体系的法律化。国家和各级政府还应列支经费以支持耕地质量的标准化评测。

其次，要确立完善的耕地测评指标体系。在测评中除了要充分利用现代科学技术对耕地地理位置、基本形状、四至进行定位、航拍以及数字化存档和固化外，还要详细测评耕地的各种维度。其中包括耕地地块的坡度、土壤和耕作层厚度、干湿度、盐碱度、板结或疏松度、肥度以及各种化学成分，耕地生物细菌群落与性质，各种有机质含量，有无重金属等有害物质污染等。要评测耕地的交通、水源、水利、电力等情况。还要综合评测耕地所在村基层民主、基层治理和公共服务水平、文化传统、社情民意等因素，进而确定耕地经营的社会文化环境。评测报告要附上耕地相关作物历年产量动态图，以及耕地所在区域历年自然降雨量、光照等情况，标明每年可能发生的水灾、洪灾、风灾、虫灾概率等。当然其中主要指标还是最基本的耕地质量指标。

第三，应明确耕地质量评测责任。耕地作为十分重要的生产资料，在每次进行耕地经营权流转之初与结束流转时，都应对相关耕地进行全面评测。在耕地流转之初，可以由耕地流出方申请由政府或社会专业评测机构进行测评，所需费用由流出方承担，算入耕地经营权流转费延时收回；也可由计划流入方申请测评，测评结果如果能够获得流出方的认可，则双方进入流转合同的签订；或者流出流入双方共同参与申请委托第三方完成评测。流转合约要把相关耕地评测报告列为附件。在耕地流转到期收回或再流转时，流入方须再次申请测量相关数据，两相比较并确定耕地质量下降或上升程度，特别是是否有污染、耕作条件是改善还是恶化等，并据此确定合理的补偿。这样可以更好地规范经营权流转相关各方的行为，保护耕地质量和确保耕地安全。要实现耕地经营权流转的精细化治理，就要改变由本村几个村民代表根据经验来对耕地进行评测定级的方法。我们需要引入第三方专业测量评估机构，进行客观中立的评估，实现科学的评测。[①]当然，在耕地评测的过程中，涉及社会文化等维度的指标，应充分考虑村民的意见。

---

① 邓雄飞：《地租的时空解构与权利再生产——农村土地"非农化"增值收益分配机制探索》，《社会学研究》2017 年第 4 期。

(二) 完善耕地保护制度

首先,明确耕地保护的领导、执行和实施机构。扩大国家耕地保护监督司和各级保护监督机构的职责。建立耕地保护责任制,如可推广"田长制",每个行政村可配备一个总田长,由群众推选、镇政府任命,专门负责进入流转的耕地质量监管。① 要将流转耕地保护目标任务纳入经济社会发展综合考核体系,推行流转耕地保护激励机制和利益补偿机制。要完善流转耕地的休耕制度,防止流入方过度耕作等。要将流转耕地质量责任压实到实际经营者,对任意改变用途和破坏耕地质量者进行严格处罚。应鼓励成立和加强流出耕地农民的社会组织和团体,发挥他们保护自己承包地的积极作用,并确立相关的规范性制度。

其次,确立和完善各类复耕和新开耕地质量提升和保护制度。改革开放后,农民住宅每隔约20年就会弃旧建新和更新换代,而新的住宅日益向"地势"和交通条件好的地方迁建并且面积日益扩大。废弃宅基地复耕显得十分必要,但复耕成本往往非常高。据笔者调查,在广大丘陵和高山地区基本没有复耕的现象。在平原地区,随着城乡一体化和社区化建设,农民逐渐聚居到社区定居点,通过土地的整治原有宅基地一般能够得到复耕,但其用途往往并非是用于种粮或其他农业经营。因此,应确立废旧宅基地所有权人复垦责任制度,建立耕地复垦基金,借助社会资本促进宅基地复垦并赋予复垦者优先流入经营权权利。

第三,为了限制随意改变耕地用途,可以引入耕地开发权制度。该制度的特征,就是根据耕地质量与用途,确定不同的耕地使用税率;对改变用途者,要求其出钱购买开发权;而政府可以利用这笔钱来支持开垦新的耕地、提升耕地质量,甚至可以用来流入耕地经营权转交给特定家庭规模经营者经营。②

第四,应结合经营权流转,进一步完善耕地休耕制度。流入经营权主体出于支付流转费以及获取增值收益的压力,很少会进行休耕轮作。因此,要建立规模经营主体耕地强制休耕制度,加大对流入经营权主体耕地休耕的补贴,给予贷款利息返还,减免流转管理费等。政府还要明确强制休耕比例,把多年进行大棚作业的耕地作为强制休耕的重点。

---

① 吕兵兵:《山东全面完成永久基本农田划定》,《农民日报》2017年8月24日第1期。
② 薛凤蕊:《国内外耕地保护政策研究》,《世界农业》2013年第6期。

（三）完善耕地经营权市场化流转制度

商品市场交易可能存在机会主义行为，国家必须制定制度法律体系来维持市场交易秩序，规制生产方、购买方、中间商以及托管、信息、咨询、物流、仲裁等相关方的行为。耕地经营权属于次生用益物权，可以视为特殊商品进行市场化流转。所谓市场化流转，就是以直接租出租入方式进行的流转。其并非理想的流转模式，但在整个流转耕地中占有相当的比重，我国已形成规模庞大的耕地经营权流转市场。这要求进一步完善耕地经营权市场化流转制度体系。

其一，完善规制经营权流转双方权责制度。流出主体应保证流出的耕地权属清晰无争议；集体流出未发包耕地的经营权时，需村民会议三分之二以上成员或村民代表书面同意；要向流入方提供明确的流转耕地信息，如位置、四至、面积、质量等级、利用现状，以及预期价格及作价依据、流转方式、流转用途等。对流入方则规定必须满足各项流入资格要求，但对工商资本下乡流入经营权行为应进行更加详细的规范，包括向流出方提供关于自有资金、农业经营历史经验能力、有无农业经营技术人员、预期经营项目、预期耕地用途、将采取的风险防范措施等方面的真实信息；要规定流入者必须交纳风险保障金，必须接受政府、集体经济组织、农民代表、农业专家、经营权流出者等监督主体的事中事后监管。特别是要明确规定流入方必须主动足额及时支付流转费。各类相关法规规范对流入流出双方的相关责任义务规定还需要进一步的细化，特别是要细化各自享有的权利和应承担的义务、可能产生的矛盾冲突及其解决办法、经营权股东如何行使权利、流出经营权者如何监督流入方等方面的制度。

其二，要制定和完善专门的耕地经营权流转合同法。这一专门法应要求乡镇流转服务机构负责监督流转双方签订规范合同，合同内容要明确、具体，包括对双方身份信息、耕地质量等级、流转面积、耕地位置及其四至、流转用途、流转形式、流转期限、流转价格及流转双方权利和义务，都要明确详细规定。更要明确双方违约责任；应强制要求达到一定规模特别是大规模、超长期的流转合同，必须经过条款合法性审查；应将政府购买法律援助扩大到耕地经营权流转领域，为流转的契约化提供财政补贴。

其三，完善规制经营权流转监管机构的法律法规。要出台相关制度，例如可明确在工商部门下设耕地经营权流转监管机构。其职责是确定准入标准；流转前对流入主体的资质、合法性、资金状况、财务能力、信用状况、农业规模经营能力，耕地计划用途等进行审查；审查流入方是否符合发展村庄规划和整体产业布局；责成流入方提供农业经营能力等证明，以及经营项目可行性报告；监督流入方风险保障金交纳，严格控制外来工商资本流入耕地规模。① 同时，也要审查流出经营权的相关个人或集体组织是否获得委托、流出行为和再流转行为原承包权主体是否知情等。此外，还要对流入者耕地利用状况、合同履行及风险防范状况开展长期的、常态的动态检查等。要完善经营权流转参与各方的奖惩制度，对合法流转和经营行为进行激励和奖补，对非农化和非粮化行为进行处罚，对合法经营的规模经营主体，在财政、金融、基础设施等方面给予支持，要建立违约经营者信用档案和退出机制。

其四是完善规制耕地经营权交易中介服务者的法律法规。相关制度要明确从事耕地经营权交易中介服务的主体资格和条件、权利和义务；对交易平台在经营权流转信息登记、发布、组织交易、履行交易鉴证、项目介绍和融资担保等服务方面进行规范，防止平台垄断信息并从中谋利。② 无论线上交易平台还是线下交易中心，发布的信息都须经过核实，真实有效。平台要加强经营权交易数据库建设，将交易的受理、审批、信息发布、组织成交、交易鉴证、办理抵押贷款等环节，都纳入平台信息系统。③ 交易平台应在流转招标、公示环节发挥重要的信息中介作用。平台必须对所发布信息的真实性负责，未经证实就发布虚假信息必须承担共同主体责任。

其五，完善经营权流转托管法律法规。要出台相关制度，鼓励成立土地银行、土地托管中心、土地托管站，明确其性质、业务范围，以及权利、责任和义务。要明确委托方和托管机构之间关系的契约化合同化；要明确托管机构的职能范围，必须在委托方的同意下才能对托管耕地进行整治；要明确托管费用比率，防止托管机构垄断"货源"、客户并形成双向垄断等。

（四）完善经营权流转补贴制度

首先，必须完善相关补贴制度，切实发挥补贴的导向作用。一是要加

---

① 乔博：《农地流转"永股制"模式探析》，《青海社会科学》2015年第5期。
② 杨成林、李越：《市场化改革与农地流转——一个批判性考察》，《改革与战略》2016年第11期。
③ 周泉：《在创新中激发农村资源活力》，《农民日报》2016年4月15日第3版。

强流出经营权者失业养老保险保费补贴，这样可以为流转创造更宽松的空间。二是对经营权流入方，应根据其耕种面积与时间长短进行不同程度的补助，适当拉大补助数额的差距。对流入规模相对适度者给予最高额度的种粮补贴、农业保险和贷款再保险补贴、农机补贴等。[1] 超过适度规模或规模过小，政府的相关补贴应适当的调低。[2] 三是对种粮大户产品目标价差额进行补贴和奖励，以确保其种粮有稳定收益，进而确保口粮安全。四是加强对专业合作、股份合作、土地托管等项目专项奖补，特别是对承包户在经营权流转过程中仍然处于重要主体地位的项目加强补贴，充分发挥政府补贴的导向作用。五是加强对农业高科技应用型农业、设施农业的补贴，以促进农业的信息化、网络化、智能化、生态化。六是加强承包户合作社纵向一体化项目包括产品加工项目的补贴，促进农民延长自己的生产与经营链条。七是要以农民家庭为基础的新型适度规模经营主体为重点补贴对象。

其次，补贴机制要科学，以实现精准补贴。政府不应把种地补贴给流出经营权的承包户，要从普惠式向重点扶持式的支农惠农政策转型。[3] 加强冒领、骗补处罚，可采取分年兑现或隔年兑现补贴的方式，减少骗补行为。积极利用大数据、物联网等，加强对规模经营者农机购置、产品产量、投保行为等方面的信息识别，以减少信息不对称导致的骗补行为。尽量变根据耕地面积为根据经营过程与产出进行补贴。应整合政府职能部门的补贴功能，实现一站式补贴服务，将审核和发放补贴的功能整合到同一个窗口，引入手机APP在线申领、审核、发放补贴，提高补贴时效性和减少中间费用。

（五）完善经营权流转金融保险制度

其一，完善银行参与耕地经营权抵押贷款业务制度。银行应把贷款扶持重点对象定位于乡村内生的家庭规模经营主体，防止工商资本通过经营

---

[1] Barrett E. Kirwan, "The Incidence of U. S. Agricultural Subsidies on Farmland Rental Rates", *Journal of Political Economy*, Vol. 117, No. 1, Jan. 2009, pp. 138 – 164.

[2] Nathan P. Hendrick et al., "Subsidy Incidence and Inertia in Farmland Rental Markets: Estimates from a Dynamic Panel", *Dhuyvetter Journal of Agricultural and Resource Economics*, Vol. 37, No. 3, May 2012, pp. 361 – 378.

[3] 蔡瑞林、陈万明、朱雪春：《成本收益：耕地流转非粮化的内因与破解关键》，《农村经济》2015年第7期。

权抵押贷款获取低息贷款并用于非农业,以维持金融秩序和市场公平竞争。为了减少经营权再流转和银行收走经营权可能导致的风险,银行应允许还款困难者用流转收益、财政补贴等清偿债务,清偿完毕后经营权归抵押人。[①] 银行要积极采用人工智能和网络贷款 APP 进行贷款者财产审查和发放贷款,利用大数据来加强对贷款者经营状况的监督,减少监督成本,提高贷款效率;对集体经济组织、合作社和工商资本等规模经营主体提出的贷款申请,银行必须掌握承包权人或三分之二村民同意书是否真实意思表示,虚假同意书往往会导致系列隐患。银行可设立专门的经营权贷款银行或窗口,以更优惠利率吸取定向用于经营权抵押放贷的存款,由政府兜底补足经营权流转专用存贷利率差。在经营权贷款人确实无法还贷而经营权收归银行并再流转时,银行要将村庄内生家庭规模经营者作为优先的流出对象,防止耕地经营权过度集中,也不宜将收来的经营权简单地进行市场化流转。

其二,建立和完善民间合法金融组织参与耕地经营权抵押贷款制度。现在农村家庭家有余款者,基本上都是存入了各大银行,这些银行可能把钱向城市借贷者放贷,从而延续了农村支持城市、城市吸纳农村剩余资本的状况。为此,应在加强打击农村地下非法金融特别是高利贷的同时,大力支持农村村级"钱会"、村级金融基金会或者村级社会组织社会团体附属的基金会的发展。这样的钱会、基金会虽然资本可能不够雄厚,无法给村庄每家农户直接提供经营权抵押"贷款",但可作为担保基金担保本村农民向正规银行贷款。其更大的优势在于,只要能够获得这种基金的担保,银行发贷风险会大大降低。其实质上是借助村庄熟人社会网络治理机制,将没有经营能力或存在机会主义行为者先行筛除。获得这种基金担保的经营权抵押贷款人,会一直面临熟人社会的压力,如果不能努力经营及时还款会影响到"钱会"的状况,也会影响到同村乡亲,影响自己在村庄中的经济、社会地位和声望等等,自己会遭受排斥而往往无法选择退出博弈,因此即使是无法按时偿还贷款,也会努力采取弥补措施。而村级"钱会"、村级金融基金会或村级社会组织社会团体附属的基金会等凭借担保者和代还欠款者的身份,又可以接受银行的委托成为经营权再流转的具体实施者,并且显然比银行更能找到适当的流入方。当然,这种将正式法律

---

① 高圣平:《农地金融化的法律困境及出路》,《中国社会科学》2014 年第 8 期。

与社会信任规则、声誉机制等巧妙结合的制度安排，仍然需要以村民内部民主自治等为前提，否则掌握这种基金者可能会利用此种基金为自己谋利，最终使这种安排不可持续。

其三，完善经营权抵押贷款制度体系。政府要建立经营权人抵押贷款分类管理制度。例如，可将经营权抵押贷款人分成三类，即工商资本规模经营主体、农村家庭为基础的规模经营主体，以及传统的、只经营自己承包地的农村承包家庭经营者。政府关于经营权抵押贷款的支持政策，应向第二类主体倾斜。政府要建立和完善经营权抵押贷款业务贴息制度，对不同类型主体贷款按基准利率的不同比例提供财政贴息，家庭规模经营主体获得的贴息比例应更高。同时，要给予提供贷款的银行、提供担保的组织和个人一定的税收减免优惠和担保补贴。要完善地方政府风险缓释和补偿制度，对向家庭规模经营主体放贷的金融机构经营权抵押贷款坏账按一定比例冲抵，从而分担和缓释部分风险。要建立经营权流转评估的政府补助机制，对由第三方评估机构评估产生的评估经费予以补助。另外，对于流出经营权的农民从事其他工商业经营提供优惠贷款。

其四，完善耕地经营权流转保险制度体系。《关于加快农业保险高质量发展的指导意见》指出，要积极形成商业保险公司、政策性农业保险公司、混资性农业保险公司并存的格局，各类保险公司应提供比较全面的保险品种供规模经营主体选择购买。国家要加强农险宣传，提升规模经营主体保险意识，强制经营主体购买经营成本险、作物灾害险、农机险、员工险、大棚等设施险，以及产品产量价格和收入保障险、经营权贷款险、贷款担保险等。通过保险公司理赔补偿，降低经营权拍卖和再流转比率。政府向社会购买培训服务，以建设一支专业性保险经纪人队伍，推广和使用智能化的保险科技，增强保险理赔实效性，提高农民参保积极性。政府银保监会要鼓励更多的社会资本从事经营权流转和规模化经营的保险业务，对保险公司从事此类保险业务进行适度财政补贴，补贴政策向适度规模经营主体粮食作物险、农机险等倾斜。[①] 当然，在这种保险制度体系完全建立之前，仍然有必要保留经营权主体交纳风险保证金的义务。

---

① 任天驰：《小农户衔接现代农业生产：农业保险的要素配置作用》，《财经科学》2020年第7期。

第六章　耕地经营权流转风险的村庄复合治理:观念与制度　　195

(六) 完善经营权流转收益分配制度

一是要完善经营权流转费即租金制度。应该树立经营权流转费收益观而非成本观。这要求经营权人在进行收益分配时,让流出经营权人享有部分增值收益。换言之,应尽量实行保底前提下的分成租,将其分成保底流转费和增值分成。应普及分成租而减少定额租。要根据流转时间合理确定地租,形成短租地租、季节性地租、长期地租体系。要考虑耕地肥力、城乡远近和交通状况、经济社会状况而确定合理的级差地租。空间区位带来的级差地租Ⅰ应由承包户享有。为了减少流出经营权人的风险,要实行保底流转费预付制,可以规定流入方要先预付一年的保底租金才能流入经营权,此后按月支付保底流转费,以使流出方能够掌握流入方经营状况;增值分成实行年终结算支付,可以由专业审计服务机构代理完成。这样既减少了流入经营权的阻力,也不会增加经营权人资金压力。保底流转费的支付方式应推行实物计量货币支付,按当年当地市场中间价折算以货币支付制度。这样可以有效避免通货膨胀给原承包户造成的损失,获得实际地租而非名义地租。同时,要建立与物价同步上涨的补偿机制和递增补偿机制,确保农民利益同步增长。支付渠道应打卡支付,通过银行或交易中心代收代支流转费时,不得以任何理由截留、冻结。流入经营权人不得以任何理由拖欠保底流转费,如果拖欠不仅要支付"滞纳金",而且拖欠超过一定期限,流出经营权人有权收回经营权。

二是建立流转费监管制度,杜绝"炒地"现象,使流转价格处于相对合理的水平。在偏远地区和大量耕地抛荒的地区,流转费往往只有象征性意义,甚至亩均低至数十元。而一些具有区位优势和高质量的耕地,存在被违法炒作现象,经过数次再流转后流转费要价已高得离谱,成为烫手山芋。而一些村庄集体推动的耕地流转,其价格也存在偏离合理水平的情况。有的定价过低,导致民众不满意;有的由于增强了市场谈判能力,定价甚至高于耕地实际可能产出;有的中途提出过分的涨价要求。显然,定价过低会损害流出经营权人的利益,过高则会给流入经营权人带来较大资金压力,迫使其非农化。因此,耕地经营权流转价格不宜过高也不宜过低,要根据具体的时空特征确定耕地的合理流转价格。到底什么标准才较合理？可以承包户自己耕地时亩均纯收入确定保底流转价格,同时考虑耕地的实质经济价值或生存经济价值,因为承包户自种时,平时会从耕地中获得一定的生存资料,所以应再确定增值收益分成。总之,政府应加强流转价格监管，积极发挥耕地评测机构的作用，以根据特定的时间空间、交易双方的具体经济社会特征，综合考虑多种经济与社会因素，来确定合理的流转价格水平。① 对于流转价格过低的耕地地块所在村镇的干部进行廉洁审察，对于干部通过耕地经营权流转引诱围猎工商资本以及恶意抬高流转价格的社会投机资本进行严厉打击。

第三，应进一步完善增值收益的分配机制。增值收益的分配要顾及所有权人、承包权人、地上附着物权利人、专业服务者等各方的利益，保障增值收益分配公正性，特别是要保证承包农民和家庭农场经营者的主体地位。要限制流入经营权者收益率水平，实行营业收入累进税制，并把相关税收返还给相关农民或用于农民后代发展基金，以实现代际公正。② 要对经营权入股部分采取特殊保护，建立确保承包权人负盈不负亏的分配机制。

四 完善相关外围制度

耕地经营权流转风险的村庄复合治理的有效展开，需要健全相关外围制度支持以获得坚实的制度保障。这些制度保障主要包括规范基层党政机关干部相关行为的制度、促进农民工和流出耕地经营权的农民就业和市民化的制度等。

（一）完善基层党政干部相关行为规范

这里主要讨论乡镇及以上基层党政干部在耕地经营权流转过程中的行为规范。在改革开放过程中，基层党和政府干部的行为规范存在滞后以及角色定位不清的问题，使公权存在寻租空间，贪腐行为一度比较严重。在耕地经营权流转过程中，存在基层政府干部权责失衡现象。一些地方乡镇党政干部也存在向上向下谋利冲动，通过充当流转中间人、管理者而获取一定费用，从上级部门根据流转面积而拨付给乡镇的奖励中获得部分奖金，与村干部合谋骗取流转补贴和规模化经营、农民集中居住、产业扶贫、道路水利等项目经费，从而导致不少强制流转和弄虚作假现象。一些

---

① 胡新艳、洪炜杰：《农地租约中的价格决定——基于经典地租理论的拓展分析》，《南方经济》2016 年第 10 期。

② 李长健、刘磊：《代际公平视域下农村土地流转过度集中的风险防范》，《上海财经大学学报》2014 年第 1 期。

政府干部积极运用权力推进规模化流转,不顾主客观条件而人为培植大户和规模经营者,推进农民集中安置居住;对后续出现和存在的长期问题,却无力解决。诸如此类的政府干部出于政绩需要垒大户、拉郎配的案例还有很多,其结果往往是一个"烂尾工程",导致经营者经营困难甚至"失败"、政府债务日益增多等。乡镇干部直接参与,还会抑制耕地经营权的市场化流转。①

因此,对基层党政干部参与耕地经营权流转行为要进行合理的规范,②使他们成为合格的公共产品提供者,③ 在面对上级政府要求和下级民众期望的双重压力下,积极作为并选择正确路径,即主要是创造外在条件和出台各种政策支持,尊重农民和其他市场主体自主决策地位。应制定相关规范性文件,对基层党政干部申领分配补贴行为、申领相关项目及经费分配安排行为等进行规范,明确他们在经营权流转过程中的职能定位;要使他们聚焦于确权纠纷协调、流转矛盾的化解和公正处理;④ 加强流转主体资格准入审查、土地流转和经营过程的监管以及权利保障等领导、监督、服务职能;加强对流转租金保证金的追缴、存储和确保到位兑现支付;加强对流转信息、产权交易平台的领导,提高流转项目招投标、竞价交易等过程的规范性和公开性。⑤ 此外,要建立严格和全面的考评奖惩评价指标体系,以对他们的行为进行正确引导,特别是不能简单以引入多少外来工商资本、土地整治和流转面积等作为考评指标,还要考虑耕地经营权流转模式以及整个流转过程是否真正做实了集体所有权、保障了承包户和农民的主体性地位,耕地流转面积的增长速度是否没有超过农村人口劳动力转移就业的速度等等。

(二) 完善农民城市化和就业保障制度

随着我国耕地经营权的流转,农业生产经营的机械化、智能化和规模化,"农民进城、专家种地"、外来工商资本农业规模化经营主体和家庭农

---

① 钱忠好:《农地承包经营权市场流转的困境与乡村干部行为——对乡村干部行为的分析》,《中国农村观察》2003 年第 2 期。
② 马贤磊:《农地流转中的政府作用:裁判员抑或运动员》,《经济学家》2016 年第 11 期。
③ 陈颀:《"公益经营者"的形塑与角色困境——一项关于转型期中国农村基层政府角色的研究》,《社会学研究》2018 年第 2 期。
④ 井立义:《多元化解农业承包纠纷的东平经验》,《农村经营管理》2017 年第 4 期。
⑤ 徐向文:《耕地流转制度实践的再思考》,《社会学评论》2015 年第 3 期。

场主的增多，甚至农业生产全链条社会化服务的日益广泛，将有越来越多的原承包农民日益与农业生产经营过程和农村生活无涉，出路就是城镇化和市民化。不过，尽管如美国这样的发达国家，在农业农村生产生活的人口比例仍然占到其整个国家人口的20%，在今后相当长的时期内，我国农村也应继续承载相当部分的农业人口。因此，我们应提倡和鼓励更具包容性、参与性与收益共享性的耕地经营权流转模式；减少耕地经营权直接出租流转模式，尽量吸纳原承包户参与农业生产经营活动。公司+农户、联合生产和服务合作社、家庭农场等模式相对更具包容性、参与性与收益共享性，政府应给与更多补贴或税收优惠，以示提倡与鼓励。耕地产权可以进行更加复杂多样的时空分割，例如新型规模经营主体的生产经营与原承包户副业经营可以互惠共生，在同一块耕地上规模经营者与原承包户可以同时或错时进行不同项目的生产经营，实现同一耕地多主体多元化生产经营格局。在促进耕地经营权流转的同时，应尽量使原承包户能够深度参与流转后的生产经营活动，从而减少不得不选择进入城镇居住、工作和生活的农民数量。

对于那些流出自己耕地并转移到城市的原农村适龄劳动力，政府应建立完善的培训和再就业制度。在这种制度的支持下，这类进城农民可以获得职业培训并实现再就业，实现就业的"转型升级"。例如，可以配合供给侧结构改革，经过培训让他们进入城市教育、医疗保健、老幼群体看护、社区服务、基层治理等岗位就业。

对于已离土离乡的外出务工农民以及耕地经营权流转导致的无业人口，应加强其市民化的进程，为耕地规模化经营、农业现代化与乡村振兴创造更大的空间。要促进这些人口群体市民化，就需要放开大中小城市户籍限制，使农民更容易迁移到城镇生活。要推进和改进居住证制度，使农民工平等享受教育、医疗和养老保障，缩短异地保障系统对接等待时间。要提高城市社会保障体系的开放性，减少城乡二元对立结构在城市的延续，加快养老体系并轨的步伐。要加大新建城镇聚居点的公共服务和基础设施建设，使农民在定居点能够更好地生活。特别值得注意的是，除了特大城市外，应结合城市群发展战略，放低农民进城落户门槛，不必实行积分制度。农村除了要积极发展互助养老之外，还可以将老年农民集中到城镇养老，以发挥各种公共服务和文化娱乐设施的效益，促进他们形成更加健康的休闲方式，减少文化震荡。建立永久失业者社会保障制度，在避免落入"福利陷阱"和尽力而为的同时,确保他们过上基本小康的、有尊严的生活。

此外,必须重视村庄层次非正式制度的建设。面对耕地经营权的流转和村庄熟人社会的陌生化,应采取措施使村庄陌生关系熟悉化。首先是应使处于同样经济社会地位的村庄利益群体成员之间能够经常互动,维持和发展内群体社会关系网络,彼此之间实现信任、合作与互惠。其次是应使不同利益群体成员之间能够更多的进行社会互动,从而形成跨越一定经济社会地位的社会关系网络,促进阶层间外群体成员之间的理解、合作和互惠,减少因为彼此不理解对方存在的意义而导致的生产和转嫁风险的行为可能性。而要实现这样的社会资本建设,就需要因地制宜和结合村庄历史文化传统,充分发挥传统节日、仪式、庆典等机会,加强村庄社会文化活动建设,为村庄不同类型成员社会互动与建立社会关系提供尽可能多的机会。

第七章

耕地经营权流转风险的村庄复合治理：多元主体培育

耕地经营权的流转风险治理除了完善各种观念和制度之外，还需要以村庄为空间单元，培育村庄治理多元参与主体并发挥主体作用，基于经营权流转的现实背景实现村庄复合治理。

一 加强村级党组织及治理能力建设

（一）加强村级党组织建设

目前，我国的政治发展安排和国家领导体制变革，不仅把党置于政治、经济、社会、生态等建设的领导地位，接过了很多原来属于行政机构的权力和职能，同时也使自己的领头羊角色更加突出。党的书记和组织一旦出了问题，后果就会更加严重，需要加强基层党组织建设。就村级而言，在一肩挑的趋势下，村党支部书记人选和村党组织建设变得十分重要。党历来十分重视村党支部书记的选任，早在2004年就实施了"农村支部书记工程"，促进了支部书记年轻化、加强了支部书记能力和开拓精神培训、促进了支书工作标准化建设、改进了选任激励监督机制。农村涌现了大量引领村民致富、公正廉洁的"好当家人"。可以说，凡是发展状况良好的村庄，基本上都有一个好的支部书记及支部领导班子。

但是村支部书记仍存在年龄大、文化程度低、素质能力差、观念落后、作风懒散、任期超长甚至终身制等问题。一些上级党委对村支部书记的选任存在不正之风，偏向于选择有钱、听话、有裙带关系的党员。村支部选举时有贿选现象，党团员发展嵌入宗族关系而近亲繁殖。甚至有村支部书记成了黑恶势力。国家政策最后一公里，有的就是卡在村支部书记这一环，村级各类腐败都有支部书记的身影，包括挪用村集体资金、刁难围猎外来工商资本规模经营主体、虚报套取补贴款、坐收坐支村集体资金，甚至生活作风问题严重等。在网络化时代，一些支部书记典型的负面新闻广泛扩散后，造成了极坏影响。

加强村级党组织建设的主要内容，包括政治建设、队伍建设、纪律建设、能力建设等。要切实推进党内民主选举，同时坚持开门党建原则。村支部书记的产生应将村民"公推"、党员直选、上级确认等方式有机结合起来。在政治建设方面，要端正村党组织及领导的政治立场、政治态度。在队伍建设方面，上级党组织要将那些有道德、有担当、有能力的农村精英吸收进入党组织，应更多地从村庄内生的适度规模经营主体群体中选任村支部领导。① 发展党员时要避免只发展领导干部自己子女的情况，要防止发展党员的裙带化；党员入党、转正时一定要公示，公开电子信箱等接受群众信息反馈；村党员后备队伍建设同样要坚持开放性。要加强党内部组织人事建设，党内要实行民主集中制，党内不能存在核心与非核心两个圈层，不能给外界一种尽管是党员但没有进入某个核心圈子同样不能发挥才能掌握权力的印象。村级党组织要加强作风和纪律建设，接受乡镇等上级党委对村财、村资、村事的有效监管和巡察，同时要公开并接受全体党员和村民的监督；可推行"村资乡代管、村事乡把关、村干乡监管"的"三村三乡"监管机制；要推行村基层支部书记出了问题，乡镇级党委组织和领导负重要连带责任的制度，乡镇以上各级党委也应同样如此。对于村委支部书记，一旦有村民检举反映或网络相关举报信息，不管是否查实，上级党委都应主动回应并先行将其暂时停职，指定代行其职务人选，引入相关纪委监察和专业性反腐职能部门进行核查。要加强村支部书记任期制，减少任职长达数十年的情况，减少村支部书记职务世袭制，支部书记重要亲属不得同村任职。对支部书记和领导班子成员要建立和实施系统的、量化的观念、道德、素质、能力、纪律、作风考评体系。② 对贪污腐败的村支部书记和委员要罪加一等，从严从重从快处罚，不能简单给个党内警告或严重警告，要改变党员身份能抵上多少刑期之类的现象。

要切实发挥驻村任职第一书记的作用，完善相关制度建设。自 2012 年

---

① 桂华：《谁来治村——新时代村干部的培养与选拔》，《人民论坛》2019 年第 11 期。
② 黄欣、赵普光：《基于扎根理论的村支部书记胜任力模型构建研究》，《安徽行政学院学报》2019 年第 5 期。

铜川市实施"第一书记"到村任职以来，该种做法在全国得到推广，驻村任职第一书记在增强村党组织"领头雁"作用、解决"两委"班子软弱涣散和促进村集体发展方面起了十分重要的作用。他们本身属于党政机关干部和离岗、退休干部，一般不需要政府另行付给基本工资，所以不会增加财政支出，又减少了上级机构人浮于事，更充分发挥了干部才能，促进了治理资源的下沉和项目的更加精准到位。但是，他们的主要作用不应限于了解村民的需求、为村民带来资金和项目，更重要的是加强村党组织建设，激发村民的主体性和能动性。只有这样，才能使农村获得可持续的内生发展动力。

（二）提升村级党组织流转风险治理能力

村党支部书记及支部组织不仅要在政治上监督耕地经营权流转的大方向，而且要参与从确权到耕地经营权流转和规模化经营的诸多环节。在耕地确权的环节，往往需要组建确权班子，其人员的构成往往要参考支部书记的意见。这在一定程度上关系到相关人员行事是否公道和确权程序能否得到遵守，影响到后续确权面积、国家耕地补贴、经营权流转面积和流转费是否准确，以及耕地能否得到保护。集体未发包耕地和承包户委托耕地经营权的流转对象选择、流转价格确定，都会参考村支部书记的意见。在公司+合作社+农户的流转模式中，支部书记等村干部在三者之间往往起着重要桥接作用。在耕地流转后用途的监督、流转费的支付和转交、管理费的提取，以及积极引入外来工商资本经营农业并对其进行资格审查、流入耕地后的合约执行特别是雇用村民情况、生态环境和耕地质量保护、经营权再流转和抵押贷款、各类相关保险购买等环节，基层党组织和领导干部都负有领导责任、监督义务和知情同意权，对严重违约者甚至可以收回耕地经营权。更重要的是，村支部作为领头羊，要积极探索真正以农民为主体的经营权流转和规模化经营模式，包括发展集体经济、扶持本村以家庭经营为基础的规模经营主体等。在相关利益主体之间发生矛盾冲突时，村党组织干部也是重要的调整和化解者。总而言之，在耕地经营权流转的背景下，村党支部的领导职能再一次突显，切实发挥这些职能，可以有效地预防和降低相关风险。

但如果村党支部及其书记不能切实发挥上述作用，相反还在这些环节上谋取私利和出现腐败行为，就不仅不能预防和降低反而会加剧流转风险。例如，有的村支部书记干预集体未发包耕地经营权流转招标过程，以降低流转费和出卖集体利益而收受中标方好处，破坏流转市场秩序；有的独断专行，违反民主集中制度原则，剥夺村民流转监督权、知情权和参与权；有的则将流转费直接收入自己的腰包；有的截留上级政府为鼓励耕地经营权流出流入而发放的补贴；有的村支部书记由于收受了经营权流入方的好处，无法切实监督和防止耕地用途的改变、违规在耕地上修建房屋等行为。有的村支部书记甚至伪造流转事项，骗取种粮补贴等；有的在耕地经营权股份制流转后，私自将股份用于抵押贷款，获取巨额的私人收益。总而言之，耕地经营权流转确实给村支部组织和干部提供了新的腐败可能性，甚至一些乡镇村委全部"沦陷"，发生塌方式腐败。村支部书记如果本人就是规模化经营者，又不能协调好个人与村集体之间的利益关系，那么就更可能异化为耕地经营权流转风险的生产者。内生的村支部组织干部特别是书记更能及时了解和利用党和国家的政策，本身就是耕地流转和规模化经营的重要参与者，他们很多人自己都积极参与了耕地经营权的流入和规模化经营，成为了农村规模化经营主体。而有一些则本身是工商资本企业负责人，回村同时担任村支部书记，进行农业规模化经营。在此过程中，流入了多少耕地、种了多少粮食、购买了多少农机和化肥、作物受灾面积和程度等等的确认，往往会有更多作假的机会。一些村支部书记在进行规模化经营时，资金不足就可能挪用村集体资金，用于支付流转费。有的村支部书记甚至将耕地流转作为私吞并洗白集体资金的途径，其具体途径是先将集体资金私下挪用，转手给他人然后再向其借款或邀请其入股，最后以经营失败收场。如此等等，使风险的预防和治理者本身成了风险的生产者。

因此，要治理耕地经营权流转和规模化经营风险，就必须规范村党支部组织干部自身参与经营权流转与规模化经营行为。在城镇，党和国家领导干部不能在担任领导职务的同时又开设自己的公司和企业，主要领导干部即使辞职从商也需要等数年之后。农村党组织干部由于一般不领取国家工资，往往有自己的一份承包地，在流入耕地特别是集体耕地经营权时，在资格审查、竞标、补贴申报等相关环节应实行回避制度，乡镇相关部门应加大对他们的管理和监督。在财务制度上，村集体经济账目要与支部干部个人的规模经营实体台账明确分开，前者要定时公开透明并接受监督。村支部干部不得挪用集体资金用于个人经营；利用集体设施、场所、人力用于个人经营时也必须付费。在领导和参与村民组建的合作社时，应本着为村民服务带动大家共同富裕的精神，合理确定自有经济实体与农民家庭经营单位之间的利益分配比例，不得两头垄断，即不得垄断产品收购价格和销售价格。在进行股份制流转时，党支部干部自有耕地经营权股份和经营管理股份份额的确定要恰当。对集体未确定到成员个人的法人股，必须确权到位。另外，村党组织干部不应与一般承包农民家庭争夺流转耕地经营权，以确保流转机会平等。

二　加强村民自治组织建设

随着耕地经营权的流转、村庄空间封闭性下降和利益主体的多元化，以党支部领导村民自治的村庄治理架构已无法适应新的形势。但村民自治组织仍然是耕地经营权流转风险治理的重要参与主体，在党的领导下进一步加强村民自治，促进村民的治理参与，可以有效预防和减少相关风险。

（一）进一步完善村民自治

其一，完善村民自治内部治理结构。这要求在党支部领导下，继续完善健全村民大会和村民代表大会制度，充分发挥直选海选村委主任等的功能；要建立村民议事会作为村委决策机构，村民监事会作为监察机构，形成决策、执行、监督"三权分离"机制。[1] 在实现一肩挑的村，仍要加强村委领导班子建设，完善村委决策、执行、监督、反馈、评估、信息公开、沟通协调制度等。随着网络化、信息化和数字化技术在农民群体中的日益广泛应用，可更多地召开村民大会、代表大会议事会视频大会，缓解会议召开难问题，增加公开透明度并减少治理成本。总而言之，我们必须使村民自治组织真正成为村民自己的组织。

其二，要适当缩小村民自治的单元，使村民自治获得社会网络资本的支持。但凡基于熟人关系网络的小群体治理机制，空间范围都不能太大，成员数量类型不能太多，否则就会失效。只有在小范围内，自治者才能相互熟悉、集会方便、能够直接充分表达自己意见，政治参与效能感也更高。随着耕地经营权的流转，外来人员的进入，行政村空间范围不再是熟人社会而日益陌生化。而且，近年来由于村改居、村庄合并等原因行政村的数量减少而规模扩大，行政村陌生化程度加深。因此，村民自治基本单元应进一步缩小，使其与自然村落共同体的经济、文化边界重新统一，以

---

[1] 任中平：《成都市构建新型村级治理机制的经验与价值》，《党政研究》2014年第5期。

便对内能够约束成员机会主义行为,对外能作为整体与其他利益相关主体进行博弈。2016年以来,湖北秭归、广东清远等开展了以自然村为单元的自治实验,取得了较好的效果。后者甚至允许数个经济社会状况相似的农民家庭成立村委会。在村民自治单元缩小和村委数量增多的同时,村庄治理的空间范围则可以扩大,以适应集中连片规模经营的趋势。

(二)提升村民自治组织风险治理能力

其一,通过加强村民自治,预防部分村民成为风险来源。随着耕地经营权流转,村民贫富度差距拉大。工商资本经营者进入村庄,使城乡差距和地区差距直接呈现在普通农民面前。村民基于历史纵向比较产生的相对满足感,很快被基于当下横向比较的相对剥夺感取代。因此,他们即使获得了适当收益,也可能产生不满和破坏行为,对合法规模经营者和整个乡村带来不确定性风险。一些农民流出耕地经营权后又反悔而随意中止合约,缺少合约精神。村民自治本身具有一种自我管理的功能,村委应切实发挥作用对这部分村民进行制约。村委会还应监督承包户为谋取更高收益而与流入方签订随意改变耕地用途的协议。村委会应组织村民学习法律来增强法律意识,通过文化建设和社会心理建设等缓解相对剥夺感。

其二,通过加强村民自治,预防村委干部成为相关风险生产者。村委主任原本是村民代表大会选举产生的代理人,但同样存在任期过长,权力过于集中等问题。在耕地经营权流转各个环节,村委主任存在以权谋私、"敲诈"规模经营主体、骗取补贴、挪用集体资金和占用集体设施设备、流入耕地经营非农化、拖欠流转费、私分股份收益、收受好处而不尽监督之责、强制流转等行为的机会。有的村委干部未经村集体全体成员同意将亲戚生态移民到本村,控制耕地经营权流转方向、用途、定价、形式而农民被迫接受。农业行政主管部门、乡镇政府、国土资源、工商行政主管部门在行使职权时,更重视考虑村干部而非基层民众的意见,一般村民也很少能有发表意见的机会。通过加强村民自治,加强对村委干部的监督,可以在一定程度上减少流转风险。

其三,通过村民自治使村民形成合力,增加对规模经营者的制约和监督,减少风险损害和促进整体安全。面对规模经营者,单个承包户家庭很难切实发挥监督作用,因为二者处于不对等的经济、社会地位。但以村委会作为主体出面,往往更能增强村民的行动能力,能够更好地规范耕地流转程序和合同、协调流转纠纷、减少矛盾冲突和相关风险。

三 促进规模经营主体参与村庄治理

(一) 村庄外生型农业规模经营主体

在城市,企业或公司往往是所在社区治理的重要参与者。在农村,企业也曾发挥过重要治理作用。1980年代集体经济组织与村两委组织一体化,两委干部往往是村集体企业的重要负责人。集体企业以集体名义开办,调动和利用集体资源,盈亏状况直接关系村民利益,因此本身就是村庄治理的重要影响因素。如果村干部民主公正,这种基于集体资源的集体企业可为村集体成员带来收益,集体经济实力提升也可提高村庄治理水平。但集体企业可能成为村干部个人提钱柜,成为一种"黑洞"。[①] 后来,大部分集体企业"政经分离"自负盈亏,逐渐转制变成私人企业。在失去集体资源的支持后这些企业逐渐倒闭,大量村社陷入没有集体经济的境地。村庄治理的主体完全变成以党团、村委为主,村庄治理经济基础越来越弱。

随着耕地经营权流转,越来越多的外来工商资本农业规模经营主体在村庄出现,由于与村庄存在各种利益关联,因此是所在村庄的重要治理参与主体。但在实践中往往存在两种情况,要么过于主导和支配村庄治理,要么完全作为飞地而存在,不利于耕地经营权流转风险的治理。

其一是外生型农业规模经营主体主导村庄治理,而村庄日益处于依附地位。在一些村庄外来工商资本公司取代党支部村委成为最重要的主体,公司经理或董事长成为村支部书记或村委主任。例如,焦长权等人发现,在重庆某区一些乡镇直接实施村企合一,由外来资本投资经营村庄,村庄转向公司化运作。其中某村耕地全部由公司统一经营,并形成专业分区,建设蔬菜大棚区、露地生态蔬菜种植区、稻虾种养区等。公司负责组织生产、市场营销、储藏物流。村两委、专业合作社成了公司下属机构;村两委负责人与公司实行交叉任职,村支部书记既兼村委主任,又兼公司党支部书记;两委班子受集团公司领导,村民选举不再进行,公司总经理被直接任命为村委会副主任,两委完全处于依附地位。公司集党政权力为一体,对村庄拥有绝对的主导权,掌握村里的经济命脉,调动和支配所有村

[①] 贺雪峰:《发展村办企业的个案调查与理性思考》,《河南师范大学学报》(哲学社会科学版) 1999年第1期。

庄资源以及惠农政策和财政项目专项资金。一般承包户流出经营权后只能获得分成租；由于公司无法全部容纳村庄劳动力，多数村民只能长年在外务工而成为空挂户，与整个村庄事务无涉，唯一关系就是租金收取，基本不会参与村庄治理。这种村企合一的公司型村庄以及公司办村、以厂带村的治理结构，使村庄依附于公司特别是依附于公司控股人。公司替代村庄成为国家与农民之间的政治经济实体，乡镇政府对村委实行包干制，矛盾冲突内部化于村庄，实际上是内部化于企业。村庄两委基层组织及干部的公共性完全消失。村庄沦为企业的附属物，公司治理取代了村庄治理。[1] 还有研究者发现，资本下乡与村庄公司化导致各种相关项目工程的公司化操作、土地资源的公司化经营，村级组织的公司化替代，并由此造成了乡村"权力—利益网络"和秩序的重塑。基层政府与资本之间形成权力主导下的利益共谋关系，村级组织与资本之间形成利益吸纳下的权力依附关系，村民与资本之间形成权力支配下的利益排斥关系。而之所以如此，原因之一是以农民为主体进行治理的能力弱化，而只能依赖于资本的力量。反过来，这又会进一步导致乡村治理被资本力量所主导，乡村各种公共产品的供给主体也日益转移到公司手中，经营公共产品又可能成为资本的赢利之道。[2]

村庄私人公司化导致的后果是严重的。两委主任处于依附地位，基层自治组织和活动日益萎缩，公司内部议事、执行和监督机构取代了村民代表大会、议事会和监事会等，村庄一切事项变成了公司内部治理事项。外来工商资本企业所有权人获取了所有增值收益的大头，本村农民收益份额处于小头，收入差距和分化十分严重，耕地经营权流转费用的增减变成了公司收益分配方案调整，农民的边缘化达到了前所未有的程度。

外来工商资本规模经营主体主导村庄治理，对耕地经营权流转风险治理来说绝非好事。由于资本逻辑支配了公共性逻辑，公司会在短期内给村民带来收益增值，但长期看会加剧整体风险。对于耕地是否改变用途、是否被掠夺性使用、经营权是否应抵押贷款和是否再流转及增值收益分配状况，村支部和村委不能代表村民进行有效监督。在与其他相关经济主体比

---

[1] 焦长权、周飞舟：《"资本下乡"与村庄的再造》，《中国社会科学》2016 年第 1 期。
[2] 卢青青：《资本下乡与乡村治理重构》，《华南农业大学学报》（社会科学版）2019 年第 5 期。

如专业服务组织、一般承包户发生矛盾纠纷时,原来重要的仲裁者两委已经成了公司下属部门而无法发挥调解作用。如此等等,使基层党组织丧失预防和化解风险的能力,极有可能使耕地经营权流转产生较大的风险。

其二是外来工商资本游离于村庄治理之外形成飞地。一些工商资本下乡,流入耕地经营权进行规模化经营时,会在物理上和社会上将自己与所在村庄隔离开来,形成"飞地经济"。物理上的隔离就是修建围墙围栏,深沟高垒;社会上的隔离则是不嵌入乡土社会,不直接与村民打交道,耕地流入环节和流转费的支付,都不与村民直接来往而是通过村两委组织干部或镇政府干部来完成。在生产经营过程中,规模经营主体会自己提供大部分公共产品和服务,比如水、电、安保、网络等;也不会雇用所在村村民,不关注所在村社会文化活动,不参与所在村各种公共事务和会议。在必须利用其他公共产品诸如重度使用村庄交通道路造成破坏等,如果所在村不提出异议,规模经营主体也不会主动修复或赔偿。他们表面上"不问政治",实际上往往走的是"高层路线"。原承包农民对他们不了解,也无法掌握他们的耕地使用、资金账务状况的信息,因此无从监督;如果基层政府出于经济增长考虑而不尽监督之责,流转风险就难以得到预防。这类规模经营主体在与原承包农民发生冲突时,更倾向于政府司法力量的强势介入,容易导致矛盾纠纷和社会群体事件的爆发,对社会稳定安全带来冲击。

因此,外来工商资本农业规模经营主体应处理好与所在村庄的关系,找准角色定位,积极参与但不能主导村庄治理。其应遵守自由市场规则、树立真正的企业家精神和"道德情操";要自觉与各级干部形成"清亲"政商关系,不应通过利益输送而借助公权力来增加自己的博弈能力,更不能运用"隐形权力"来获取不正当的利益、转嫁社会成本,处理与承包户的矛盾纠纷冲突;要形成与承包户、村集体之间的平等而自由的交易关系。

外来工商资本规模经营主体还应增强自我内部风险治理。应加强自身内部经营风险控制,在投资农业经营时要准确把握国内外农产品市场需求,根据自己对农业生产经营的了解程度、经营管理人员成本、自有资金是否雄厚等来确定是否流入耕地经营权。要考虑经营权流入后抵押贷款得不到承包权人和发包权人同意的可能性,以防止不能贷款而资金断裂从而陷入进退两难。应积极参加农业保险,包括自然灾害险、作物病虫害险、农业产量和价格险、设备设施险等。应提升农业经营能力,更多地引入科学技术创新和产品服务创新来增加收益,而不是通过加强对耕地的利用强度、获取更多的补贴或进行非农化经营来获取利润。应积极缴纳流转费保证金,确保相关承包户的基本生存权利。通过这些措施,外来工商资本规模经营主体才能确保自己能够正常支付流转费,获取一定程度的利润,不至于亏损、破产并引发一系列的矛盾冲突和风险。

(二) 村庄内生型农业规模经营主体

村庄内生的农业规模经营主体主要包括村农业合作社、以原承包户家庭为基础的家庭农场、种养大户等。改革开放前,一些经济地理条件相对优越的村特别是城郊村,利用集体资金开办集体企业从事农产品加工和非农生产经营,诸如粮食加工、牲畜养殖、建筑、运输、劳务服务等。其中一些失败夭折,一些资产日益雄厚、业务不断拓展。在家庭承包责任制改革以后,其中一些被变卖出售,将所得一次性分给村集体成员,另有一些被保留下来得到进一步发展。在后来的集体企业转制大潮中,其中又有一些转变成私人企业;有一些仍被保留下来,规模不断扩大并形成集团企业。在近年来的集体经济股份制改造大潮中,其中又有一些集体企业很快转变成股份制企业并平均分配了股权,由公益性法人向经营性法人转变;但一些企业仍保留了相当比例的法人股没有确权到具体个人。

历经变迁后的村庄内生型集体企业,往往规模日益扩大,形成集团公司并下设多个事业部门或子公司,它们的业务已超出村庄空间范围,与本村农业生产经营关系不大。但由于资金雄厚,能够调用自有资金并很快启动整村组耕地经营权的流转,成立新的农业规模化经营主体,由村支部书记、村委主任或两委成员兼任领导职务。与以前的"政经合一"的村集体企业相比,这类村集体自有的内生型农业规模经营主体与村庄治理的整合度更高,因为以前的村集体企业一般并不涉及耕地,现在则直接涉及村里最核心财产耕地。村两委以及村民代表大会、议事会、监事会等的工作重点,逐渐转移到农业规模经营上来。而村企业集团的其他子公司日益聘请职业经理人来管理,这种职业经理人和其他部分职员大多不再是原村庄集体成员。村庄的开放性,使村民自治只是村庄治理的一小部分内容,村庄治理还涉及整个村企业集团及其外来工作人员。这类村庄内生型农业规模经营主体由于有整个村企业集团的支持,经营风险相对较小。这类村庄大多处于城市郊区,更有可能出现耕地的非粮化和非农化,需要提升该类农业规模经营主体风险治理的能力，保护基本农田不被变相非粮化和非农化，抵制以租代征而维护耕地的安全。

以农户家庭为单元而构成的农业生产专业合作社、农机合作社、销售合作社等，作为经营主体也有自己的内部治理结构，包括社员代表大会、理事会、监事会以及理事长、监事长等。这类主体应协调好合作社与不愿意参与合作社的承包户之间的关系，面对后者可能导致的插花地问题，应通过协商方式对其耕地进行调换；对于自愿退出合作社的农户也可以同样方式解决。代耕代管了外出务工农户耕地的合作社，应实行收益分配的公开透明，防止贪污腐败。合作社应重视参加各项涉农保险，加强合作社负责人以及财务管理、技术管理、销售管理人员等的技术培训。在经营权抵押贷款方面，也应争得集体与成员的同意。在国家补贴分配等环节上应公正合理，合作社成员要加强日常监督。合作社应避免为一时经济利益而牺牲自然生态环境，要注意保护耕地质量。合作社要积极参与村庄治理，积极组建合作社联盟，依靠自身经济能力促进村庄社会公共服务。

村庄内生的、以原承包家庭为基础的适度规模新型农业经营主体，即"家庭农场""专业大户"等，由于是从承包户群体中成长起来的，与村庄的联系更为密切和持久。在农村空心化严重时期，这类家庭仍坚守农村，依靠经验和勤劳扩大了经营规模，流入了耕地经营权，缓解了耕地抛荒。不过，家庭农场同样面临风险，也可能成为风险来源。家庭农场应根据自己的资金、人力、设备以及自然因素合理确定最优耕地流入规模，[①] 防止出现流转费和短工工资拖欠、耕地抛荒等情况发生；应大力发展订单农业，实现与市场需求的精准对接；实行差异化竞争策略，积极拓展非传统销售渠道，以免产品价格受市场波动影响过大；尽量与原承包户签订和补签规范的收益分配动态调整型流转协议，要维系与流出农户的社会关系，让流出农户获得一定增值收益，以争取更长的流转经营时间，对抗外来工商资本的挤压；[②] 要努力引入现代科学技术，以提高生产力；要努力实现生态化生产经营，防止环境污染和耕地质量下降；郊区家庭农场要在发展

[①] 钱忠好、李友艺：《家庭农场的效率及其决定——基于上海松江943户家庭农场2017年数据的实证研究》，《管理世界》2020年第4期。

[②] 刘灵辉：《家庭农场土地流转合同期满续约过程中的利益博弈》，《西北农林科技大学学报》（社会科学版）2020年第2期。

休闲观光业时，自觉防止耕地用途改变；要自觉改善经营管理，积极参加国家农产品质量管理体系和认证体系；要提高防灾减灾意识，积极参加农业政策保险和商业保险。家庭农场在经营过程中也应诚实守信，在补贴申领、保险申报等方面要实事求是；要慎重使用经营权抵押贷款融资，将相关融资真正使用到农业生产经营上。在对流入耕地进行整治时，要征得原承包户同意，并努力实现连片经营和提高经营效率。家庭农场的经营规模要以自己家庭劳动力加上机械化能够经营的面积为限。

家庭农场内生于村庄，是所在村庄治理的重要参与主体，是村庄治理的中坚力量。这类家庭农场经营者是本村人，他们的崛起对村庄社会结构的冲击小，不会导致村庄的公司化和村两委依附于下乡资本，也给了一般农民的一种可行选择；他们的社会网主要在村庄，与原承包户之间存在信任、合作和互惠的社会基础。他们参与村庄治理有利于激活村庄内生活力，有利于村庄权威重塑、文化存续和秩序再造。[1]

四　培育农业专业服务主体

耕地经营权流转过程所产生的部分风险，与规模经营者的技术能力局限存在很大关系。例如，误施农药可能导致减产，不知天气变化可能无法预防农作物受灾。而如果专业技术服务组织发达，能够提供相关专业技术服务，就可减少风险损害的发生。专业服务组织的存在，不仅可以促进耕地家庭承包经营的社会化，也可以为耕地规模经营主体提供社会化服务，减少相关风险损害。因此，必须重视农业经营专业服务性组织的发展，促进其减少自身风险，并发挥在经营权流转风险治理中的重要作用。

（一）加强村庄农业专业服务组织培育

农业经营专业服务性组织包括官办与私有两种类型，传统官办的相关组织如供销社、农技站数量有限，往往设在乡镇中心，距离村庄远，农民在心理上较难接近，技术服务人员主动性差。近年在一些地方，村级综合服务站以及针对本村农业生产特色的专业服务站逐渐增多，但服务态度和及时有效性仍存在一定问题。私人性质的农业经营专业服务性组织并不流入耕地经营权，而在农业生产产前、产中和产后各个环节各个工序为农业

---

[1] 魏淑娟：《加强家庭农场嵌入乡村治理研究》，《中国社会科学报》2019年9月18日第6版。

生产经营主体提供某一种或数种专业性技术服务，包括信息、法律、技术咨询服务，土质检测诊断评估，机耕、播种、收获，日常看护和田间管理、施肥、病虫防治、修剪等等服务。有了这些专业性服务，即使耕地不流转出去，承包经营权人也可以通过购买各种专业性服务完成整个农业生产经营过程，实现农业生产经营的社会化。这些服务缓解了经营主体的劳动力不足、机器设备欠缺、技术落后等状况。专业服务合作社服务的耕地面积往往比较大，而收取费用相对低廉，相关农业规模经营者节约了劳动成本、提高了生产效率。

但目前我国农业专业技术服务组织数量还相对较少，力量还相对弱小，服务覆盖面还相对狭窄。美国直接从事农业生产的人口只占全国从业人员总数的1.8%，但为农业提供生产性服务的人员则占15%。我国耕种收专业机械化服务已经有了一定程度的发展，加上病虫害统防统治专业化服务，营业性收入已经超过1000亿元，农业专业化服务组织已成为重要的服务实体和经济实体。[①] 但是，这还远远不能满足农业发展的需要，应当大力发展农业专业化服务组织。

各级政府应加大村、乡镇和县域农业服务组织的发展，特别是应加强村农业服务组织的发展，以使每个村组都有因地制宜的、符合本地需求的专业服务组织。不仅要注意耕种收机械化专业服务组织的培育，更重要的是要加强科学技术性专业服务组织的培育。政府应为专业服务组织购买设备、招聘和培训技术人员提供补贴。要结合农村数字化建设，建立农业专业知识服务系统平台，方便农民可以通过手机APP免费注册和使用。要重视培育能够为承包权和经营权人提供智能种植、智能大棚、智能灌溉、智慧农旅等农业现代化服务组织，使传统小农经营搭上现代智慧农业的快车。政府要通过购买专业技术服务来培育壮大声誉好、技术强的农业专业服务组织。正是因为获得了政府购买的统防统治任务，全丰航空和标普农业才能在全国范围内提供飞防专业服务，使自己日益壮大。要重点培育农业生产经营者急需的服务组织，包括销售服务组织，能够提供订单服务、新奇特生产项目信息、生产决策信息、产品销售信息服务的组织，能够帮助他们获得低息无息贷款、购买质优价廉生产物资的服务组织，以及提供

---

① 农业部：《全国农产品加工业与农村一二三产业融合发展规划（2016—2020年）》（农加发〔2016〕5号）。

法律政策咨询服务的组织等等。而且，要促进服务组织能够提供响应及时、内容丰富、针对性强、效果理想的专业服务。

（二）增强农业专业服务组织风险防范能力

农业专业服务组织也面临自己的风险。例如，如果某一次专业技术服务失败，付出了成本而难以获得有效的成果，那么可能拿不到服务费。即使今年拿到了服务费，下一年可能不再受信任而无事可干，没有营业收入从而破产。在提供专业服务的过程中，机械可能发生事故，人员可能遭受伤害，并因此使得该组织无法继续经营而破产。在病虫防治过程中，由于受到技术和天气因素的影响，可能导致防治失败而必须承担赔偿责任。如果不承担责任可能出现与农业规模经营者发生较为严重的矛盾和冲突。或者专业技术服务者高估市场需要，盲目扩大经营规模和范围而无法收回成本而亏损。一些专业服务组织自己资金实力、技术设备、信息决策、专业人才等方面存在缺陷，无法真正为农业生产经营提供专业服务。有些专业服务组织自身未能融入村庄而布局于城镇，很难获得足够多的业务，有些更没有形成现代的内部治理结构，人员和财务管理混乱。专业服务组织与农业生产经营者确定服务关系后，实际上建立起了密切的命运关系。如果服务者提供的服务最后证明是错误的、无效的或不是持续性的，那么必然使生产经营者遭受风险和损失。因此，专业服务者必须能提高服务质量，减少生产经营者的风险和损失，同时也就是在减少服务者自己的风险和损失。

政府向专业服务主体购买然后向生产经营者提供统防统治服务时，要禁止强行向不愿意接受这种服务的农业生产经营者摊派收取服务费，在"免费"提供各类服务时，要征得相关农业承包经营者的同意，要防止专业服务主体通过政府购买形成强制交易关系。统一服务的效果和满意度应以农业承包经营者说了算。政府以及向政府提供购买服务的专业服务组织要承担应承担的责任，包括植保事故、农药质量以及超越服务能力盲目签订服务合同导致的不能兑现或不到位的责任。另外，也要加强农业专业服务组织行业协会建设，发挥行业协会对成员行为的支持和规范作用，加强行业内部的自我约束和监管。[1]

---

[1] 康涌泉、李亚威：《三农服务社发展状况及存在问题研究——基于河南临颍"三农服务社"的调查研究》，《经济研究导刊》2013年第20期。

(三) 发挥专业服务组织村庄治理参与主体作用

农业专业服务组织应是其提供专业服务对象所在村庄的治理参与主体。在耕地经营权流转的各个环节，往往都有专业服务组织的身影。例如在耕地确权环节和经营权流转到期收回环节，一些为耕地确权确定四至并数字化、信息化的专业组织，为耕地等级和社会经济地理价值进行测评的专业服务组织，如果能够秉持公正，当相关矛盾发生时如果能够主动发挥作用，积极提供相关科学的证据信息，就会减少很多矛盾纠纷冲突。

尽管很多专业服务组织的服务范围可能超越某一个村，也可能存在一定的流动性，但在提供专业服务时应参与所在村庄的治理。而设在村里的专业服务组织，本身就是村庄治理的一个重要参与主体。一般认为，有了农业专业服务组织和专业服务的社会化，承包家庭不流转出自己的耕地经营权，也可以实现与现代农业技术的接轨，但有很多农业规模经营主体与原承包户唯一的区别在于资本的差异，他们实际上也需要专业服务组织的支持才能完成生产经营，也才能参与相关问题的村庄治理。而专业服务组织自身作为一种经营主体，也是所在村庄重要构成部分，理应成为村庄治理的重要参与者之一。

五 培育村庄合法社会团体

在革命时期，党十分重视农民社会团体的建设，其中包括以贫下中农为主体的农民协会、贫农团，以及青年团体、妇女团体、儿童团等。[①] 今天农民社会组织除了全员覆盖性质的村民大会、村民代表会议、村民议事会、村民理事会、村民监事会等外，村庄内部不同利益群体的社会团体还不够发达。而且，既有相关社会组织存在行政化、空壳化、效能低的问题。这与村庄内部构成多元分化，相似经济社会地位人口群体日益多样化的情况不相适应。

(一) 培育村庄法团组织

法团性社会组织具有自己一系列的重要特征。其一是超越了一般社群组织的非正式性，而形成相对正式的组织结构与规则。其二是法人化，具有明确的法定代表人，获得了国家和政府的正式认可而具有合法性。其三

---

① 《邓小平文选》第1卷，人民出版社1989年版，第120页。

是代表特定而具体的利益群体。其四是具有相同特定利益的法团可以联合形成更高层次的法团联盟，甚至全国性代表机构。其五是法团的行动模式遵守法团主义模式，即大多采取体制内合作协商模式，通过有序的合作博弈，兼顾实现各方的目标，影响国家法律和政策体系。一般说来，利益群体越是分化，社会法团越是发达，协商民主也就越是发达，利益博弈也就越是制度化，特别是处于弱势地位的利益群体就更能通过制度内合法性渠道主张并维护自己的合法利益。

耕地经营权流转导致村庄社会利益群体分化，各个利益群体应建立自己的"法团"，以代表和伸张自己更为特定和具体的利益。例如，一般承包户可以建立农民协会，流出经营权者可以建立流出方协会，农场工人或雇工可以建立工人协会，外出务工农民、放弃经营权进城定居农民都可以建立自己的利益群体组织等。家庭经营为基础的规模经营主体或农场主、外来租地经营业主、各类专业服务从业者，都可以分别建立自己的协会或法团。

从实际情况看，村庄各种利益群体社会组织化和法团化程度并不相同。外来工商资本规模经营者的行业组织化程度相对较高，联系较为紧密并能够展开集体行动，相对于一般农民而言形成了更强大的市场权力，对行政权力的影响更大，资源控制力和谈判权力也更强。而相比之下，其他利益群体的法团化程度相对较低，各类村庄社会法团的均衡协调发展程度需要加强。

党和政府应积极促进村庄各种利益群体的法团化。要明确政策导向，允许特定利益群体建立自己的法团组织。要加强这类社会组织的领导、引导和管理，在这些组织中发展和加强党员力量，加强政治导向。同时政府相关部门要主动为这类组织提供登记、注册和管理服务。政府应允许合法的外部力量，包括允许市场主体、研究机构、NGO来农村促进相关利益群体的法团化。

（二）培育村庄社群组织

社群组织与法团组织相比有自己的特征。其一是非正式性，社群组织内部一般并无正式的制度、组织和规范，并不一定需要获得正式的登记、注册。其二是在村庄之内，其成员基于更广泛的共同特征，而非某种特定具体的利益，因此往往更具开放性、包容性、跨阶层性。其三是主要依赖内部小群体社会网络治理机制，且其规范约束并不具有外在强制性。这种社群组织更具传统共同体的特征，成员之间存在基于亲缘、地缘等的社会关系网络，彼此之间相互信任、合作与深度互惠，以完成各种经济的和非经济的共同目标。其四是活动的范围大多限于村庄之内，村庄间社群联系较少，也不会形成法团那样的超越村庄层次的纵向层次。

一些村庄也出现了这类社群组织。例如，一些村庄由内生的规模经营者和非规模经营者一起建立了嵌入熟人关系的"钱会"，也就是具有互惠性、低成本的村庄民间金融体系，为钱会成员农业经营提供金融互助。一些村庄由多元利益主体建立村庄治安协会、运动健身协会、发展研究协会、科技小组、慈善组织、扶贫社、返乡创业者之家、"百言堂"、姐妹议事会等。他们还利用网络基于现实群体而成立网络虚拟共同体或网络社群，如QQ群体、微信群等。这些现实的和虚拟的社群，其成员经济、社会和政治地位状况各不相同，在村庄社会治理和公共服务中发挥着独特作用。近年来，随着村庄利益群体近一步分化和熟人关系陌生化，这类社群组织成员包容性日益缩小。由于资金、组织资源和制度资源的短缺，一些旧的社群逐渐解体。政府应加强支持力度，促进类似社群的培育，从而为村庄治理提供社会整合基础。①

要加强耕地经营权流转风险的治理，必须培育利益相关的多元参与主体，村庄社会法团和社群组织是其中十分重要的参与主体。政府在预防和治理相关风险的过程中，要发挥法团和社群的作用，不应过度陷入技术主义，更不能使基层干部沦为执行电脑程序和技术的机器。东部某市的"e路阳光"工程，曾投入800亿人民币巨资，把政府项目所有环节都信息化、网络化和公开化，特别是严格按程序纳入摄像监控，但效果并不理想，很多大案要案都是发生在该工程实施之后。② 发挥法团社群作用，可以弥补治理技术主义的缺陷。

---

① 黄晓春：《中国社会组织成长条件的再思考——一个总体性理论框架》，《社会学研究》2017年第1期。

② 肖唐镖、王艳军、肖龙：《技术反腐的创新实践：经验及其局限》，《中国治理评论》2013年第2期。

第八章

耕地经营权流转风险的村庄
复合治理：机制建构

面对耕地经营权流转风险，除了观念创新、制度完善、多元治理主体培育及其内部形成完善治理结构以防止各种风险的生产和损害的转嫁外，还必须建构村庄复合治理机制。由于竞争压力、工具理性逻辑、权力扩张和公权寻租冲动、官商共谋、小农意识和本位思想等因素，任何单一主体自我治理或简单合作治理都难以有效实现流转风险治理这一目标。观念、制度单单依靠政府主体来实现，往往效果不佳。从观念到行动、从制度到实践，需要更加复杂的机制安排，需要多主体的参与和互动。根据耕地经营权流转合理确定村庄治理空间边界，在此空间边界内，相关主体多元共存，相互制约又相互协作，形成治理复合主体和建构复合治理具体运行机制，通过合作博弈实现公平与效益、社会与个人、劳动与资本的多重目标的最佳平衡，才能实现耕地经营权流转风险的长效治理。

一　复合治理：概念与理论

（一）复合治理的概念

随着耕地经营权的流转，以适度规模家庭经营为基础的乡村市民型村庄已成为具有代表性的典型村庄模式，[1] 村庄日益具有开放性、流动性和利益主体多元化的特征。[2] 为了与之相适应，以固化、静态、封闭为特征

---

[1]　文军：《流失"村民"的村落：传统村落的转型及其乡村性反思》，《社会学研究》2017年第4期。

[2]　陆益龙：《后乡土中国》，商务印书馆2017年版，第32页。

的既有村治模式必须改变。① 但是对于走向何种村治模式，存在各种不同的观点和实验。

1. 各种相关治理概念

其一，项目制治理。严格说来，项目制治理最先是一种相对于计划和市场而言不同的国家资源配置模式，但其背后确实存在一种相对独特的治理概念以及以此为基础的国家治理体制。其仍然以政府任务为资源再分配中心，但又充分利用市场和社会资本力量来实现党和国家的政策目标。项目制治理既试图遵循市场规律，又试图发挥政府动员社会资源的能力来实现政府主导的目标。② 项目实施过程涉及各层次、各方面的参与，但主要是强化了政府资源再分配的力量而不是市场和社会的力量。项目进村是国家"发包"、地方政府"打包"和村庄"抓包"相结合的过程，其涉及的具体内容包括各种公共生产生活设施建设项目，当然也包括耕地经营权流转和规模化经营相关的项目。但是，在项目进村的过程中，少数耗费了政府巨额资金的项目，由于无法得到农民认可而被废弃，③ 还出现了权钱结盟和官商勾结利用项目谋取国家资金的情况。在实施过程中，一些项目的原初目标被消解或转化，相关资源被侵蚀从而陷入困境。④ 因此，项目进村本身也可能成为问题，引发干群矛盾纠纷和潜在风险，从而需要治理。没有更加完善的村庄治理作为基础，作为一种国家治理方式或手段的项目进村不仅效果较差，而且会加剧村庄内外资源分配不公和发展的马太效应。显然，项目进村本身需要村治作为支撑和基础，才能取得较好的效果，实现党和国家的政策目标。

其二，多中心治理。多中心治理模式源于 E. 奥斯特罗姆（E. Ostrom）的多中心治理理论。她发现，地方族群共同体也可以自己管理好森林、湖泊和渔场等公共资源，共同体成员能够将自己组织起来实现自主治理，并不会出现"搭便车"或"机会主义"行为，更不会陷入"哈丁的悲剧"和集体行动的逻辑困境。因此，相对于国家和市场、政府与企业而言，由

---

① 张翼：《土地流转、阶层重塑与村庄治理创新》，《中共中央党校学报》2016年第2期。
② 渠敬东：《项目制：一种新的国家治理体制》，《中国社会科学》2012年第5期。
③ 史普原：《项目制治理的边界变迁与异质性——四个农业农村项目的多案例比较》，《社会学研究》2019年第5期。
④ 李祖佩：《项目制基层实践困境及其解释：国家自主性的视角》，《政治学研究》2015年第5期。

具有理性和自主性的个人所构成的共同体也是一个治理中心。这种多中心治理理论的本意是强调存在一种与政府及企业相并行的、以共同体为中心的治理空间，突出地方共同体规范的重要性。但是，国家（政府）、市场（企业）与社会（共同体）三者之间往往相互渗透。[1] 多中心治理概念具有多元主义的色彩，且其所说的共同体较为传统、封闭。当下中国村庄共同体大多日益开放，更不是单主体的治理空间或场域。不过，多中心治理理论在不断演化，关于地方共同体内部治理困境的讨论，探讨了多层次规则博弈以及"元治理"突破囚徒困境问题，都具有重要的启迪性。

其三，多元治理。多元治理概念包含了合法性的治理权力、治理主体、治理资源、治理手段的多元性以及相互的协调。[2] 与多元治理相对应的是一元治理，包括以党为核心的一元治理，或以政府为核心的一元治理，或以地方社会如村庄精英为核心的一元治理。多元治理会形成新的治理平台，多元的组织化行动者在平台中平等协商，不存在谁领导谁，不存在某个行动者超越其他行动者的权力，是在协商恳谈的基础上进行票决。这种多元治理概念确实也有值得吸收的理论内核，指出了同一时空中治理主体的多元性；但是在强调主体之间的地位平等的同时，没有看到主体之间功能的差异，在集体行动中每类参与者的角色和功能往往不相同，一定会有某类行动者作为领导者和推动者，否则就不会成功。田先红等人认为，现实中的多元治理实践往往面临困境和失灵，需要找回国家和政府，发挥其再造治理主体和多元主体协商平台的功能。因此，政府具有对"治理进行治理"的"元治理"功能。[3] 不过，在中国，不是政府而是党才是"元治理"主体。有的学者认为，小土地所有制对应的往往是"乡村自治"，耕地集体所有制对应的是"纵向官治"，耕地家庭承包制对应的是"乡政村治"，而耕地三权分置对应的是多元治理模式。[4] 但村庄多元治理概念还需要加入"元治理"维度，以突破博弈困境以及借多主体而模糊责

---

[1] 刘峰、孔新峰：《多中心治理理论的启迪与警示——埃利诺·奥斯特罗姆获诺贝尔经济学奖的政治学思考》，《行政管理改革》2010年第1期。

[2] 肖勇、龚晓、伍晓雪：《"多元"对"一元"的否定：村庄"多元"治理模式及其构建》，《社会科学研究》2009年第3期。

[3] 田先红、张庆贺：《再造秩序："元治理"视角下城市住宅小区的多元治理之道》，《社会科学》2020年第10期。

[4] 吴晓燕：《农村土地承包经营权流转与村庄治理转型》，《政治学研究》2009年第6期。

任的问题。

其四，协商治理。通过协商民主来实现治理的现代化，是当前中国民主政治建设的重要取向；而民主集中制原则本身包含了协商民主，其要求在集体决策之前进行充分的民主协商。协商民主与多数票决制最大不同之处在于在利益多元分化的情况下，能够兼顾处于少数地位的利益群体的合理诉求。以民主协商的方式处理耕地经营权流转过程中出现的问题、矛盾和冲突，通过多元主体的平等、宽容、平和、理性的商谈，可以实现耕地经营权流转的多重目标。[①] 但是，协商治理的条件要求较高，处于不同经济社会地位的个体往往很难能真正平等商谈，组织化的个体通过代表人则可以较好实现这一点。协商治理概念所强调的是整个治理过程中的某一些环节，治理的有效性还需要其他环节的补充，比如在惩罚环节就应更多地遵从法治原则。

其五，合作治理。张康之认为面对风险或危机，参与治理已无法适应，需要建构一种多元治理主体并存而合作治理的模式。合作治理与参与治理的最大不同之处在于"参与主体间关系"。参与治理往往是由某一方主导，其他各方则是参与者角色，合作治理则要求治理主体之间以特定的互惠性目标为基础，在自主平等的基础上展开合作。[②] 在他看来，合作治理概念主要强调治理的开放性、多主体的参与以及各主体之间的平等互动，政府发挥引导作用而其他参与主体平等发挥应有作用。蔡岚认为，合作治理概念强调集体平等决策、协商决策和共识导向。合作治理的关键环节包括了协商过程、有效参与、联合行动能力等。作为多元力量对公共事务的平等共治模式，合作治理的内在机制主要包括权力共享、合作环境建设、合作能力提升、合作平台打造和合作秩序维护等环节。[③] 但合作治理概念主要针对的是跨域、跨部门的公共问题，很多耕地经营权流转风险问题确实需要跨域跨部门合作协调和治理，但其治理的基本空间范围仍应在村庄范围之内，主要治理过程也在村庄内展开。

其六，协作治理。与以多元主体平等参与、民主协商为主要特征的合作治理相较，协作治理概念更强调政府以及各种准政府、非政府组织之间

---

① 王岩：《协商治理的中国逻辑》，《中国社会科学》2016 年第 7 期。
② 张康之：《合作治理是社会治理变革的归宿》，《社会科学研究》2012 年第 3 期。
③ 蔡岚：《合作治理：现状和前景》，《武汉大学学报》（哲学社会科学版）2013 年第 3 期。

存在的有主有次的互动。协作治理概念反对全能主义,但主张党和政府仍是社会治理主导者,其他主体不能与党和政府处于同等地位和发挥同样作用,而是要积极参与和发挥协助协同作用。协作治理涉及在特定空间范围内,问题或治理议程的确定,有主有次的"多元主体"的组建,建构各方互信共识和过程承诺,以及行动整合、沟通交流、利益协调等协作机制。① 协作治理概念与复合治理概念较为接近,但各参与主体的权利和义务边界等问题还需要进一步澄清。

正如上文所言,针对治理的多主体性所导致的责任模糊和治理失灵问题,出现了"元治理""一阶元治理""二阶元治理"等概念,其中的"元治理"与国家中心主义、国家自主性概念并不相同。② 还有学者日益关注"组织间治理",认为以工具理性和市场交换为要素的理性主义治理范式、以权力与关系网络为要素的结构主义治理范式、以规范预期和合法化为要素的文化主义治理范式可以整合起来,实现政府、企业和社会组织的融合,国家利益、个人利益、群体利益的协调,多数民主制、竞争博弈和协商共识民主的统一,从而在超越国家主义逻辑与民众行动主义逻辑,或者说国家中心主义与社会中心主义的基础之上来实现善治。③ 这些治理概念和治理理论存在宏观角度与微观角度等方面的差异,但它们也具有一些共同点,即强调治理参与主体的多元性,特别是强调党或政府绝对不是唯一的治理主体,而是要让利益相关者成为治理的重要参与主体。在治理的方式上,都强调民众参与、资源共享、通力合作、相互信任。在治理机制上,都强调信息沟通机制、利益分享机制、法律保障机制、监督约束机制,以及信任机制和责任机制等。这些都为复合治理概念提供了宝贵的理论资源。

2. 复合治理概念源流

在西方,复合概念先是出现于国家宏观政治研究包括政体研究领域。

---

① 郭道久:《协作治理是适合中国现实需求的治理模式》,《政治学研究》2016 年第 1 期。

② Bob Jessop, *Governance, Governance Failure, and Meta-Governance*, Opladen: Leske and Budrich, 2002, pp. 33 - 58.

③ Armando Aliu, "Hybrid Structures: Innovative Governance, Judicial and Sociological Approaches", *Quality & Quantity*, Vol. 49, No. 4, July 2015, pp. 1747 - 1760.

例如 V. 奥斯特罗姆（V. Ostrom）提出了"复合共和国"概念。① 政体理论经历了从混合政体论到共和政体论再到复合政体论的发展，其中复合政体论认为各种政体要素，包括权力主体、主导性的价值观念等不是简单的混合，更不应相互分裂隔离，而应复合共存于政治体系中，政体的发展就是各种复合要素的不断发展。在中国，"复合"一词最早出自《史记·十二本纪·周本纪》。其文曰："始周与秦国合而别，别五百载复合。"其中的"复合"是"又一次联合、结合、聚合"之意。后来，复合一词除了分裂之后再结合的含义外，还日益具有各种因素有机组合在一起的意思。再到后来，又具有了不同要素在一定条件下相互结合而形成新事物的过程之意。

2004 年杨雪冬最先在国内提出"复合治理"一词，认为复合治理的特征是治理主体多元性、治理内容纵向多层次横向多维度、国家市场与社会共存互补、个人能动性、治理效果的就地及时性。② 此后，复合治理概念在国内被逐渐广泛应用于关于国家、政府、城市、社区、乡村治理，以及诸如社会矛盾、社会风险、环境风险等社会问题和具体论题的研究。

例如，常士訚探讨了多民族国家的复合治理之道。③ 叶贵仁提出了"复合治理型政府"概念，指出发达地区基层政府，总体上呈现出"复合治理型"特征，作为单一主体的政府在治理任务、手段和目标上具有多元复合性。④ 曲纵翔等人也指出，针对政府结构碎片化和服务裂解性而出现的整体性治理模式过于强调部门间横向整合而忽略分工与协调，应将精准性治理与整体性治理融合而形成政府复合式治理。⑤ 魏淑艳等人认为，中国政府治理模式变革要以多维复合治理模式为导向，即以法治为基础，奉行多种价值观念，实行因域而治、因层治理的差异化治理。⑥ 这些研究主

---

① ［美］文森特·奥斯特罗姆：《复合共和制的政治理论》，毛寿龙译，上海三联书店 1999 年版，第 2 页。
② 杨雪冬：《全球化、风险社会与复合治理》，《马克思主义与现实》2004 年第 4 期。
③ 常士訚：《合族之道的反思：当代多民族国家政治整合研究》，天津人民出版社 2018 年版，第 189 页。
④ 叶贵仁：《"复合治理型"政府：简政放权视野下的乡镇角色转型》，《学术研究》2020 年第 5 期。
⑤ 曲纵翔、吴清薇：《复合治理框架下整体性治理的精准性拓展》，《内蒙古社会科学》2020 年第 1 期。
⑥ 魏淑艳、高登晖：《多维复合治理模式：中国政府治理模式的变革取向》，《广西社会科学》2018 年第 4 期。

张国家和政府治理应以复合性为导向。

贡森等人认为,现代化过程是一个功能日益分化的过程,同时也就产生了整合的需要,社会必须不断分化同时也必须不断整合。社会分工不发达导致的将是机械团结的社会;社会分工越是发达,就越是需要整合并形成有机团结的社会。现代社会整合的关键在于主体间有效互动,出路在于复合治理。这种复合治理强调以国家为主导,也强调激发社会活力;要求打破系统世界的分割性,谋求治理主体间紧密合作互补;其本质是合作治理。但更强调不同主体在一个机体或组织中的有机结合,形成"你中有我、我中有你"的治理主体状态。[1] 他们从社会分化与整合这个现代社会发展所面临的核心问题出发,强调了社会治理主体的复合性。

刘超探讨了邻避性冲突协商治理的低效能,认为复合治理更为有效。[2] 李晨等人探讨了政府购买服务项目的政府——市场复合治理,区别出紧密机构、松散机构和关系网络三种"复合"类型,展示了政府服务购买的"复合"治理模式。[3] 他们的研究表明,如果不能建立真正的内在复合机制,复合治理可能导致的是各主体劣势的叠加而不是优势的组合和增强。王芳探讨了环境风险的复合治理机制,认为国家、市场、社会三种风险治理机制有其优势,也有缺陷而难以单独应对风险治理责任,而且它们本身也是风险的制造者,因此需要在广泛包容性与参与性的基础上,建立权力与责任相匹配的、多中心合作式的复合治理机制。复合治理就是国家、市场和社会三种治理机制相互支撑又相互制衡的过程。国家承认市场资源配置的有效性,认可社会主体的不可或缺性,但仍居于主导地位,政府纵向管理与社会组织横向管理形成治理网络,政府设计的外在秩序与社会自发秩序基本平衡。[4] 她也强调治理机制和治理主体的复合性。敬乂嘉探讨了老龄社会复合治理问题,认为在我国一种围绕政府展开的多元协同复合治理体系正在初步形成;当政府治理、合作治理和自治理以有机方式形成互补和

---

[1] 贡森、包雅钧:《改善社会建设 重建社会秩序》,中国发展出版社 2017 年版,第 31 页。
[2] 刘超:《邻避冲突复合治理:理论特征与现实途径》,《中国行政管理》2020 年第 1 期。
[3] 李晨行、史晋原:《科层与市场之间:政府购买服务项目中的复合治理——基于信息模糊视角的组织分析》,《公共管理学报》2019 年第 1 期。
[4] 王芳:《事实与建构:转型加速期中国区域环境风险的社会学研究》,上海人民出版社 2018 年版,第 187 页。

配合时，就形成了"元治理"的局面。① 他将复合治理称为"元治理"。

顾金喜探讨了杭州上城区的复合治理实践，指出其形成了社会型复合主体，行业型复合主体以及项目型复合主体等类型。② 汪洁指出社区的网格化管理过于突出政府的主导作用，社区需要真正走向复合治理。③ 鲁家峰分析了上海市青浦区赵巷镇在"三项整治"中建构的基层党群复合治理机制，认为复合治理过程离不开公共关系策略。④ 陈世香发现，武汉市武昌区南湖街区的公共文化服务形成了复合治理特征，特别是根据相关项目而形成了复合治理共同体。⑤ 章平分析了深圳宝安区城中村公共品供给的多中心复合治理模式，认为多元化主体构成的多个中心之间的互补合作是必要而可行的，但可能存在囚徒困境。⑥ 黄晓春则指出，复合治理并不是多元主体全过程共同参与，而可能是在事件发生的不同阶段，不同的主体发挥不同的作用。⑦ 这些研究探讨了各地城市社区复合治理实践的经验、成绩与需要完善之处。

狄金化认为，复合治理是与简约治理和全能治理相对立的概念。在传统中国乡村，国家赋予地方规范的合法性，乡村完全依靠地方规范进行治理，族长、乡绅和乡村精英成为治理的权力主体。国家官僚机构和正式法规不进入乡村，直到清朝末年西法下乡和乡村设立警察制度，中国才开启乡村复合治理的进程。这种复合治理不是科层治理也不是简约治理，乡村并无统一、单一的治理规则，但国家在乡村的代理人可以通过乡村规范实现资源动员。新中国成立后的一段时间则陷入了全能治理。而改革开放后

---

① 敬乂嘉：《老龄社会的复合治理体系：对 1982—2015 年老龄政策变迁的分析》，《中国行政管理》2020 年第 5 期。
② 顾金喜：《城市社会复合治理体系建设研究——以杭州市上城区为例》，《浙江社会科学》2015 年第 3 期。
③ 汪洁：《善治视阈下城市社区复合治理机制的构建——基于网格化管理与居民自治的融合》，《中共天津市委党校学报》2019 年第 3 期。
④ 鲁家峰：《基层党群复合治理中的公共关系策略——基于上海市青浦区赵港镇的案例》，《上海党史与党建》2018 年第 5 期。
⑤ 陈世香、苏建健：《复合治理、发生机制与创新策略——城市街区公共文化服务模式创新的个案分析》，《湖北社会科学》2018 年第 3 期。
⑥ 章平、唐娟：《城中村城市化过程中的多中心复合治理模式构建》，《生态经济》2015 年第 4 期。
⑦ 黄晓春：《中观层次：优化特大型城市的风险复合治理结构——以深圳市宝安区城中村市管理为例》，《探索与争鸣》2015 年第 3 期。

一段时期乡村重归复合治理,但很快乡村陷入了国家与社会的话语与规则的矛盾冲突,从而导致复合治理出现困境。[1] 张茂一则考察了中等城市周边农村社会的复合治理问题,发现这类农村面对的是作为治理主体的农民流动性加剧与组织日益薄弱,治理的客体矛盾多且内容复杂,治理制度功能日益弱化与行政化,治理空间即村庄边界日益模糊等问题,需要发挥企业社会资本优势,建构一条"双主体培育、合作共治、合作共建、网络治理"的村企共建复合治理路径。这种复合治理强调公民与非政府组织的参与、合作治理的信任合作、协作治理的各守本分与相互协作;强调复合治理要形成主体多元、思维多维、过程合作、运行互动、结构网络和空间拓展的新特征。[2] 张伟军则提出了一种德治、法治与自治相结合的乡村复合治理体系概念,[3] 其意在强调正式与非正式制度相互结合对于治理的重要性。这些研究探讨了乡村复合治理的可能性,总结了一些村庄复合治理的经验。

复合治理概念与实践还处在不断发展的过程中。各地实际上已开展了各种复合治理实践,在社会风险、公共安全、民生建设、生态恢复、网上世界、民族关系、社区公共空间冲突等问题上进行了复合治理的探索。[4] 关于复合治理的理论研究取得了很大进展,但还没有一个获得共同认可的复合治理概念。对于复合治理概念的英文翻译,也存在"Integrated Governance""Compound Governance""Complex Governance""Multi-Formal Governance""Composite Governance""Hybrid Governance""Multiple Governance"等不同译法。

笔者认为,复合治理是指在特定的时空范围内,在党的领导和政府主导下,各类市场营利性企业或经济组织、各类非营利性社会和政治组织、公民个人及家庭等多元主体,在相对完善的制度体系支持下,持续借助各种平台、渠道和技术,平等参与、民主协商和合作博弈地解决经济、政

---

[1] 狄金华:《被困的治理:河镇的复合治理与农户策略(1980—2009)》,生活·读书·新知三联书店 2015 年版,第 291 页。
[2] 张茂一:《中等城市周边农村社会治理:多维困境与复合治理——以川南 L 市 S 区为例》,《重庆工商大学学报》(社会科学版)2020 年第 2 期。
[3] 张伟军:《多元复合治理体系与乡村善治的实现路径——基于历史与现实的双重视角》,《山西农业大学学报》(社会科学版)2018 年第 6 期。
[4] 郑杭生:《中国特色和谐社区建设"上城模式"实地调查研究——杭州"上城经验"的一种社会学分析》,世界图书出版公司 2010 年版,第 138 页。

治、社会、文化或生态等领域中的各种公共事务。复合治理要求在实现每个参与者自身目标的同时也增进他人和整体的目标。复合治理的本质，在于尊重党在治理中的领导地位和政府在治理中的主导地位，同时使经济社会组织和个人获得一定的事权和实现过程性参与。相对于多元治理等概念，复合治理更强调多元主体形成的复合治理机制。复合治理强调治理参与主体的多样性和复合性，包括政府、营利性企业、非营利性社会群体组织等作为能动的行动者整合成一个新的复合性治理行动主体。复合治理不是某个单一的主体所使用的治理工具，而是多元主体通过协商建构新的复合治理平台展开行动。复合治理强调价值目标的复合性，原本均有各自价值目标的治理参与者在治理的互动过程中实现价值目标的复合或融合。复合治理需要各参与主体在价值目标的复合性的基础上，形成行动逻辑的重构，特别是要形成"复合理性"。复合治理要求各种治理机制的复合，进而实现对基层社会问题的及时、就地和高效治理。

(二) 复合治理的特征

1. 多元主体复合

复合治理首先具有现代治理的基本特征，特别是参与主体的多元性。在复合治理机制中，各类民众社群组织、行业协会组织，与政府、企业一起平等参与、共同协商决定生产和提供何种公共产品和服务，并对其量与质以及分配状况进行民主监督、评估，因此符合基层民主和社会民主的要求；在发挥政府、市场与社会的资源配置力量来实现公共产品与服务的生产和提供的同时，避免了政府失能缺位或全能极权，因此符合市场化、后单位制化、后福利国家化的趋势；力求同时满足政府、企业与社群的价值目标，因此符合多元主体正和博弈、和谐共生的时代精神。治理存在全球、国家、省域、县域、镇域和村域层次，复合治理也是如此；在不同层次参与多元主体存在一定差异，但总体上具有多元特征。更重要的是，这些多元主体要形成一种新的复合治理主体，例如针对特定事项，派出各自代表，组建新的复合治理中心或复合治理委员会来沟通、调节、整合各方主体的活动。

2. 多元目标复合

参与治理的各相关主体或其代理人，均具有各自角色规范和角色期待以及行动目标。在存在代理人时，代理人的行动不仅承载委托人的目标，同时也会追求个人自己的目标。各级党委（包括村支部）代理人即书记参与复合治理并成为领导者,目标在于要体现和实现党的远期目标及其细分的中期和近期目标,以巩固党的执政地位;同时,也承载促进本级区域经济社会发展,干部群众生存发展的目标;还有就是个人的政绩、职位升迁甚至物质利益和经济收入。

各级政府干部作为参与主体,则是在党的领导下,体现党的远期、中期和近期目标,上级党委政府及其领导干部承载的目标,本级党委政府的目标,同时也要体现其领导辖区经济社会发展、干部群众利益,以及以此为基础的个人政绩、职位升迁甚至物质利益和经济收入。由于政府机构末梢是乡镇和街道办,该级政府干部不是村庄和社区经济、政治、社会、生态和文化建设的直接参与者,但要在党委领导下积极为村庄和社区范围内的建设和发展提供交通、教育、医疗、社会治安和稳定秩序等公共产品,提供各种职能服务比如信息平台建设,规划和法律服务等,基层政府干部主要是通过提供职能服务过程来实现自己承载的各种目标。总体上看,党政组织及其干部的层级越高,就越是会体现更宏大和长远的目标。

作为市场经济主体的企业或工商资本所有者,其参与目标也是多重的,首要目标是以最少成本获得最大经济收益,但企业也有社会责任,要在增加自己财富的同时增加财富总量和他人收益,也就是要"开明自利",在实现自己收益的同时,尽量少产生社会成本和环境成本。在中国的特定背景中,党和国家显然要利用私人资本和企业来实现长远目标、中期和近期目标。即使是在全球化、现代化、流动性的背景之下,企业也要嵌入特定的政治、经济、社会文化和生态背景之中。就政治背景而言,政商之间总体上存在深层次的互利关系,政治系统为工商企业提供良好市场环境和秩序保障以及产业政策、扶持政策等,企业创造更多的社会财富,服从政府规制和宏大目标,在政府对劳动、资本、技术、资源密集型企业的分类治理中找准自己的定位,在追求自身利益时应服从国家发展战略规划,与党和政府及其干部形成"清、亲"关系。企业之间应进行合作博弈,寻找到自己适当的生态位。企业内部和外部行为都是嵌入社会关系网络和文化环境之中的,正是这种嵌入性给企业带来社会信任、合作与互惠支持进而降低经济成本,因此企业应关注所在社区和社会的价值目标。企业应坚持可持续发展观念,注重生态价值。企业生产经营对生态环境造成的破坏,往往具有"回飞棒"效应,因此生态价值应该成为所有经济行动者的内在价值追求。

法团与社群主要关注的是特定群体的利益，包括非经济利益。随着生产力水平的提高和社会主要矛盾的改变，非经济利益需求将日益突显，但满足这些利益需求仍要超越狭隘地方性，同时也要考虑经济发展水平。每一家庭或公民个人也有其更特定的目标体系，也应积极融入整个国家和社会的发展目标体系。

复合治理强调各种参与主体的合理利益需求都得到兼顾和实现。在复合治理过程中，特定时空中的参与主体存异求同，在追求目标上逐渐形成共识，兼顾彼此的利益，寻找到最大的公约数。参与者最初的利益诉求或偏好，随着讨论与交往的展开，会不断调整甚至更新。当然参与者不会完全放弃自己的偏好，而是实现偏好的共存与相对满足。那些只追求自己的利益的行动者，会逐渐通过重复博弈而被排除在外。

3. 多元理性复合

行动者之所以行动在于获取某种目的，这就需要采取某种方式或手段。如果采取的手段能够从逻辑上导致目标的实现，则是合乎逻辑的理性行动，否则就是不合乎逻辑的非理性行动，政府或个体通过计划、市场或社会来合乎逻辑地实现自己的目的，则分别是计划理性、市场理性和实践理性行动者。哈耶克认为自由市场存在一种自生自发的、拓展的合作秩序，单一的计划理性会走向"奴役之路"。但是，自由市场经济往往存在个人理性而导致的集体非理性。集体行动往往存在逻辑困境，机会主义者往往使集体行动失败。而多元主体在复合治理过程中，通过重复的博弈可以形成新的复合理性。

从理论上看，这种复合理性是个人理性与集体理性、工具理性与价值理性，专家理性与民众感性，计划理性与实践理性、生存理性与发展理性等的融合。从实践上看，多元参与主体通过信息交流、平等协商和重复博弈，达成兼顾所有参与者，并具有集体约束力的"重叠共识"，而在这种重叠共识的基础上，可以形成一种新的复合理性。通过类似于复合治理委员会这样的具体共同体，参与者能够超越"客观理性"或"主观理性"而确立"关系理性"、主体间性理性，或"为了他人的主体性"观念。①

基于这种复合理性，多元参与主体能够成功实现集体行动。私人企业参与公共产品和服务的生产和提供，目的当然是要获得收益，但应以改变

---

① 贺来：《"关系理性"与真实的"共同体"》，《中国社会科学》2015年第5期。

政府直接提供时的产品单一、低效率而促进其及时性和多样化为基础，而不是采取各种不当手段谋取超额利润，从而改变纯粹的资本逻辑。政府则借助市场的企业工具理性来达成价值理性目标，并把竞争招标与质优价廉结合起来；在缩小职能范围的同时强化能力，在坚持原则性的同时适当行使自由裁量权，尊重地方的多样性，避免在认知上制造他者并使之边缘化，以及对原有经济、社会秩序再生产的破坏，从而改变权力扩张逻辑。有了这种复合理性与行动逻辑，各种参与者可以超越责任与效率、合作与竞争、封闭与开放等两难选择。

从理论上看，复合治理具有主体多元参与、价值目标多元兼顾、资源动员多元合力等潜在优势。复合治理可以实现信息收集和处理能力的互补，特别是充分发挥专门咨询机构和企业的信息处理能力来为公共产品服务。复合治理通过具体情景而把科学知识和地方性知识有机结合起来，从而实现兼顾各方的、尽量优化的复合理性决策。

4. 多元机制复合

从宏观层次看，现代治理机制主要包括国家公权治理机制、市场契约治理机制和社会网络治理机制。国家公权治理机制以党领导政府为治理主体，在专家和科学理性的支持下，借助官僚科层制度而自上而下地行使合法强制权力，以税收方式强制动员资源并进行再分配，以建构特定经济体制、打造特定产业政策、促进经济增长和发展、应对国际竞争和实现民族兴盛，以及调节社会利益矛盾冲突、促进社会平等、保障基本社会福利、改善公民生活质量和实现可持续发展等等。在现代化过程中，特别是在后发现代化过程中，国家公权治理机制起着十分重要的作用，在较大程度上实现了农村基层民主参与和城镇工厂工人自治。但正如公共选择理论所指出的，政府也是由理性的个人构成的，存在权力寻租冲动，政府过度干预或主导资源的配置，就极易为特定利益群体利用甚至"捕获"而丧失独立性，导致政府政策与行为的异化。国家自主性理论无法否认政府职能极易扩张的趋势；而从知识论与信息论的角度看，政府由于主要着眼于整体和全局目标，所以往往基于非地方性的信息和事实片段以及专家科学知识而非地方性知识来设计各种制度和政策，导致政策地方适应性较差，甚至抑制地方多样性，而科层官僚制也存在信息难以及时上达下传的问题；还有，在不同层级政府之间，可能存在权责的不一致而导致政府能力和治理绩效的下降。历史证明，只有公权治理机制起绝对支配作用的国家，极易滑向中央集权，基层社会也极易滑向权力本位，人民主体地位受到削弱，而官民干群之间会出现忠诚—庇护型的人身依附关系，民众的生存、发展和秩序最终也会出现问题。

　　市场契约治理机制以营利性企业为主体，主要依靠市场交换价格机制，通过内外部市场交易契约来动员资源，进行生产、交换以及实现初次分配，遵从的是工具理性，追求的是效率最大化目标。西方经济学主流一直认为，市场是一种自组织系统，可以实现自我治理。例如，亚当·斯密认为，供求价格这只看不见的手，调节着工业资本家的生产行为，使市场能够长期平衡发展和自我恢复；开明自利的商人资本家会不断寻找价格差，在价格低廉处买入到价格高昂处卖出，从而既为自己谋取了利益，同时又降低了整个市场的商品价格，促进了购买者的利益。哈耶克认为，民众个人对于理性设计的"规则"往往是无知的，但他们在市场交换中彼此互动的意外后果和经验会逐渐自然生成一种文化性规则，即市场的自生自发秩序。加里·贝克尔甚至认为，工具理性行动逻辑和市场契约治理机制，可以适用于政治、社会家庭等等生活领域。至少在目前的人类历史阶段中，商品市场经济是基层民众不可替代的资源获得途径之一。但是，如果市场契约治理机制独自发挥作用，由于个人资本的利益最大化动机可能导致集体非理性和周期性经济危机，不能防止贫富差距代际积累导致的起点不平等，也不利于弱者的生存和发展。这种机制如果出现"帝国主义扩张"，那么资本的力量不仅会削弱各种共同体经济，也会对情感世界、文化领域与生态环境造成严重负面影响。

　　社会网络治理机制的主体是非政府性和非营利性组织，包括各种行业协会组织、商会，志愿性、兴趣性社群组织，以及由基层民众组成的各种社群组织，可总称为第三部门或社团组织。每个社团组织的成员规模相对有限、固定并重复互动，形成以人际熟悉关系为基础的信任、合作与互惠规范，即所谓的"社会资本"。任何内部成员的机会主义行为都会被其他成员及时知晓，进而受到其他成员排斥而不得不付出较大的退出或补偿成本，并以此实现行为的规制和内群体的秩序。而且，每个基层地方社群网络的中心节点之间，又可能形成更高层次的、超越地方性的小群体关系网络。整个社会就是由不同层次的小群体网络构成的立体网络结构；尽管每个小群体网络的成员都比较少，但层次越高的小群体网络，涉及的空间范围越大。故而，社会网络治理机制甚至可以突破地方性而在更大的范围发挥作用。在社团组织中，成员之间遵循深层合作与互助互惠的逻辑，使弱者可以获得"私力救济"而生存，也使成员们可以传统"钱会"的方式低成本地聚集发展所需资金，而不会面临机会主义的风险。通过小群体网络可以发挥选择机制，淘汰或防止机会主义者，减少偷懒现象，缓解机会成本和交易成本问题。可见，社会网络是计划与市场之外的第三种重要资源动员与配置方式。但是，小群体成员之间的互惠交换，具有非直接计算性，从而并不利于形式经济，不利于经济的增长；如果依赖的是强关系，还可能导致封闭性、差序格局。整村犯罪现象、家族犯罪现象就属于社会网络治理机制最为负面的典型。

可见，这三种典型的治理机制都各有优劣。在传统社会中，基层社会主要依靠小群体治理机制。初级现代性社会则是国家主导下的行政治理机制，或国家力量主导下的自治机制，或资本逻辑指导下的企业化公司化治理机制。成熟的现代性社会才是高级的现代性社会，高级的现代性是一种复合现代性，高级现代性治理是传统与现代治理机制，国家、市场与社会治理机制的有机融合。[①] 复合治理注重将这三种治理机制有机结合起来，实现机制复合性的优势。[②] 真正的复合治理应是国家公权治理、市场契约治理、社会网络治理机制的有机复合，其旨在把前者的权威性、法定性、稳定性，中者的开放性、竞争性、效率性，后者的低成本性、地方性、民众利益相关性结合起来，同时避免前者的垄断性、低效益、供给取向刚性和寻租可能性，中者的私人理性、投机性，后者的封闭性、低效性。

在当前，复合治理不再是一种纯粹的理论架构，而是一种实践经验的概括。在一些地方已经开展了复合治理的实践。不过，其中有些复合治理实践是不完全的二元复合治理或三元复合治理，而不是所有相关者平等参与的完全复合治理。也就是说，有一些公共事务、经济社会发展问题，涉及的可能超过两个或三个利益相关的主体，但只是其中部分主体参与了治理，因此属于非完全的复合治理。

政府—市场二元复合治理即政府通过民营化、合同外包和特许经营等方式，借助私人企业、专业机构来生产和提供公共产品和服务，从而及时

---

① 李鹏飞：《传统与现代：村民自治有效实现的文化来源》，《东南学术》2016 年第 2 期。
② 徐林、宋程成、王诗宗：《农村基层治理中的多重社会网络》，《中国社会科学》2017 年第 1 期。

高效地满足民众的多样化需要。但是，缺少服务对象的参与和监督，极有可能出现政商联盟的分利集团蚕食公共支出，导致治理的"内卷化"。① 还有，营利性业机构可能凭借专业技术知识，在第三方治理中寻求垄断利润，导致政府"空心化"。②

政府—社会复合治理即政府与非政府的、非营利的社会组织共同合作提供公共产品与服务，如网格化的社区治安管理、青少年犯罪的社区矫正以及政府出资和社区出力的社区文化活动项目等。其有利于政府发挥地方社会共同体的优势、知识、经验，调动其资源。营利性企业也可能参与其中，但作用只限于产品或服务生产和提供过程，而后继效益如何似乎与之无关。由于缺少契约治理机制，这种不完全复合治理可能存在非经济性。如果社会盛行强关系，那么具有私人关系的地方官员和干部可能获得更多的资金或项目，导致谋利型经纪或者"悬浮型治理"。李强教授的清河实验，意在激活群众社会参与。该实验在居委会增设议事委员，由有公益心的群众担任，体现群众的想法和要求，是政府与社会二元协同复合治理的尝试。浙江温岭民主恳谈和预算民主模式也属于政社复合治理模式。

社会—市场复合治理是指社区共同体借助市场机制来实现各种公共产品和服务的生产和提供。在美国，有些高级社区实行高度自治，甚至有权征税用于向市场购买社区治安、清洁卫生等服务。而政府因为可以节约财政支出，而乐观其成。但是，外来成员往往较难适应这种社区共同体的相关规则，也存在内群体精英把持权力的可能性。③

上述三种二元复合治理类型表明，如果事涉多方，而参与治理方少于事涉相关方，那么即使是复合治理也是不完全的复合治理，并因此而存在某种缺陷或问题。真正的复合治理应是事涉相关方主体均参与并发挥各自恰当作用，某些事涉相关方可能数量众多，规模较大，不可能均参与治理的整个过程，但核心的过程应尽量参与，并由自己的代表参与治理整个过程。特别是公共产品和服务的接受者本身，也是治理的重要参与主体。而

---

① 陈桂棣、春桃：《小岗村民进京跑项目》，《炎黄春秋》2009年第11期。
② 俞可平主编：《中国地方政府创新案例研究报告（2009—2010）》，北京大学出版社2011年版，第178页。
③ [美]约翰·J.马休尼斯编著：《城市社会学：城市与城市生活》，姚伟译，中国人民大学出版社2014年版，第99页。

相对传统的掌握公共权力者,往往认识不到这一点。公共产品与服务的接受者之所以是重要的治理参与者,原因在于除了能够获得更高效更有针对性的产品和服务外,更重要的是他们本身是公共产品与服务所需资源的最终来源。完全的复合性治理不仅体现在参与主体以及与主体相关的治理机制的复合性,也体现在治理过程、手段、方式和技术的复合性。

(三) 复合治理的微观机制

复合治理不仅是宏观层次国家、市场、社会三种元治理机制的复合,而且还需可操作的微观复合治理机制。这些微观机制包括制度协调、组织协作、功能运行、权责平衡以及评估奖惩机制等,有了这些机制,复合治理就可避免多主体、动态性、柔性化、扁平化所带来的各种混乱。[①]

其一,制度协调机制。任何正式制度与非正式制度都是相对固定的行为模式,在不同程度上对行动者既起到限制作用又起到使能作用。不管是设计生成的还是演化生成的制度,都在一定程度上体现特定群体的经验、认知与利益。在复合治理过程中,多元主体(包括个人主体以及群体主体的具体代理人个人)分别来自不同的制度背景,有着不同的经验和认知基础,承载着不同的规范期待,遵循不同的行为模式,通常会面临不同的角色冲突。这不仅可能使他们之间容易产生社会距离感、疏离感从而影响到协商与合作,也使他们容易各行其是,无章可循。因此,复合治理过程需要实现不同制度规范之间的协调。这需要各参与主体在重复互动过程中对各种制度和规范进行清理和调适,消解各类制度之间的矛盾和冲突,弥补各种制度或规范缺失。国家要主动清理与市场经济、公民社会发展不相适应的既有制度规范。要通过制度整合,保留各类制度的长处而消除各类制度的短处。复合治理的制度支撑体系应是国家法律的公正性、市场交易规范的平等性、社会资本规范的互惠性的有机结合,而消除前者的一刀切、中者的非情感性以及后者的"差序格局"性。

其二,组织协作机制。在复合治理过程中,要针对具体治理项目,由各类利益相关主体个体或群体派出的代理人,共同组建复合治理委员会,作为项目复合治理主体。其组成成员既代表各委托人利益或自身利益,又能够形成复合理性和价值目标的整合。该主体并不具有传统科层的典型特

---

① 杨雪冬:《治理主体多元:地方治理向复合治理结构转变》,《学习时报》2009年6月2日。

征，会因具体项目的确立终结而不断消解和重组。该主体内部成员也存在分工，在我国其要以党组织代理人为领导核心，以政府代理人为推进主体，其他相关主体为重要的参与者。

其三，功能运行机制。在完成建章立制、组织架构之后，复合治理要运转起来，还必须建立具体的功能运行机制。具体说来，复合治理委员会坚持需求导向，能够积极响应确定需要治理的项目，进行沟通协商、合作博弈，实现资金运作、协商决策、资源共享、信息交流、激励约束等功能，最终实现项目治理。

其四，权责平衡机制。复合治理过程需要明确界定各主体的权责，防止越界、扯皮、推诿。一般情况下，党的代理人是主导者和领导者，政府的代理人是主要的出资者与推进者，企业是公共产品与服务生产与提供者，公众拥有使用和获得公共产品与服务的权利，同时也是利益相关的出资者，需要承担部分出资责任，更要承担自己应该承担的各种执行和监督责任。各参与主体之间，要形成契约和责任关系。要防止因多主体的存在而可能出现的责任模糊，特别是要防止党和政府代理人借复合治理机会滥用权力、推卸责任和寻找替罪羊。

其五，评估奖惩机制。复合治理过程还必须建立起系列评估和奖惩机制。对于重要的治理事项，要以相关党政机构为主导和领导，成立由党、政府和民众构成的评估奖惩机构，对复合治理委员会的治理效果进行评估，确定成绩与问题，对做出积极贡献的行动者进行奖励，对失误者追究责任。

这些具体的运行机制使复合治理实践过程有章可循，形成相对固定的程式并制度化。

（四）复合治理的前提

正如上文所言，只有具备系列前提条件，复合治理才能真正实现。在我国，坚持党的领导是多元复合治理的根本政治前提。利益主体的多元分化和群团组织的发展，是复合治理必不可少的重要的主体条件；民主参与、理性协商则是复合治理参与主体的重要素质。信息化、网络化、智能化等为复合治理提供了重要的技术条件。以能够跨越阶层和群体界线的弱关系网络以及以之为基础的信任、合作、互惠等社会资本是复合治理得以实现的社会结构条件，也能够因此使复合治理获得重要的社会资源条件。国家、市场与社会共存互补的宏观制度结构，以及完善的立法、行政、司法体系，则是复合治理必需的制度和法制保障。

在我国，复合治理必须坚持党的纵向一元化领导，形成一元多核的格局。在党的领导下实现地方政府、企业和社群组织的社会整合，避免因为强调"元治理"而出现向政府中心回归的趋势，如果存在一种元治理者，也应把党确立为"元治理"的根本领导者，以突破各种博弈困境。党要将体制内传统政治资源嵌入到体制外去代表民意，同时将体制外民间政治参与的诉求纳入到体制内来有序释放。党要把主要精力放在大政方针制定、关键问题决策、政府监督调节、意识形态导向上，从而成为复合治理的最高权威。① 例如，在社区治理中，党组织要主动领导和协调自治组织、经济组织和社会群团组织，使之分工协作并体现党的意图，并通过能力提升自己的核心"元治理"地位。② 这种领导地位还可以通过将党组织建设渗透到基层经济和社会组织来实现。

民主法治是复合治理的基础保障。要确保多元主体参与治理过程的基本民主权利，能够获得各种政策信息和充分表达意见，与其他行动者平等互动。协商民主是复合治理的有效载体，通过搭建平台、建立机制、实现协商，各种主体才能进而达成共识和价值认同以及复合理性。③ 尽管各种利益矛盾纠纷可以通过协商化解，但其背后仍然要以完善的法治为基础，不得违背相关法律制度规定。任何治理都必须以法治与宪治作为保障，在治理过程中法律不能缺场，特别是基层党组织必须依法执政，提高守法意识。

发达的现代社会群团是复合治理的主体条件。发达的现代社会群团不应以姻亲关系为基础，也不应具有行政化的特征，更不是谋取政权权力的政治组织，而应是以维护成员经济、政治和社会合法权益的组织。维护政治权利的社群组织与谋取政权权力的组织并非一回事。④ 行业协会、经济合作组织、慈善福利组织、兴趣爱好者协会、政策学习组织，以及农民协会、移民协会、维权组织等法团或社群，都应有明确的法定地位和权利，

---

① 许耀桐：《党的领导是国家治理的核心》，《人民论坛》2016 年第 12 期。
② 宋煜：《党的领导在基层社会治理中的时代定位与创新路径》，《社会治理》2016 年第 4 期。
③ 李洁冰：《农村改革过程中的试点突破与话语重塑》，《社会学研究》2016 年第 3 期。
④ 田飞龙：《项目制的治理逻辑——法政转型观察手记之十五》，《新产经》2014 年第 2 期。

并能充分发挥复合治理的参与主体作用。① 社会群团组织可以作为第三方向政府出售"公共服务",可以"组织化"方式代表特定利益群体表达和诉求其利益,增强民众争取国家资源的能力,可以推动政策议程,可以成为国家与基层社会的对接中介。社会群团在复合治理过程中具有广泛的功能角色空间。② 例如,在合并村组和村庄规模急剧扩大的情况下,现代社会群团的发展能够有效缓解公共服务的不足,③ 阻滞传统宗族重建和宗教扩散,④ 缓解村庄原子化趋势,⑤ 并与其他基层组织共同构筑乡土新公共性和再造乡土团结。⑥

网络信息与人工智能技术是复合治理的重要技术条件。今天的复合治理已离不开信息网络、大数据等的技术支持。互联网已成为民众低成本参与复合治理的重要渠道,能够超越传统官僚层级制和传统社会网络封闭性,提高政府的响应性,实现治理过程显性化。网络还是传递信息、经验和塑造新的身份认同的重要工具。⑦ 移动网络终端的普及,使基层直接民主协商和民主决策变得更为可能。实体社会群体成员在网络中形成半封闭性的网络共同体,比如住宅小区业主群、村社农民群等,在基层治理中发挥着重要的作用。各类实体社会群体成员可以借助这些技术超越时空限制而参与内群体治理和整个复合治理过程,从而大大拓展治理的空间。

二 复合治理实践案例

在实践中已经出现了超越单位制、项目制、科层制、公司制的复合性治理模式实践。例如,杭州下城区的"现代和谐'五位一体'的目标体

---

① 郭道久、陈冕:《走向复合治理:农村民间组织发展与乡村治理变革》,《理论与改革》2014年第2期。
② 马良灿:《农村社区内生性组织及其"内卷化"问题探究》,《中国农村观察》2012年第6期。
③ 龚志伟:《农村社会组织的发展与村治功能的提升:基于合村并组的思考》,《社会主义研究》2012年第5期。
④ 肖唐镖:《宗族在重建抑或瓦解——当前中国乡村地区宗族重建状况分析》,《华中师范大学学报》(人文社会科学版)2011年第2期。
⑤ 田雄、曹锦清:《"事件团结"与村庄生活共同体再造——基于一起乡村事件的实证分析》,《中国农业大学学报》(社会科学版)2017年第5期。
⑥ 吕方:《再造乡土团结:农村社会组织发展与"新公共性"》,《南开学报》(哲学社会科学版)2013年第3期。
⑦ 刘少杰:《网络化时代的社会治理创新》,《中共中央党校学报》2015年第3期。

系"和上城区的"参与式庭院改造"等"复合主体建设"模式、北京朝阳区麦子店街道的党政群共治模式、江苏太仓市的"政社互动"模式、成都彭州市的社会协商对话"三级联动"模式等。这些实践模式都具有一定程度的复合治理特征。

(一) 杭州社会治理的社会复合主体模式

杭州市经济发达,市民人均收入水平相对较高。在坚实的经济基础的支持下,在社会转型与治理创新的压力面前,杭州市自21世纪初以来积极探索由党、政府、企业、社会组织、社区居民、研究机构共同参与构成的社会复合主体治理模式,创造了复合治理的典型经验,在社区治理、跨社区环境治理和水域开发、产业发展等方面的复合治理取得了显著成效,引起了学界的关注。

在上城区的社区复合治理过程中,党和政府起了十分重要的治理议程和项目确定作用。上城区党和政府积极因应社会转型带来的挑战,敏捷响应社会公众需求,通过线上线下两个渠道同时获取需求信息。例如,在社区设立公共服务站,由机器人和窗口工作人员接受居民诉求信息;同时通过手机APP和各类电脑终端在线上接受诉求信息;然后分门别类进行归纳,确立治理事项和议程。上城区各社区党委党总支在具有条件的楼道设立党支部和党小组,社区居委会则设置楼宇自治会和单元居民自治小组。社区设立公共服务站,以与政府这一条线对接,这种公共服务站的末端还向住宅小区延伸。上城区建立了社区党组织、社区居民委员会和社区公共服务站干部交叉任职的工作机制,从而形成了"党—政—社"三位一体的主干性治理主体。同时,社区内企业代表、人大代表和政协委员组成议事协商委员会,议决社区重大事项。在住宅小区层次,党组织、业主委员会、物业公司建立起协调机制,议决社区内物业大事。上城区还积极培育各类社区群团组织,如老年人歌唱队、"和事佬"协会、鲍大妈聊天室、银发医疗队等,并使其成为社区治理的重要参与主体。总之,在党委的领导下,建立了多主体、多层次、制度化的社区决策、管理、监督和评议平台与机制。

社区还建立了一系列的治理制度和规范,其中包括"四会"制度、"四问四权五规范"制度,以及为民服务工作法等。"四会"制度指的是民情恳谈会、事务协调会、工作听证会和成效评议会。"四问四权五规范"指的是治理主体必须问情于民、问需于民、问计于民、问绩于民,确保居民知情、参与、表达、监督权,以及相关事项项目设施100%入户调查制、设计单位与居民面对面交流制、党组织研究制、居民听证会制、方案公示制五项规范。为民服务工作机制包括"六必到""六必访""八必报"以及十条服务热线,对各类主体责任进行了明确规定。此外,下城区还建立了群众评选、政府评估和社区评议三者有机结合的"三评互动"机制和相对完善的反馈机制。①

而根据张兆曙的考察,在跨社区层面的运河治理、产业发展等领域,杭州市也出现了众多社会复合主体并实现了联合治理。例如,在运河污染治理与开发上,党委领导和政府推动成立了一个新的复合治理委员会,即杭州市运河综合保护委员会,由党和政府代表、专家学者代表、市民代表、新闻媒体代表、运河研究院代表,以及社会工商资本代表共同构成。这个复合主体包括了三个圈层,政府事业主体综保委、政府投资和市场开发的企业主体是决策核心层,还有具体承担综保开发工程的运作实施层,以及由各类社会主体构成的第三层。这个复合主体以党为领导,政府发挥主导和领导职能,通过成立开发公司并用有限资金撬动社会私人资本,吸引社会组织和公民个人参与具体治理过程。实际上,它是一个具有对话协商、汇集民意、民主参与的社会公共领域。

这个复合主体还确立了复合治理的运作机制。其中包括利益协调机制,对共同的、相容性的利益,以政府为主导做大做强;而在排他性利益方面,政府退出分配,追求间接利益和长远利益,包括扩大税源等,从而减少了排他性利益的分割矛盾,实现了帕累托改进原则,在不损害各方利益的同时使各方的利益得到增进。在行动整合机制方面,通过建立共同体共享平台,再造包括政治、经济、人力和文化资本在内的共同体总体性资本;建立以合理分工为基础的归责和共同负责制度,来整合各方并形成统一行动。总之,杭州市社会复合主体治理的特征之一,就是在党和政府的主导下,再造了一种复合治理主体和治理机制。②

而杭州市社会复合主体治理实践之所以成功,在于其内在的关联博弈

---

① 中国社会科学院世界社会主义研究中心、红旗文稿杂志社联合调查组:《以民主方式保障和改善民生——杭州下城区经验与启示》,贠杰、王红艳执笔,《红旗文稿》2011年第14期。
② 张兆曙:《城市议题与社会复合主体的联合治理——对杭州3种城市治理实践的组合分析》,《管理世界》2010年第2期。

第八章 耕地经营权流转风险的村庄复合治理：机制建构

机制、社会嵌入机制、法团主义。社会复合主体可以超越以行业协会之类的社会群团作为单一治理主体时常常会陷入的囚徒困境，这种困境表现在，当行业协会为某行业大企业把持之时，其不愿意投入自己的资源来提供准公共产品。而在党政、媒体、协会等参与的复合主体治理中，投入资源的协会能获得社会资本并使自己的收益为正，其他参与主体同样如此，使各主体获得收益接近于不投入而只享受公共产品的收益，从而增加投入的主动性积极性。政府则用极少投入带动更大的社会投入。而社会嵌入机制则可减少成员原子化而增加相互信任，不同利益群体代理人或领导者形成相互信任关系后，可以促进利益群体之间的信任、合作与互惠。[①] 另外，社会复合主体相对于政府、企业、传统社会共同体和社会组织、公民个人，有其自身的职能合理性及合法性边界。政府之所以要主导成立并参与社会复合主体，在于不能过度撤离，否则可能给另类社会组织如黑社会留下空间，在于可以培育合法的多治理主体和中心，并扶上马再送一程。政府在复合主体中的作用主要是发挥引导力、公信力和服务力。党则不是退出，而是进一步进入。复合主体的职能边界，在于通过接受政府委托而提供特定性的准公共产品，而公共产品仍然由政府提供，私人产品仍然由企业提供，一般性准公共产品仍由单一型社会服务组织提供。社会复合主体的经济功能在于积极调动公共与私人资源来实现公共性的目标，同时满足个体的目标。[②] 复合主体由多元参与主体构成，他们彼此之间有明确的责任和义务边界，同时也会在特定事项上形成共同行动，并不会取代其他权力主体特别是党和政府而发挥普遍性的作用，更不是一种普遍性的存在。也就是说，在杭州并不存在一个总体性的复合治理主体，而是存在多个针对具体项目的复合治理主体。这种特定性的复合治理，实际上具有"微治理"的特点，即具有微治理复合主体、微治理复合机制、微治理项目、微治理参与的特征。

杭州的社会复合主体治理实践尽管是城市社会治理领域的探索，但其所取得的经验对于耕地经营权流转风险的村庄复合治理具有重要的启示。

---

① 清华大学调研组：《社会复合主体在公共治理中的作用机制》，《杭州（我们）》2010 年第 1 期。
② 王建友：《"社会复合主体"与地方治理：关系、路径与边界》，《安徽行政学院学报》2010 年第 2 期。

那就是党和政府要主动发挥领导和主导作用，及时响应村庄需求来确定治理项目，要就具体特定的项目组建"跨部门"的复合治理主体，并确立完善的行动整合机制等。

（二）朝阳党政群共治模式

自2013年以来，北京朝阳区区委政府面对各种基层社会治理问题，基于麦子店街道的经验，全面实施党政群共商共治工程。其具体做法是，将治理分成三个层次四个环节，三个层次即社区、街道、社会三个层次，四个环节即问需问计环节、决策环节、实施环节、监督环节。区委和区政府成立领导小组，下设领导小组办公室，由区各职能部门具体实施向街道办事处支付专项资金，接受区监督系统的监督。街道成立街道议事协商会，讨论居民委员会提出的方案，形成意见供街道办事处决策参考，街道办事处同意后对项目进行审批，将区下发的专项资金支付给科室项目组，由街道科室项目组将资金下发给居民会议，同时接受街道纪检监察科的监督。在社会层次，居民、企事业、社会组织、人大代表和政协委员积极参与，将议题提交定时召开的社会议事协商会，形成提案并提交给居民会议审定，审定通过则由居民会议将提案项目交给社区居委会，同时将上级下发的专项资金交给社区居委会来实施项目，居委会接受居民监督小组和上级纪检科的监督。

这种党政群共治模式属于相对扁平化的复合治理模式，容纳了各种利益相关者作为治理的参与主体，整合了党委的核心引领力、政府的重要推动力、社会的参与力、市场的运作力和社区自治力。该模式能够整合和协调多样化的利益诉求，发挥了各个层次治理主体的作用。[①] 其最突出的特点就是政府真正从民众的需要出发提供公共产品，也就是通过治理结构特别是决策结构的变革，让民众积极参与自主决策，克服了官僚科层制信息流动不畅的缺陷。这种模式对于耕地经营权流转风险的村庄复合治理的启迪在于，可以在既有党和国家机构体系之外再增设一个领导小组，整合相关各职能部门功能来统一领导基层治理的展开。

（三）太仓"政社互动"模式

太仓市社区治理的"政社互动"模式经历了一个不断发展的过程，并

[①] 佚名：《北京朝阳区首创党政群共商共治新模式》，《领导决策信息》2014年第42期。

逐渐走向了复合治理。2008年该市试行基层政府与群众自治组织权责"清单式管理",[①]后又实施社区、社会组织、社工三社联动的引导式治理,再到后来又探索出多主体共建共治共享的能动式善治模式。

这种能动式善治模式的主要内容,就是以市委、市政府为领导和主导,党组织处于核心地位,政府处于主导地位。政府积极开展公益创投活动,推进社会组织建设,镇级社会组织孵化器全覆盖,合法社会组织经过数年成倍增长后,在基层社会治理中发挥重要作用。乡镇设立邻里生活馆和邻里客厅,作为协商共治的场所和平台。精简政府性质的社区服务站,而将大量人员转变为全科社工,下沉到每家每户提供服务、收集信息。居民和村民代表在邻里客厅共同商量确定议题、议事规则和解决方案,居委会和村委会行使干部考核权、财务监督权、行政事项议程确定权。在政府资金的支持下,多元主体主动发现问题、有序开展协商、理性表达诉求、积极达成共识。其领导机制、参与机制、议事机制、合作机制和保障机制已经比较健全,党的引领能力、政府的领导能力、居民的主体能力、村(居)委会的自治能力,以及其他社会组织的协同能力都得到了大大提高。[②]

太仓模式给我们的启示就是,党和政府重视发挥引导、领导、主导、推动作用十分重要,基层民众往往会积极响应,并创造出各种独具特色的多元复合治理模式。正是在这种有利的条件下,太仓的东林镇就创造了村支部、党员议事会、村民代表大会和业主委员会等多元主体复合治理模式,有效应对了耕地经营权流转导致的环境污染、交通用电安全、经营者乱建棚房、村民集中居住等问题。太仓模式在运用于耕地经营权流转风险治理时,建立了村庄层次的多元主体复合治理模式,但其治理范围还相对狭窄,没有触及耕地经营流转进程中的其他关键环节和深层次的复杂多样风险。

总之,复合治理不仅在理论上是可能的,而且已有了相对成功的实践经验。很多地方党和政府十分重视耕地经营权流转风险治理并发挥了重要领导和主导作用,但往往采取的是事后治理而提前预防效果不明显,政府

---

① 陆留生、王剑峰、史卫民主编:《中国和谐社区:太仓模式》,社会科学文献出版社2012年版,第4页。

② 冯佳:《太仓政社互动十年迎来"能动善治"3.0时期》,《中国社会报》2018年10月26日第1版。

各部门之间、政府与社会之间没有完全形成合力，在出现较严重的耕地非农化非粮化等情况时往往又采取运动式治理。推进耕地经营权流转的村庄复合治理，不仅可行而且十分必要，特别是对提前预防耕地经营权流转风险十分重要。

三 耕地经营权流转风险的村庄复合治理机制建构

（一）复合主体建构

首先，鉴于耕地经营权流转已是全国现象，其中一些风险也是全国性的，应从党中央和中央政府的角度，加强耕地经营权流转及其风险治理的领导和主导，特别是要调整和增设相关最高领导机构。就党中央而言，中央农村工作领导小组可把耕地经营权流转及其风险治理纳入职责范围。

目前，在中央政府层次，国务院办公厅、农业农村部、自然资源部都对耕地经营权流转负有领导和管理职能。农业农村部下设政策与改革司，负责指导发展新型经营主体和适度规模经营，计划财务司负责相关扶持财政政策和项目建议并参与金融保险政策制定，乡村产业发展司负责三产融合以及农业产业化经营政策，合作经济指导司负责协调推进乡村治理体系以及农民合作经济组织和农业社会化服务体系建设，市场与信息化司负责指导农业信息化工作，科技教育司负责职业农民培育等。自然资源部下设自然资源确权登记局负责耕地确权登记，国土测绘司负责耕地测绘，国土空间用途管制司负责耕地用途监管，耕地保护监督司负责耕地和永久基本农田保护以及占补平衡。此外，住建部、民政部、银监会、保监会、中国人民银行也涉及经营权流转和规模化经营的金融保险、农民城镇化等方面的领导和管理职能。可见，关于耕地经营权流转及风险治理，政府领导性职能分散于两大部和十数个司。因此，有必要按照国务院组织法，设立一个直属性的复合性领导机构，专门领导和协调耕地经营权流转与规模化经营及风险治理工作；该机构还应获得立法和司法部门支持，吸纳全国性相关协会、学会、研究机构以获得信息和智力支持。这样就可形成一个国家层面的复合性治理主体（参见图8-1）。

其次，省、市、县、乡四级政府也应确立相应的政府复合主体领导管理机构。以四川省为例，目前耕地经营权流转的行政管理、农田整治以及耕地质量保护职能归农业农村厅，耕地用途管制、永久基本农田保护和占补平衡职能归自然资源厅，农民培训、养老保险管理归人社厅，农业污染

第八章 耕地经营权流转风险的村庄复合治理:机制建构　　243

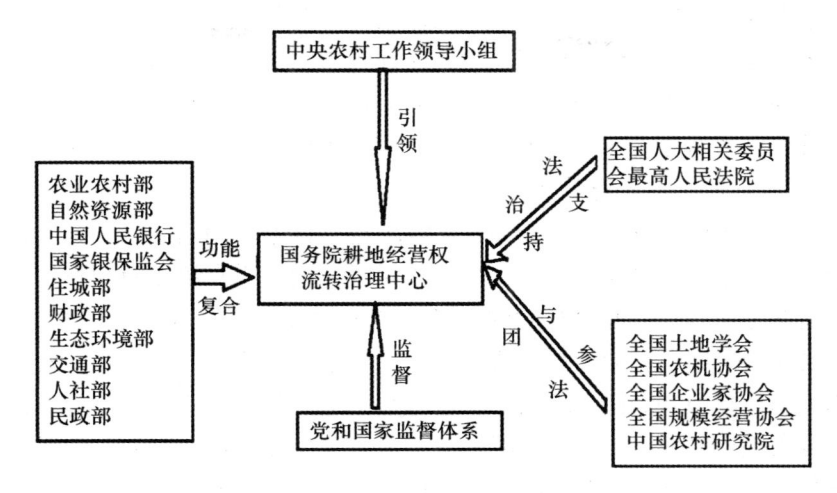

图 8-1　国家耕地经营权流转风险治理复合主体示意图

治理和生态环境保护归生态环境厅,水利灌溉归水利厅,农产品流通体系建设归商务厅,农村安全生产归应急厅,农民专业合作社管理归市监局,农村金融保险管理归金融监管局。由此可见,在省一级政府,与耕地经营权流转相关的领导管理职能广泛分散于各职能部门,职能重叠与缺位并存,不利于整体性治理和复合治理。因此,省级政府层次也应建构职能整合的领导机构(参见图 8-2),鉴于新一轮党和国家领导体制改革的趋势,

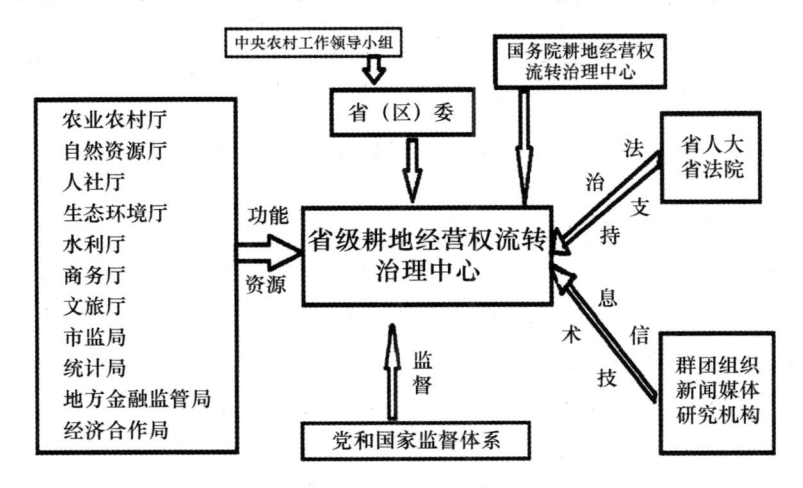

图 8-2　省级耕地经营权流转风险治理复合主体示意图

耕地经营权流转复合治理中心可以设在党委农委之下。

市级党委和政府则需更深地介入耕地经营权流转、规模化经营和风险治理事项的具体领导、推动和服务。据笔者调查，中共M市委出台了《关于完善农村土地所有权承包权经营权分置办法的实施方案》（M委办发〔2018〕11号），市政府关于耕地确权登记颁证、流入方资格审查、流转交易、适度规模经营、金融服务、风险防范、耕地管理监测、纠纷调解等职能，主要集中在农业农村局、自然资源局，同时也有很多重要职能分散在其他职能部门。农业农村局成立了"职业农民和家庭农场科"，加强了职业农民和家庭农场的培育。从总体上，M市级政府也没有形成一种复合主体，同样存在针对同一现象的非整体性治理的情况，农业信息化管理就没有纳入经信局的职能范围。因此，M市也可以建构耕地经营权流转风险治理复合主体，并将相关部门职能转移过来（参见图8-3）。

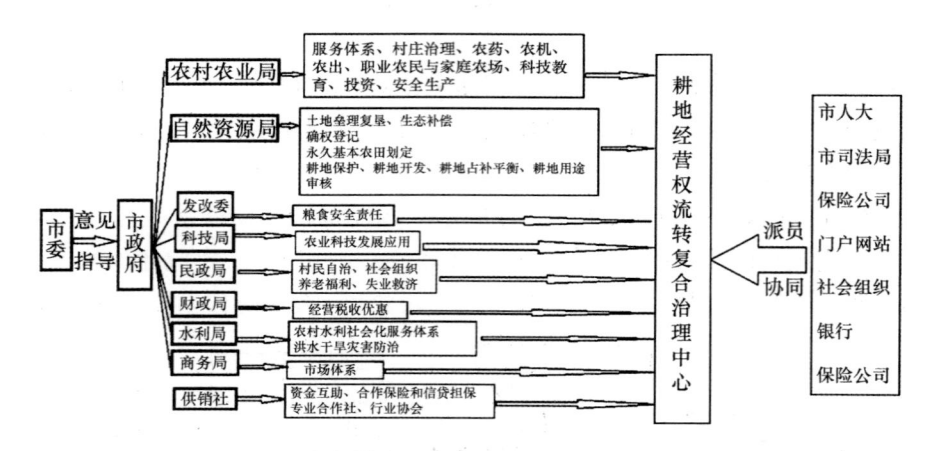

图8-3 市级耕地经营权流转复合治理主体示意图

在县级党委政府层次，笔者所调查的FC区（市管区，相当于县）下有2个乡14个镇106个村民委员会、818个村民小组。该区委农委是农村工作领导协调机构。区政府发改办负责协调农业农村经济社会发展重大问题，衔接农村专项规划和政策。区工信局负责农产品加工龙头企业培育，教体局负责农村实用技术培训，科技局负责农业科技推广和社会化服务体系建设，民政局负责农村留守老人社会组织管理以及村民自治建设、基层民主政治建设，司法局负责提供公共法律服务资源以及法律援助、司法鉴

第八章　耕地经营权流转风险的村庄复合治理:机制建构

定、公证服务工作,财政局负责农村政府性投资项目的财政拨款、政策性补贴、农业综合开发、财政支农资金管理以及补贴兑付等,人社局负责农村人才培养、职业培训、社会保险,住建局负责农村基础设施和集中居住管理。农业农村局是最主要的职能主体,负责农业税收、金融保险、乡村治理、产权改革和产业化规模化经营,合作经济组织和农业社会化服务体系发展、新型农业经营主体建设,农业机械化、智能化、数字化发展,农业机械事故责任认定和调解处理,耕地及永久基本农田质量保护,农业生态环境保护,种子和农药监管,农业减灾防灾,农田水利投资项目,农技推广,水土保持,农村人才和新型职业农民培养等。商务局负责推进农村市场体系和流通网络,行政审批局负责农民经营主体设立变更审批,市监局负责农民专业合作社等的市场行为监督管理,生态环境局负责生态农业建设。区自然资源局负责永久性基本农田保护,耕地保护和占补平衡。另外,还有一个区农民工服务中心,下设农民工服务股,负责对农民工提供政策法律法规、生活及就业、创业扶持政策服务,以及维权、济困、住房保障等服务。与国家、省、市各级党政相比,该区党政职能设置更为集中,内容更具体充实,但在很大程度更重视推进流转和规模化经营,对相关风险的防控不如上级政府重视。越是接近基层,发展与安全的两难困境就越是明显。还有,该区也存在职能重叠和空缺的情况。县级建构的耕地经营权流转风险复合治理中心,可如图8-4所示。

　　到了乡镇党委和政府这一级,"上面千条线、下面一根针"以及"上面千把锤、下面一根针"的特征十分明显。乡镇党政机构主要服务对象就是"三农"。以笔者调查的QY镇为例,该镇在2018年由原来的两个镇合并而成,党委和政府正副书记镇长各7人共14人,另有便民服务中心主任1人。在镇党委下设有党建工作办公室,负责村党支部班子研判及后备力量培养、管理工作。镇政府设有综合行政执法协调办公室,负责制止违法用地和生态保护;社会事务办公室,负责劳动社会保障、养老、教育、文化建设等;社会治理和应急管理办公室,负责来信来访、综治维稳、司法工作,以及突发公共事件的应急处置、安全生产等;经济发展办公室,负责承担社会信用体系建设;乡村振兴办公室,直接负责耕地经营权流转管理、培育新型农业经营主体和服务主体、发展适度规模经营、耕地经营权交易、农田水利建设、农产品质量;财政工作办公室,负责村集体资产与财务管理指导;城镇建设办公室,负责违法用地、违法建设项目的认定和

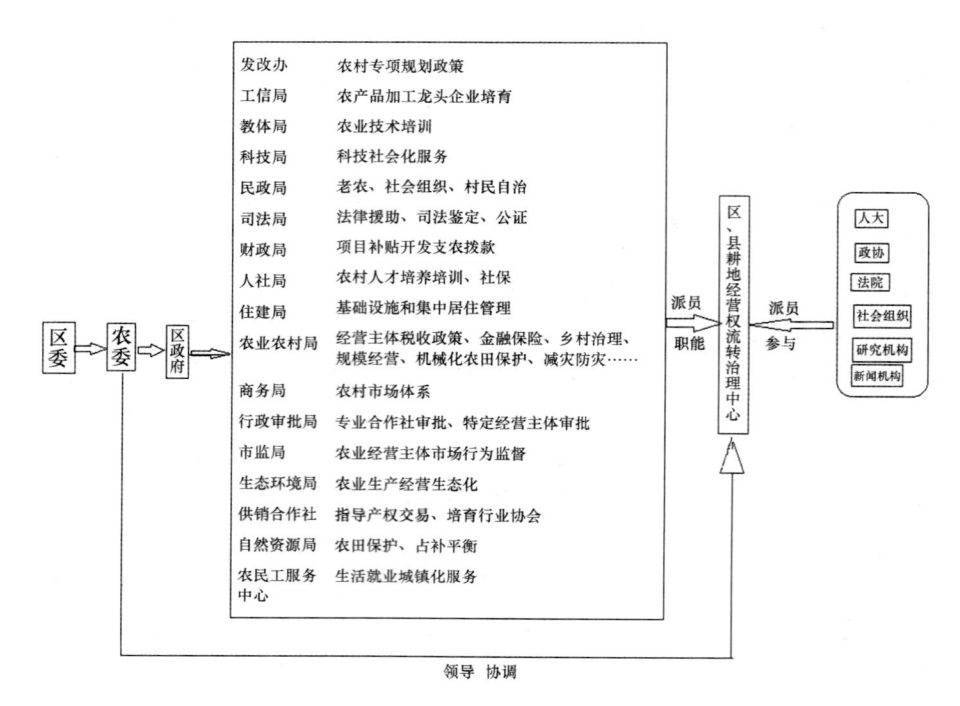

246　耕地经营权流转风险的村庄复合治理研究

发改办	农村专项规划政策
工信局	农产品加工龙头企业培育
教体局	农业技术培训
科技局	科技社会化服务
民政局	老农、社会组织、村民自治
司法局	法律援助、司法鉴定、公证
财政局	项目补贴开发支农拨款
人社局	农村人才培养培训、社保
住建局	基础设施和集中居住管理
农业农村局	经营主体税收政策、金融保险、乡村治理、规模经营、机械化农田保护、减灾防灾……
商务局	农村市场体系
行政审批局	专业合作社审批、特定经营主体审批
市监局	农业经营主体市场行为监督
生态环境局	农业生产经营生态化
供销合作社	指导产权交易、培育行业协会
自然资源局	农田保护、占补平衡
农民工服务中心	生活就业城镇化服务

区委 → 农委 → 区政府 ⇒ （上表）派员职能 → 区、县耕地经营权流转治理中心 ← 派员参与 ← 人大、政协、法院、社会组织、研究机构、新闻机构

领导 协调

图 8-4　县（区）级耕地经营权流转复合治理主体示意图

监管，以及农地转用审查、基本农田和耕地保护。此外，还有两个直属机构，农业和旅游发展办公室以及社会事务服务中心，前者提出全镇要向农业旅游业融合发展转型，后者负责村民自治工作指导、监督和管理，争取和落实惠民政策。实际上，这份责任清单大多与耕地经营权流转有关系，但也是分散在不同的部门科室，在一定程度上还不能适应新的发展形势，例如经营权流转所涉及的金融、保险、耕地质量评估管理等职能并没有明确列入某个职能部门。其中一些职能的归口并不科学，例如耕地保护和城镇建设两种目标相互冲突的职能都归城镇建设办公室，难以避免干部角色冲突和行为失当。镇级耕地经营权流转治理复合主体，可如图 8-5 所示。实际上，一些乡镇已经成立了类似的治理机构，只不过没有如此多元复合。

耕地经营权流转风险的治理最关键的是预防。这就要求在耕地经营权流转实际过程的第一个时间节点上，及时有效的把大量风险消灭在萌芽状态。而要实现这个目标，除了外在制度顶层设计外，更重要的是实际一线

第八章 耕地经营权流转风险的村庄复合治理:机制建构　　247

从业者能够有效地抑制为了谋取利益而生产风险转嫁损害的冲动,增强自

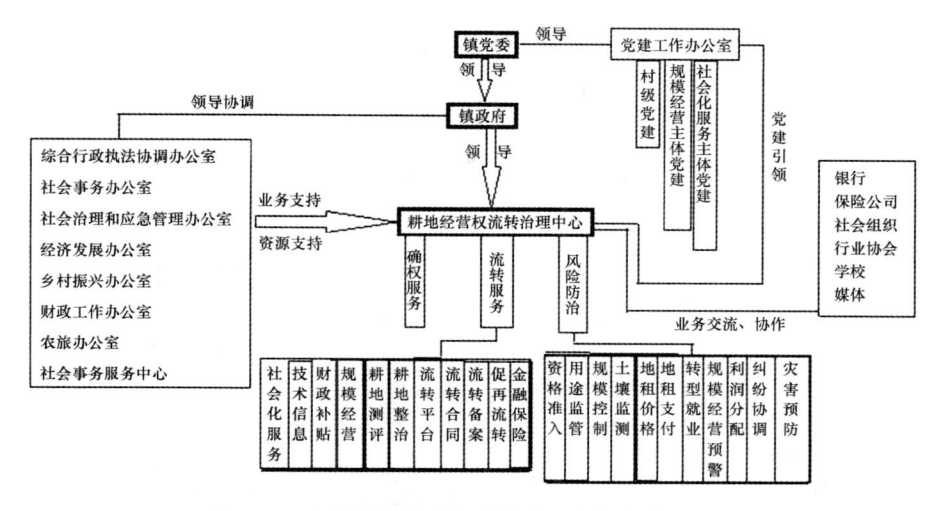

图 8-5　乡镇耕地经营权流转治理复合主体示意图

己的风险防范能力。因此,耕地经营权的流转最根本的还在于村庄层次的风险治理,需要建构村庄层次的复合治理主体。村庄层次的复合治理主体更多元和非正式,所涉及的治理内容也更微观具体,针对的是特定地块的流转项目,其具体建构如图 8-6 所示。

图 8-6 显示的是围绕耕地流转关键环节而建构的耕地经营权流转风险村庄复合治理主体。其优点在于只有在出现相关矛盾、纠纷、冲突和风险时,项目复合治理主体才成立和运行,从而降低治理成本。另一种思路则是出现一块或一批情况相似的耕地流转,就建立一个项目复合治理主体,并对该耕地经营权流转全过程进行治理（如图 8-7 所示）。其优势是能够及时掌握耕地流转过程可能出现的风险,但不足之处就是这样的项目复合治理主体会很多,如果特定地块耕地没有发生相关问题,则项目复合主体不会发挥作用,其存在有可能形式化。每个村庄的具体情况不同,可以根据具体情况采取这两种思路中的某一种,成员相对稳定的村庄可以选择后者。

在这种矩阵制复合治理主体结构中,其中有一部分属于常设的参与主体。例如,村流转治理领导小组可以是常设的,其成员具有相对的固定性。他们由代表村委、村支部、社会精英、镇政府职能部门的人员构成,

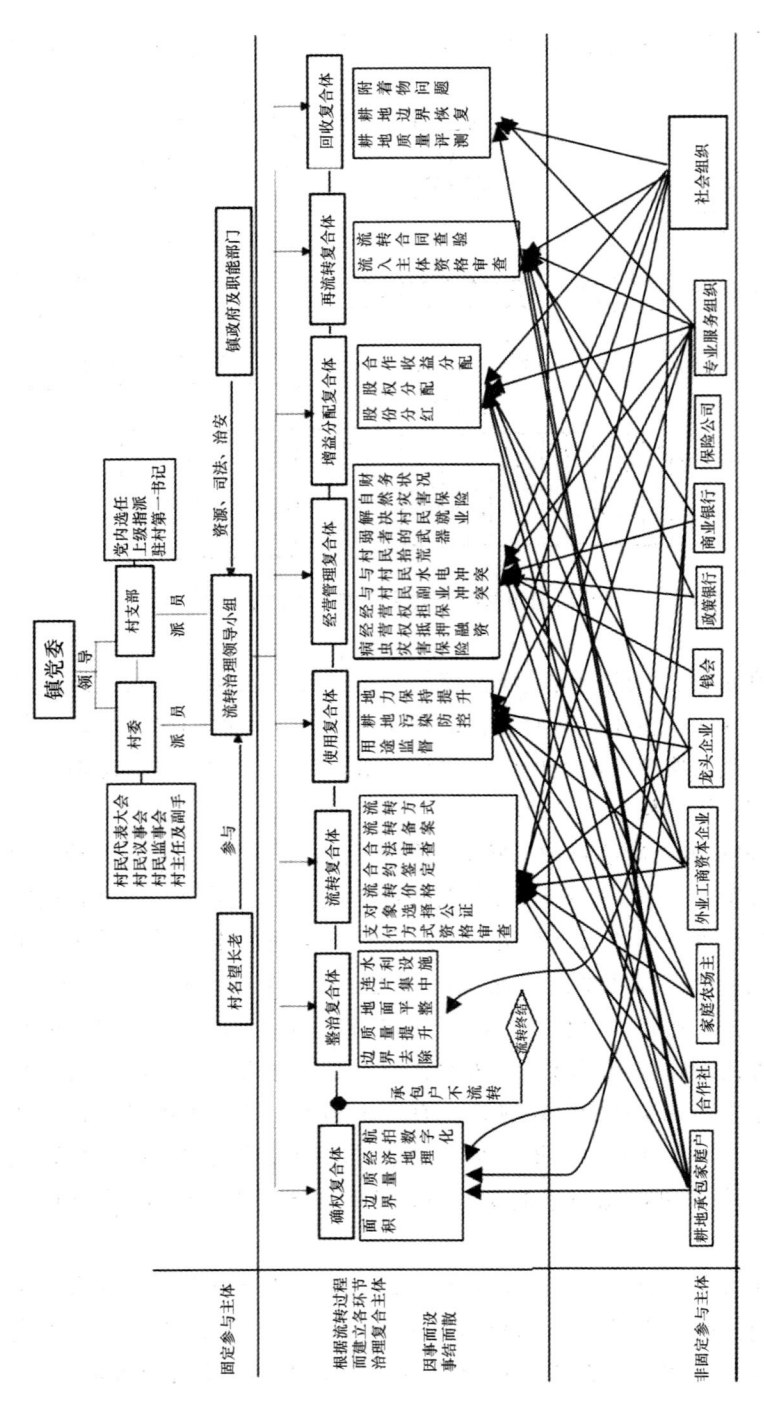

图 8-6 围绕耕地经营权流转过程而建构的村庄复合治理主体矩阵示意图

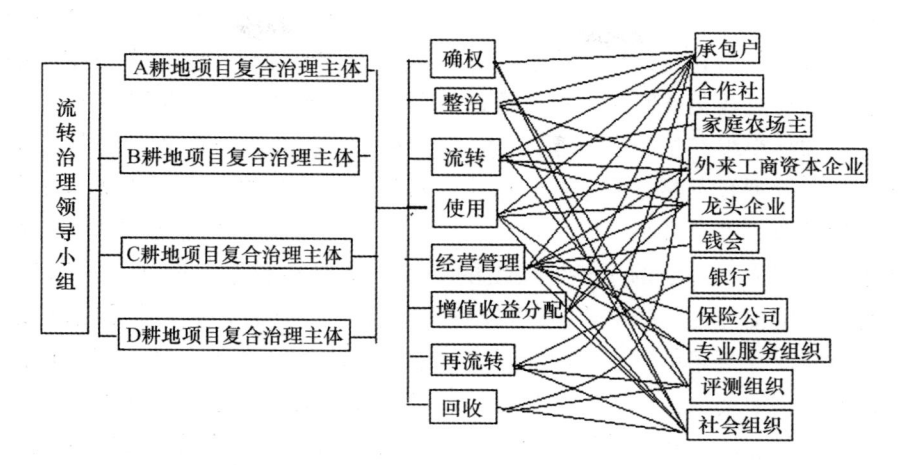

第八章　耕地经营权流转风险的村庄复合治理：机制建构　　249

图 8-7　围绕耕地经营权流转地块而建构的村庄复合治理主体矩阵示意图

主导、领导和参与所有与耕地经营权流转相关的各个治理环节，代表党、政府、全村意见而行事。他们相当于矩阵制企业中那几个常设的职能部门，作为一种恒常的力量参与到各个因事而设的、外在于党政体系的复合主体之中，并起到主心骨的作用。耕地经营权流转的起始环节是确权颁证。对于未完成确权的耕地，可由党政及司法仲裁成员组成村治理小组，广泛吸收耕地家庭承包户、村有名望的社会精英、相关专业技术组织，甚至村庄社会组织的参与，形成村级确权复合治理主体。治理事项包括精确确定耕地面积、质量和四至和耕地质量，对相关数据数字化、信息化、固态化；妥善处理确权纠纷，从根本上消除承包户丧失承包地的风险，防止虚增耕地面积等机会主义行为，从最初的环节上消除冒领虚增耕地补贴等现象。

在耕地确权颁证之后，是否流转的决定权在于承包经营家庭。如果其不愿意流转，就不应强制流转。不过，如果其他家庭耕地都流转了或进行了整治，就可能出现插花地问题，影响连片流转和规模化经营。由谁来以及如何协调化解该类矛盾？不应由简单的某个利益相关者来解决该问题，否则可能出现强制或非公正性的方案。一般情况下应由整治复合体来进行此项工作。在耕地确权之后，村领导小组就应把耕地整治工作纳入领导职能，主动推动组成耕地整治治理复合主体，其参与者包括插花地的承包权人、准备调换耕地承包权人以及受承包地影响的流入经营权人、社会工商资本整治公司相关社会组织等。当然，一个村庄的耕地确权之后，并不一定就会进行整治并经由村社或整治公司整批流转。这时整治复合体主要的职能就是解决插花地问题，尽量通过协商方式完成耕地经营权的调换。

村领导小组在征求村承包户意见之后，如果多数同意整治和整批流转，则在处理好不愿意流转者的耕地经营权调换工作之后，可以进入正式的整治环节。由领导小组、承包户、整治公司、专业技术公司共同参与耕地边界的消除、耕地的平整、坡度的减缓、交通水利电力设施等的修建、耕地质量的提升，附着物的适当处置等。整治环节需要经费、技术和设备，可能涉及共同集资或由政府投资或引入外来工商资本。整治复合体需要协调好整治资金投入者的适当收益，以及后续流转的优先权利等。

不管是分散流转还是整批流转，在耕地进入流转环节后，都需要成立流转治理复合体，而且要根据流转的地块、批次、流入方与流出方的差异等，成立多个流转治理复合体，使耕地流转治理实现项目化。村庄流转治理领导小组，要掌握所有流转地块信息，分别与不同的流转主体构成治理复合主体。例如，A农户与B公司、C农户与D公司存在流转关系，则领导小组应分别与A和B，以及C和D建成复合主体。而这样的复合体也应吸引其他治理主体加入，特别是要嵌入村庄社会之中。然后，复合主体在流转对象选择和资格审查、流转价格、流转支付方式等方面进行协商并实现博弈均衡，力求将不是真心实意流入耕地从事农业经营者排除在外。

在耕地流入到经营者手中之后，流出方可能常年外出务工或迁入城镇生活，尽管有权随时监督耕地用途，但往往受到时间、交通等成本限制而无法实现这一点，因此有责任明确委托在村农户代为监督。此时的耕地用途治理复合主体，领导小组是重要的成员，但也应发挥在村受原流出方委托人、村庄相关社会组织如耕地保护协会等的作用，要防止用途监督权完全集中于某一参与主体手中，以免流入方与单一监督主体形成共谋关系。笔者在调查中发现，很多耕地属于基本农田，流转合同也是用于种粮，但是流入方常常在使用耕地时进行非粮化生产经营。村委、村支部、村民甚至乡镇政府对此都知情，但就是没有相关主体主动阻止，存在治理的失灵或困境。最后这种问题越来越严重后，需要党中央和国务院出面，通过运动式治理来纠正。其根本原因，在于没有真正形成一个复合治理主体。

对经营权流入方的经营管理活动进行治理的复合主体，在整个复合主体中占有十分重要的地位。流入耕地经营权人特别是规模经营者是一种独立的市场主体，具有法人或企业的性质，依法自主经营，形成自己独立的内部治理结构。但是，其经营行为可能存在社会成本，导致社会风险，因此必须有强大的外部治理复合体来对其进行监督。在流转治理领导小组的主导下，针对每个规模经营者都应形成一个复合治理主体。其参与者还应包括流出方或其委托人；流入方即规模经营主体，其可能是合作社、家庭农场、龙头企业、股份制流入主体；专业性社会服务主体，如机耕、种植、施肥、打药、收获或销售等专业服务组织；村庄各类社会组织或协会，如环境保护协会、农业工人协会、村民自发成立的防偷防盗组织、村民法律道德学习教育俱乐部；政策性银行、商业性银行、保险公司或专业评估和审计机构；等等。参与各方通过平等协商，确定规模经营者能够解决的流出方劳动力就业数量、工资水平；合理解决经营主体与村民的各种经营纠纷和矛盾冲突；实时监督经营者经营财务状况，提前防止拖欠流转费；监督规模经营主体及时足额参与各类风险投保，监督经营权抵押和担保事项可能存在的风险，切实防止经营主体以经营权骗取低息贷款并用于非农业经营；对经营主体经营项目是否遵守流转合同关于经营项目的规定进行监督，防止种粮规模经营主体经营非粮化。

对于不是采取直接出租经营权而实现的耕地经营权流转和规模化经营，也应建立复合主体进行治理。这种情况包括合作社经营、股份制、土地银行、公司+农户、委托经营、农业生产经营全程性购买专业性社会化服务经营等等。它们实际上都具有规模化、一村一品之类的趋势，因为只有这样才能节约经营管理成本，能够以低成本获得专业化社会服务。其中存在治理插花地和"钉子户"的问题。同时，这类流转涉及的另一个重要问题就是经营收益的分配，复合治理主体应通过各方平等协商，达成一个相对合理的收入分配方案，防止原承包户收入相对过低，同时坚持按要素分配原则。尽管原承包户在流转后大多在农业生产过程中已经处于边缘的地位，但只要保障其收入分配的主体地位就不会有大的问题，避免农村收入过度分化。原承包户在农业生产和经营过程中的边缘化，现在看来是一种不可避免的现象。但他们在农业生产经营中的边缘化，可以通过转移就业在其他产业行业发挥主体作用来弥补。至于这类经营主体，复合治理主体仍然要加强环境生态保护、耕地保护等方面的治理。

经营权再流转风险往往较大，一旦村流转治理领导小组或承包户获得经营权再流转申请或要求同意的信息，就应成立经营权再流转复合治理主体，参与者由治理领导小组成员、相关的承包户、经营权再流出方、经营权再流转的准接手者、专业的耕地评测机构等构成。在治理的过程中，应尽量让原经营权流入方退出再流转后的经营收益的分享，减少分利环节。对于原经营权流入方的基础设施、土地改良等需要长期经营才能收回的投资，可给予适当的补偿但不应过高，以确保再流入方的生产积极性和承包权人的收益。

当耕地经营权流转合同到期、又无愿意接手经营者或原承包户执意要收回耕地经营权时，就存在一个耕地经营权收回环节。这也是一个需要治理的关键节点。治理领导小组应积极推动建立经营权回收治理复合体，参与者也包括领导小组成员、原承包户、经营权人、专业评测机构等。通过治理，保证耕地能够至少以原质量返还给承包权人，要求擅自改变耕地用途者必须恢复可耕作状态，重新明确耕地边界，出现新的插花地时要通过协商进行对换，对承包权人耕地附着物财产和经营权人耕地附着物财产进行合理估价清算等等。

这样一种既能充分发挥党和政府引领推动作用，又能够保障利益相关主体有针对性地参与治理的复合主体，具有矩阵项目制和动态调整的特征。实际上，对于村庄治理领导小组而言，不同的复合治理项目就是其手中的治理台账。这样一种治理架构可确保村庄党委和村委切实履行自己的职责。鉴于今后相当长一段时期内，耕地经营权的流转和规模化经营将是农村最主要的工作事项，完全有必要成立这样的治理领导小组和建构这样的矩阵制复合治理主体动态体系。这一体系并不会替代两委，也不会代替原村民自治框架，但更突出了当前农村村庄治理焦点任务，能够为村庄层次以上的复合主体发挥治理作用奠定坚实基础。反过来，村民可以通过在经营权流转治理中的表现，从治理领导小组中选择自己称心的两委干部。另外，耕地经营权的流转有时会超过行政村的范围，对这种情况，村庄治理复合主体动态体系的优势更加明显。总之，耕地经营权流转的复合主体体系架构，比起简单的"一事一议"来，更具开放性、制度化的特征，在此基础上能够为耕地经营权流转安全这一广义上的公共产品确立一种"小集团供给模式"[①]。

---

① 陈潭、刘建义：《集体行动、利益博弈与村庄公共物品供给——岳村公共物品供给困境及其实践逻辑》，《公共管理学报》2010年第3期。

（二）复合理性建构

复合治理可适用于宏观的全球和民族—国家层次，中观的城市和区域层次，微观的社区、村庄和具体事项层次的治理。村庄层次的耕地经营权流转风险的复合治理，需要治理主体复合，更需要各主体根本具体事项形成复合理性。在开放市场经济条件下，农民的能力、素质和见识都得到提升，利益意识增强，行为模式和行为逻辑具有从传统向现代的过渡性特征。其他相关参与主体的行动逻辑异质性较大。工商资本主体流入耕地经营权，需要从二、三产业跨到第一产业，行为规范与角色转换存在较大挑战。镇村干部可从流转中获取中间费、协调费，可获得集体耕地租金收入，可以获得来自上面的补贴，其利益取向从以前的单一向下动员资源转变为从上与从下动员资源的结合，行动逻辑有时体现出某种矛盾性。越到基层，各种层面和维度的价值目标之间的差异也越突显。村庄治理的复合主体容易组建，但要真正实现价值目标的整合，有时比宏观和中观层次的复合主体建构更为困难。

在耕地经营权的流转过程中，多元的相关行动主体围绕同一块耕地而展开行动，他们都有自己的价值目标，而且都希望从这块耕地中实现自己的目标。拥有耕地承包权的农民如果没有养老保障，耕地对其生存就十分重要，但一般不会把自己及其子代的发展、把富裕起来的希望寄托在以传统方式进行耕作的耕地上，如果有更好的机会外出务工且收益大于务农收益，他们大多都会离开耕地。正是这一点，为流入经营权者留下了获取除基本流转费之外的正当利益空间，也决定了流入经营权者须把价值目标定位于除去满足原承包户基本生存的流转费之外的收益；过度压低流转费和牺牲原承包户的利益并非正当的选择。这又要求流入经营权者通过规模经营、改善经营管理、改进耕作制度、利用先进技术、经营特定农产品或深加工获取附加值等，来实现自己的收益。可见，承包权人与经营权人完全可以实现价值的协调和共识的重叠。

这二者之间的价值目标能够得到协调，其他参与主体与承包户之间的利益目标更不会存在根本性冲突，能实现价值目标的整合。专业性服务组织实际上也是通过专业服务，来提高耕地亩均收益，并从中"分得一杯羹"。党和政府要认识到，产权制度的改革绝对不能只是改变既有财富的分配，而是要通过制度创新、要素重组来创造更多新的财富，生产出更多的粮食，提高农业生产力和产品的国际市场竞争力，即以更低的劳动力成本、生态成本和社会成本来生产出更多的粮食，实现粮食安全，同时使自己的农产品在市场上有竞争力，并以更加开放的姿态面对世界。从这种意义上看，耕地经营权流转各参与主体之间并不存在根本性的利益矛盾冲突，而是具有共同的关联利益，他们之间形成一种复合理性，是完全可能的。

复合理性的形成需要多元动态主体重复博弈。重复博弈的次数越少复合理性出现的时间越早，个体和社会的试错代价就越少，风险就越少。耕地流转之初不同参与主体会表现出不同的观念和行为特征。流出经营权的承包户往往希望获得流转费同时又能随时收回经营权，往往并不理解流入经营权者还要进行投资、投资回报需要时间周期以及要面临各种市场风险。而党政干部、工商资本代理人最初对承包户的内心世界、实质经济观、日常生活成本依赖田间产出、自产自销的经济形态也可能不了解，而用形式经济概念来评估其耕地经营收入，从而低估承包户从耕地中获得的实质收益，给出过低的流转费定价。提供社会化专业服务者，可能以为自己的专业服务是农业生产经营重要环节而索要过高服务费。一些微型的流入经营主体最初更具逐利性，行为决策均以自身利益最大化为出发点和归宿，甚至采取机会主义和欺骗行为。但随着时间的进行，在重复博弈过程中，这类机会主义者首先会逐渐被逐出或退出博弈，而诚实参与者会通过重复博弈相互熟悉理解，建构互惠关系。承包户了解到自己获得相当于原来的种地收入和增值收益后，不能提出太高的要求，以免"杀鸡取卵"；规模经营者理解承包户实际上缺少资金、技术、经营观念和市场渠道，否则也能成为规模经营者并从耕地中获得更多收益，因此理解让承包户获取一定增值收益是合理的。在村庄范围内，各参与主体经过多次博弈和沟通，彼此理解对方的意义而达成共识和复合理性。

在调查中发现，有的村庄一夜之间掀起了耕地经营权流转热潮。在这种热潮中，规模经营主体对收益预期过高，满足了承包户流转费过高要价要求而流入耕地，后来规模经营主体逐渐无法持续支付流转费。经营主体于是提出降低流转费，在相关各方参与下经过协商沟通，流出方同意修改合同条款降低了流转费，补充约定流出方不仅享受分成租，还享受一定比例增值收益。规模经营主体得以维持生产经营，流入流出双方形成了紧密的利益关联体。这类案例说明了形成复合理性是一种重复博弈过程。在此过程中如果不及时调适自己的目标，就有可能被逐出博弈。总之，在经营权流转过程中通过多元复合治理主体的重复博弈所形成的复合理性,是党政系统的价值理性与承包户、流入经营者以及专业服务者的工具理性的复合,是来自上面的理论理性与来自下面的经验感性的复合,是来自专业服务机构的专家理性与一般农民和经营者的常人方法的结合,是来自政府的计划理性与来自市场的市场理性的复合,是相关个体理性和整体理性的复合。

（三）复合主体的组织结构

就村庄治理复合主体的组织结构而言,需要变垂直结构为扁平的、矩阵式结构。这种矩阵制就是坚持在党的领导和政府的支持下,设立常设的职能部门即治理领导小组。由村党支部书记、村委主任、驻村干部、镇党委行政司法审计联系干部、村公认的民间权威、一般性村行业协会和群团组织代表等构成。一般可由村支书或村主任兼任小组长,可选任专任秘书一人,专门负责日常对下征求、收集与耕地流转相关的治理议题,然后向小组汇报。如有必要,提请小组长召开小组会议,初步拟定治理议题。同时,要结合村民自治,积极将村民大会、村民代表大会、村民议事会形成的相关议题纳入进来;要结合承包户与流入经营权人自主签订流转合同备案或报告信息来确定治理议题,进而确定各个治理项目。然后,围绕各个项目动员和推动组建项目治理复合主体,其成员还包括流出方、流入方,以及项目相关的专业服务组织代理人、银行保险公司代理人或社会群团代理人等。每个项目通过民主集中讨论协商出一位项目治理主任,类似于企业的"项目经理",其成员代表类似为"项目成员"。个人可兼任多个项目的治理主任,但项目复合治理主体的其他成员因项目的不同而异。经过确权之后的耕地,同一地块在流转过程中各个环节的治理,通常只设为一个治理项目,由一个项目治理主任全程参与治理,但在不同的治理事项上,项目复合治理主体的成员可以动态调整,不一定要全员参与,只需与特定事项有业务关系的成员参与其中。

项目治理主任的主要职责,就是围绕自己所在耕地流转项目,搞清所有利益相关主体或其代理人的姓名、经济状况、文化程度、目标诉求、行为特点等,明确他们之间的经济和社会关系,列出需要治理的各个关键风险节点,交由项目复合治理主体参考,从而做到提前预防、实时介入,有效实施治理过程。这些关键节点包括要掌握所涉及耕地是否确权、确权是否存在纠纷、确权耕地的面积和质量、耕地是否抛荒、耕地抛荒时间、承包户流出流入意愿、承包户选择流出方式偏好、承包户是否同意耕地整治、承包户在村或不在村情况、不在村承包户委托人情况、承包户经营权流出价格预期、流出耕地农户劳动力就业途径和倾向；要掌握流入方的性质、规模、资金、耕地使用情况和用途，租金支付情况、支付水平，解决劳动力就业情况，经营面临的障碍、困难以及对公共产品、技术等的需求，了解种粮实际面积、实际购置的农机农药和设施的真实情况，掌握经营权是否抵押、担保，是否有再流转的意愿；掌握耕地三方所有权人是否存在纠纷、矛盾和冲突；了解占补平衡是否真的到位。项目复合治理主体要以项目治理主任为核心，在其他成员协助支持下掌握真实信息，提出和实施治理方案建议。

项目治理主任的重要职责还包括充当村庄信息神经元。项目主任主要是在村庄范围内发挥作用，并重点针对"最后一米"、甚至"最后一厘米"之类的问题，能够提供最为真实的实际情况信息。在项目治理的过程中，有一些纠纷和风险超越了村庄范围，仅由项目复合治理主体可能无力实现有效的治理。在这种情况下，要充分利用既有的多元矛盾化解机制、正式的国家制度化治理机制、司法系统的诉讼程序，以及行政及专门仲裁体系等。还可以将一些重要事项提交到更高层次治理体系来处理。银行贷款风险治理机制、政府生态环境安全机制、政府耕地安全保护机制、国家粮食安全机制、农村社会稳定机制、农民工培训和转移就业机制、各级政府的新型规模经营主体和家庭农场主培育机制、农业生产科技创新研发应用机制等，都应与村庄项目复合治理机制具体地结合起来，把后者作为获取真实准确信息的末梢，作为实现治理的最为末梢的基础性支持或信息辅助决策机制。在国家向农业索取资源以支持城市化和工业化的时期，国家对于产量、耕地信息的掌握并不完全准确，一些村组为少上税等而故意隐瞒耕地面积；今天一些村社又存在夸大耕地面积以获取国家补贴等资源。一些项目国家花了钱，但到底用在何处，起了多大的作用，国家获得真实准确的信息较难，精准性有待提高。金融机构对规模经营主体的贷款保险评估和经营监督，也可能存在信息不对称导致的风险。将项目的复合治理工作机制与上述其他各类各层次的治理机制对接，使项目治理主任成为农村基层的信息神经元，发挥与城市网格员类似的功能，可以缓解信息不对称，也有利于实现耕地经营权流转风险治理。

（四）具体运行机制建构

1. 经营权调换及价值补偿的村庄复合治理运行机制

对于不愿意流出经营权而成为插花地的耕地，要由村庄复合治理领导小组和相关项目复合治理主体先用愿意流出、位置处于整批流转耕地之外的承包户耕地经营权进行对换，有条件的村庄可用集体备用耕地经营权与之对换，在承包权到期调整时进行承包权对换。但是，在对换的过程中，不能简单以面积相等对换，而是要综合耕地质量、水利条件、耕地经济地理位置、生产经营交通成本和时间成本，给予不愿意流出而调换经营权者适当补偿。该过程可能需要相关主体通过多次协商才能达成共识，即便是考虑到农时等原因也不能强制进行，以免出现矛盾冲突。一年不行可以等第二年，第三年，只要流入方经营状况好于"插花地"、流出经营权者收益好于自己耕作经营，有事实作为依据，并通过讲道理做工作，以不损害其承包权为保证，到最后一般都能够达成较好结果。不过，值得注意的是，对于调换经营权所涉及将来可能的非经营性收益的分配，比如征地拆迁补偿归属，调换合同中应加以明确的规定，以免留下纠纷隐患。

其具体运行机制是，由需要成批流入耕地而受到插花地影响的流入主体或准流入主体，向村治理领导小组提出书面申请。然后由领导小组在相对较短的工作日内向插花地承包权人做工作。如果插花地承包权人不同意流转和调换，则申请事项终止并告知申请人。如果愿意商谈调换，则插花地经营权对换项目立项并组建项目复合治理主体，确定项目主任和相关成员，包括治理领导小组代理人、插花地承包权人或代理人、流入主体或准流入主体代理人、同意对换经营权的承包权人或代理人，合同事项法律服务者、耕地测评专业技术组织代理人等。经过多方协商达成完备合约意见后，明确各方权利义务，相关当事人签订调换合同，有条件的可以进行合约公证。然后完成耕地经营权调换工作。最后，项目复合治理主任向村领导小组和乡镇报告并备案。所有相关法律、评测费、价值补偿费由流入主体承担，相关补偿可一次性支付或分批支付。项目治理中止，档案留存备查。

2. 耕地非粮化的村庄复合治理运行机制

耕地经营权的流转必须保证粮食安全，而这种安全必须落实到每个村庄。只要涉及基本农田、永久保护基本农田经营权流转，村庄都应确立防止耕地非粮化和保障粮食安全的具体机制。正如上文所言，目前我国正在调整种植结构，减少粮食而增加其他经济作物的种植面积，以适应食物消费结构升级，缓解粮贱伤农。但近年来我国粮食种植面积下滑幅度过大，引起党和国家领导层担心，并在最近下发了禁止用农田挖塘养鱼、种树等规范性文件，规定耕地流转用途改变必须以在较短时间就可恢复粮食生产为前提，比如可以暂时改种蔬菜等。非粮食主产区耕地流转非粮化、城郊农村耕地流转非粮化有其必然性，但在能大规模超大规模机械化种粮地区，耕地流转后非粮化的后果值得重视，必须建立粮食安全的村庄复合治理机制。

其具体运行机制是，村庄耕地流转领导小组积极发挥领导责任，围绕流转的具体地块，责成项目复合治理主体的项目主任负责耕地用途监督；项目主任应与耕地承包权人及其代理人、耕地用途保护组织积极分子等一起，积极引入网格治理经验，每个季度对特定地块作物进行一次巡视检查；做好相关地块所种作物信息的记录，并由项目复合治理主体全体成员签字，对自己的检查结果负责。一旦发现流入者违反合同出现非粮化行为，应及时将信息上报治理领导小组和乡镇党委政府，并通报政府补贴发放部门、贷款银行和保险公司等。若未过农时，相关管理执行职能部门可要求其补种纠正；如已过农时，要求其缴纳非粮化补偿金，并要求其不得再犯；将其不良行为记入征信系统，将多次违规者纳入黑名单。对于严格遵守流转合同的种粮大户，相关管理执行职能部门可用非粮化补偿金给予补贴奖励，考虑给予优先流入经营权。

3. 流转费纠纷的村庄复合治理运行机制

在耕地经营权流转过程中，最常见的纠纷当属流转费纠纷。规模经营主体如果不能按约及时足额支付流转费，必然影响到经营权流出者的收入甚至生存，必须加以及时治理。

其具体运行机制是，当租金拖欠情况发生时，由经营权流出方或其代理人向治理领导小组反应情况；领导小组接到了相关信息后，确定是否将该事项确立为治理项目。在确定为治理项目后，召集相关各方包括流出经营权人、规模经营者、财务审计组织代理人等，组建项目复合治理小组，商定项目治理主任。以项目治理主任为主导，召开涉及诸方进行交流，了解流入经营权人经营状况，查明拖欠原因。对于经营状况良好而无理由拖欠时，督促其在一定期限内支付租金，并支付一定滞纳金；当流入经营权人仍超期无理由拖欠租金时，采取司法手段强制其支付。对由于经营管理问题或不可抗客观原因导致暂时无法支付者,可启动流转保证金,先行支付流转费,然后由流入经营权人补交;而如果较长期限无法支付,由可启动流转费保障保险程序,由保险公司代为支付,保险公司提高该经营权人来年流转费保险保费。如果流入经营权人已陷入破产状态,同样应启动保证金和保险理赔程序,确保流转费及时足额支付;破产清算优先填补保证基金。在该过程中,各方应充分进行民主协商,针对具体情况分类治理。

4. 经营权抵押贷款的村庄复合治理运行机制

经营权抵押贷款的重点扶持对象,不是承包户、外来工商资本规模经营主体,而是以家庭经营为基础的适度规模经营主体,包括家庭农场、不会使农民在生产经营过程以及收益分配中边缘化的各类合作社等。贷款应主要用于生产设施建设、技术改造、品种改良等。尽管经营权人只要承包权人和发包人的同意,有担保就可以向银行用经营权贷款,但如果规模经营主体经营不善到期不能偿还贷款,经营权就可能被银行或代为还款的担保人收走,引发系列问题和潜在风险。如果银行不能成功再流转经营权,不仅影响流出经营权的承包户的生存,而且事关银行自身的资产安全。因此,经营权抵押贷款是流转风险治理的重点,而村庄治理是其整个治理的重要组成部分。

其具体运行机制是,经营权主体向承包权人和集体提交征求贷款同意书,如果不同意则贷款申请终止。如果承包权人和集体同意,则经营权人向治理领导小组提出成立项目复合治理主体的申请。治理领导小组主导成立由承包户、经营户、担保者、贷款银行等组成的项目治理复合主体,在项目治理主任的领导下加强贷款资金用途监督,一旦发现改变用途的情况,就应将相关信息告知银行与承包权人,督促其限期改正;对拒绝改正者,银行有权提前收回贷款,承包权人也不再同意其再行用经营权抵押贷款。项目治理主体应对经营权人经营资产负债进行日常监督,对担保人同意担保的目的进行矫正和引导。当经营权人无法偿还贷款,经营权被银行或担保人代管时,应让原经营权人退出项目复合治理主体,并及时将接手经营权者纳入进来。对担保人流入经营权的资格、目的等进行审查。当银行作为债权人试图再流转经营权时,应对银行与再流入主体进行监督。

5. 规模经营农业保险村庄复合治理运行机制

在村庄范围内与特定规模经营者相关的项目复合治理主体,要督促规模经营者积极参投政策性和商业性农业保险业务,包括积极投保农业生产巨灾险、产量险、价格险、大棚设施险、机械险、员工劳动损害险等。对已经投保的经营者，要在每个保险投保周期末期，督促其续保。要配合经营主体积极争取投保补贴。当风险损害发生后，在相关专业技术组织的支持下，配合保险公司合理定价评审，防止骗保影响保险金融业安全，同时要积极支持规模经营者获得合理赔偿，防止保险公司无正当理由不予理赔、拖延理赔或者赔偿数额过低，从而防止损害规模经营主体的安全经营，阻断风险可能引起的连锁反应。

其具体运行机制是，每一年度由项目复合治理主体向规模经营主体进行投保状况审查，审查时后者应详细提交自己投保状况的信息；项目治理主体根据审查结果，将投保状况作为经营主体是否获得各项优惠支持的依据，以鼓励其投保；根据所在村具体自然、社会与经济环境，及时向经营主体提出投保建议。风险损害发生后，由经营主体提出申请，并与项目复合治理主体一起申请理赔；在保险公司定损失时，项目复合治理主体有权要求参与定损过程或有权要求专业评测公司参与定损。

此外，按照这一思路，在耕地经营权流转后的耕地质量保护、生态保护、相关补贴申领、流转到期收回经营权等环节，都可建立项目复合治理主体，实现村庄复合治理。

最后，要实现上述村庄复合治理，还需要一些保障条件，包括资金、物质、场所和技术保障条件。由于村庄复合治理主体特别是项目复合治理主体成员大多属于兼职性质，参与治理也都是为了维护自身的利益，因此应是义务性的。治理领导小组作为一种常设性集体行动者，其中来自党、国家、司法等系统的成员，领导流转治理本身就是其职责。村庄有名望者、社会组织的代理人其行动本身就具有公益的性质。但是，在治理过程中需要各种业务经费，如专业评测费用、交通费用、办公费用、通信费用等。因此，当每一个需要治理的项目确定之后，项目相关各方应缴纳少量费用作为治理资金。同时，可向村治理领导小组申请来自上级政府的相关资金。省、市、县政府不仅要为耕地经营权流转提供一般性的公共产品支持，也应为村庄复合治理提供运行资金支持，并列为政府支出项目。还有，可从基层政府和村集体所收取的流转管理费中划拨部分资金。这样，耕地经营权流转的村庄基层复合治理就有了较为充裕的资金保障，能够支付治理过程中的业务经费、办公场所经费等，还可以用于相关群团组织建设和激励那些在复合治理过程中表现突出的积极分子。

主要参考文献

《马克思恩格斯选集》第 4 卷，人民出版社 1995 年版。
《马克思恩格斯全集》第 26 卷，人民出版社 1995 年版。
《马克思恩格斯选集》第 1 卷，人民出版社 2012 年版。
《马克思恩格斯选集》第 2 卷，人民出版社 2012 年版。
《马克思恩格斯选集》第 3 卷，人民出版社 2012 年版。
《毛泽东选集》第 4 卷，人民出版社 1991 年版。
《邓小平文选》，人民出版社 1989 年版。
《习近平谈治国理政》第 1 卷，外文出版社 2014 年版。
白凯：《长江中下游地区的地租、赋税与农民的反抗斗争》，上海书店出版社 2005 年版。
常士訚：《合族之道的反思：当代多民族国家政治整合研究》，天津人民出版社 2018 年版。
狄金华：《被困的治理：河镇的复合治理与农户策略（1980—2009）》，生活·读书·新知三联书店 2015 年版。
杜建辉：《驻村录》，河南大学出版社 2009 年版。
方志权：《农村土地承包经营纠纷调解仲裁案例精选》，上海财经大学出版社 2012 年版。
费孝通：《江村经济——中国农民的生活》，商务印书馆 1997 年版。
贡森、包雅君：《改善社会建设　重建社会秩序》，中国发展出版社 2017 年版。
国务院发展研究中心联络室：《土地规模经营论》，农业出版社 1990 年版。
贺雪峰：《小农立场》，中国政法大学出版社 2013 年版。
黄平等：《西部经验：对西部农村的调查与思索》，社会科学文献出版社 2006 年版。

黄延廷：《农地规模化经营研究》，中国书籍出版社 2013 年版。
黄宗智：《华北的小农经济与社会变迁》，中华书局 2000 年版。
李光荣编：《中国农村土地市场发展报告（2018—2019）》，社会科学文献出版社 2019 年版。
李怀印：《华北村治：晚清和民国时期的国家和乡村》，中华书局 2008 年版。
李隆伟：《土地承包经营权确权对农民土地流转行为的影响研究》，经济科学出版社 2018 年版。
李强：《农民工与中国社会分层》，社会科学文献出版社 2011 年版。
廖宏斌：《农村土地流转风险控制研究》，社会科学文献出版社 2015 年版。
林毅夫：《再论制度、技术与中国农业发展》，北京大学出版社 2000 年版。
陆留生、王剑锋、史卫民编：《中国和谐社区：太仓模式》，社会科学文献出版社 2012 年版。
陆学艺编：《改革中的农村与农民》，中央党校出版社 1992 年版
陆益龙：《后乡土中国》，商务印书馆 2017 年版。
马若孟：《中国农民经济》，江苏人民出版社 1999 年版。
农业部农村经济研究中心：《中国农村研究报告》，中国财政经济出版社 2016 年版。
农业部农经司：《中国家庭农场发展报告（2017）》，中国社会科学出版社 2017 年版。
钱忠好：《中国农村土地制度变迁与创新研究（续）》，社会科学文献出版社 2005 年版。
汪熙、杨小佛编：《陈翰笙文集》，复旦大学出版社 1985 年版。
王芳：《事实与建构：转型加速期中国区域环境风险的社会学研究》，上海人民出版社 2018 年版。
王沪宁：《当代中国村落家族文化》，上海人民出版社 1991 年版。
吴毅：《村治变迁中的权威与秩序》，中国社会科学出版社 2002 年版。
阎占定：《新型农民合作经济组织参与乡村治理研究》，世界图书出版公司 2012 年版。
杨向飞：《农地承包经营权流转价格形成机制及评估方法研究》，中国矿业大学出版社 2010 年版。
俞可平编：《中国地方政府创新案例研究报告（2009—2010）》，北京大学

出版社 2011 年版。

袁松：《富人治村：城镇化进程中的乡村权力结构转型》，中国社会科学出版社 2015 年版。

曾庆芬：《土地承包经营权流转新趋势下农地金融问题研究》，中国农业出版社 2012 年版。

张静：《现代公共规则与乡村社会》，上海书店出版社 2006 年版。

张乐天：《告别理想——人民公社制度研究》，东方出版中心 1998 年版。

张路雄：《耕者有其田——中国耕地制度的现实与逻辑》，中国政法大学出版社 2012 年版。

张云华编：《中国农地流转问题调查》，上海远东出版社 2012 年版。

折晓叶：《村庄的再造——一个超级村庄的社会变迁》，中国社会科学出版社 1997 年版。

郑杭生：《中国特色和谐社区建设"上城模式"实地调查研究——杭州"上城经验"的一种社会学分析》，世界图书出版公司 2010 年版。

中共中央党史和文献研究院：《习近平关于"三农"工作论述摘编》，中央文献出版社 2019 年版。

中国社科院经济研究所现代经济史组编：《中国土地改革史资料选编》，国防大学出版社 1988 年版。

中国社科院社会学研究所编：《中国社会学年鉴（2011—2014）》，中国社会科学出版社 2016 年版。

［德］乌尔里希.贝克：《风险社会》，何博闻译，译林出版社 2004 年版。

［俄］A.恰亚诺夫：《农民经济组织》，萧正洪译，中央编译局 1996 年版。

［法］亨利·孟德拉斯：《农民的终结》，李培林译，中国社会科学出版社 2004 年版。

［美］埃利诺.奥斯特罗姆：《规则、博弈与公共池塘资源》，王巧玲等译，陕西人民出版社 2011 年版。

［美］查尔斯·蒂利等：《抗争政治》，李义中译，译林出版社 2010 年版。

［美］杜赞奇：《文化、权力与国家》，王福明译，江苏人民出版社 2003 年版。

［美］费正清：《美国与中国》，张理京译，商务印书馆 1971 年版。

［美］葛学溥：《华南的乡村生活》，周大鸣译，中国知识产权出版社 2012 年版。

[美]莱因哈特·本迪克斯:《马克斯·韦伯思想肖像》,刘北成译,上海人民出版社 2007 年版。

[美]路易斯·亨利·摩尔根:《古代社会》,杨东纯等译,商务印书馆 1971 年版。

[美]麦克·布洛维:《公共社会学》,沈原等译,社会科学文献出版社 2007 年版。

[美]明恩溥:《中国乡村生活》,陈午晴等译,中华书局 2006 年版。

[美]施坚雅:《中国农村的市场和社会结构》,史建云等译,中国社会科学出版社 1998 年版。

[美]文森特·奥斯特罗姆:《复合共和制的政治理论》,毛寿龙译,上海三联书店出版社 1999 年版。

[美]西奥多·W. 舒尔茨:《改造传统农业》,梁小民译,商务印书馆 1999 年版。

[美]詹姆斯·C. 斯科特:《弱者的武器》,郑广怀、张敏、何江穗译,译林出版社 2007 年版。

[日]祖田修:《农学原论》,张玉林译,中国人民大学出版社 2003 年版。

[英]戴维·麦克莱伦:《马克思后的马克思主义》,李智译,中国人民大学出版社 2017 年版。

Jacob Torfing, Peter Trian ed., *Interactive Policy Making*, *Meta – governance and Democracy*, Colehester: ECPR Press, 2011.

Sigrid Schmalzer, *Red Revolution*, *Green Revolution*: *Scientific Farming in Socialist China*, Chicago: University of Chicago Press, 2016.

Susan H. Whiting, *Power and Wealth in Rural China*: *The Political Economy of Institutional Change*, Cambridge: Cambridge University Press, 2000.

后　记

　　本书是教育部人文社会科学研究项目"三权分置下耕地经营权流转风险的村庄复合治理研究"（17YJA840017）的最终成果。本书首先肯定了耕地经营权流转和规模化经营所取得的巨大成就，同时也描述了经营权流转所导致的纠纷、矛盾、冲突和典型的群体事件，分析了相关各方面临的可能风险损害，探讨了耕地经营权流转风险的耕地制度矛盾或缺失原因，以及治理机制、社会组织、农业金融保险和资本逻辑过度渗入等原因。针对这些原因分章探讨了流转风险治理的观念与制度支持、风险治理主体培育以及村庄复合治理机制建构。关于村庄复合治理机制的建构和设计，试图为耕地经营权流转风险的村庄复合治理提供可资借鉴的实践方案。这一机制并非凭空想象，而是对既有实践经营的归纳和借鉴。在应用于实践时，这一机制可以促进相关治理的精细化，可以促进国家和基层社会治理能力和体系的现代化。

　　笔者认为，中国传统农民正在加速"终结"，耕地经营权流转和机械化、信息化、智能化的适度规模化经营已成为我国农业发展的必然选择，面积为20—30亩的家庭适度规模经营主体将是其中绝对的中坚力量。耕地经营权流转有利于乡村振兴，也会促进整个农村社会深刻转型。耕地三权分置是改革以来农村制度的一次重大创新，但长远看仍是一种过渡性的制度安排，引导农民有序退出承包权将日益成为今后的重要选择。如今农地制度改革已进入深水区，需要系统制度顶层设计来回应一些重大问题，使城镇化农民主动放弃承包权，利益不受损害而能获得稳定生存保障，同时又使规模化经营空间得到拓展。

    本书的资料和数据收集过程，得到多位大学生和研究生的协助。在笔者实际调查过程中，得到了多位村庄基层干部特别是驻村第一书记的支持。本书的写作与出版还得到了伊岚女士的帮助，在此一并表示感谢。

2020 年 10 月